# 무섭고도×황당한

# 국가보안법

# 무섭고도 황당한 국가보안법

초판 1쇄 인쇄 2019년 12월 10일
초판 1쇄 발행 2019년 12월 20일

엮은이 황동하
펴낸이 김연희
주 간 박세경

펴 낸 곳 그림씨
출판등록 2016년 10월 25일(제2016-000336호)
주 소 서울시 마포구 월드컵북로 400 문화콘텐츠센터 5층 23호
전 화 (02) 3153-1344
팩 스 (02) 3153-2903
이 메 일 grimmsi@hanmail.net

ISBN 979-11-89231-24-8 03330

이 도서의 국립중앙도서관 출판예정도서목록(CIP)은 서지정보유통지원시스템
홈페이지(http://seoji.nl.go.kr)와 국가자료공동목록시스템(http://www.nl.go.kr/kolisnet)에서
이용하실 수 있습니다.(CIP제어번호: CIP2019047141)

무섭고도×황당한

# 국가보안법

황동하 엮음

그림씨

# 머리말

내가 너와 다른 생각을 지녔다 해서, 그 생각을 '틀리다'고 하면 안 된다. '다르다'고 해야 한다. 그 사실을 누구나 다 안다. "한 사람을 빼고 모든 인류가 같은 생각을 지녔다고 해서, 그 한 사람에게 침묵을 강요할 권리는 없다." 그만큼 사상의 자유는 소중하고 중요하다. 세계인권선언은 말한다. "모든 사람은 사상, 양심의 자유, 그리고 종교의 자유를 누릴 권리를 가진다." 우리나라 헌법 제37조 제2항도 말한다. 인간의 기본권은 "국가안전보장·질서유지 또는 공공복리를 위하여 필요한 경우에 한하여 법률로써 제한할 수 있으며, 제한하는 경우에도 자유와 권리의 본질적인 내용을 침해할 수 없다."

1948년 12월 1일, 대한민국 정부가 수립된 지 4개월 남짓이 되었을 때 법률 제10호로 국가보안법이 탄생했다. 제헌국회가 일제의 법령과 미군정 법령의 효력을 존속시키는 방법으로 법의 공백을 막으면서 진통 끝에 만든 '특별한' 법령이었다. 국가보안법은 "국가의 안전을 위태롭게 하는 반국가활동을 규제함으로써 국가의 안전과 국민의 생존 및 자유를 확보하는 것을 목적"으로 한다.

국가보안법의 '특수성'은 그 법이 만들어지는 배경을 통해서도 알 수 있다. 1948년 9월 20일 34명의 제헌국회 의원은 "좌익세력을 척결하려는 특별한 조치"로서 '내란행위특별조치법안'을 발의했다. 이 법안을 놓고 별다른 진전이 없었다. 이때 여순 사건(1948년 10월 19일)이 터졌다. 이승만 정부는 정부 수립 후 형사기본법인 형법을 마련할 생각 대신 '체제보전용 특수법'인 국가보안법부터 서둘러 만들었다.

국가보안법은 일본 제국주의가 체제 유지를 위해 만든 치안유지법을 모태로 삼았다. 치안유지법 제1조 "국체변혁을 목적하여 결사를 조직한 자"와 국가보안법 제1조 "국헌을 위배하여 정부를 참칭하거나 그에 부수하여 국가를 변란할 목적으로 결사 또는 집단을 구성한 자"라는 표현이 거의 같다는 것을 보아도 그 사실을 알 수 있다.

국가보안법은 해방 뒤 정치적 격동기에 '비상시기의 비상조치'로 만든 '한시법'이었다. 그리고 형법이 제정되면 국가보안법은 형법으로 흡수될 예정이었다. 그러나 정권을 확보한 이들은 형법 제정 후에도 국가보안법을 폐지하지 않았다. 오히려 국가보안법은 권위주의 정권을 거치면서 더욱 확대되고 보강되었다.

한편 1961년 7월 3일, 박정희 정권은 국가보안법과는 별도로 반공법을 만들었다. "반공체제를 강화하여 반국가단체를 이롭게 하는 자나 이들에 대해서 협조하는 자 등을 일반법보다 무겁게 처벌하여 국가의 안전을 위태롭게 하는 공산계열의 활동을 봉쇄한다."는 것이 핵심 내용이었다. 반공법은 반국가단체에 가입 권유, 반국가단체나 그 구성원의 활동에 대한 찬양·고무·동조, 이적단체의 구성·가입, 이적표현물의 제작, 반국가단체에 편의 제공과 '불고지' 등 매우 포괄적인 규제 내용을 담았다. 반공법을 만들 때 국가보안법과 겹친다는 의견이 있었지만, 박정희 정권은 국가보안법만으로는 대한민국의 안전을 보장하는 데 한계가 있다는 이유를 달았다. 박정희 정권은 더욱 폭넓게 법을 적용해서 '국가의 기강'을 세우고 반공을 일상화하려 했다.

국가보안법은 "정부를 참칭하거나 국가를 변란할 목적"이 있는 행위만을 처벌했지만, 반공법은 그 목적이 무엇이든 따지지 않고 겉으로 드러나는 행위만으로도 처벌할 수 있게 했다. 그 뒤 전두환 정권은 반공법을 고스란히 국가보안법으로 흡수하여 통합했다. 1980년 12월 30일이다. 국가보안법의 주요 조항인 제7조 고무·찬양(반공법 제4조), 제8조 회합·통신(반공법 제4조), 제9조 편의제공(반공법 제7조), 제10조 불고지(반공법 제8조) 등이 대표적이다.

여러 책과 논문을 참고하여 국가보안법의 역사를 간추려 보았다. 국가보안법이 등장한 지 70여 년이 흘렀다. 지금 국가보안법을 둘러싼 논의는 생각보다 많지 않다. 그럼에도 사람들의 속내는 갖가지일 것이다.

이 책은 신문에 나온 국가보안법 적용 사례를 기사본말체의 시각으로 편집·수록하였다. 기사는 두 범주로 나뉜다. 하나는 이른바 '조직사건'이다. 다른 하나는 개인에게 적용된 사례다. 수많은 사례가 있지만 다 싣지 못했다.

때로는 역사가의 해석보다 사료 그 자체가 더 많은 말을 하기도 한다. 국가보안법 관련 기사를 '사료'로 보면서 독자 스스로 지난날의 '역사'를 해석하고 미래를 설계하기 바란다.

황동하

## 일러두기

1 이 책에서는 국가보안법 제정 뒤부터 최근까지 국가보안법 또는 반공법으로 조사를 받거나 구속된 사례를 범주에 맞추어 선정하였다.

2 이 책에 실린 신문기사는 『경향신문』에 수록된 신문기사를 대상으로 선정하였다. 그 외 몇 건의 기사는 『조선중앙일보』, 『동아일보』의 기사이다.

3 본문은 인용한 신문기사를 그대로 옮기는 것을 원칙으로 하였다. 어려운 한자어의 경우에는 각주로 처리하였으며, 특별한 경우(동시대에 사용하던 한 글자짜리 한자어 또는 한문투 표현)에는 현대어로 바꾸었다(보기: 급(及) → 와, 과).

4 본문에 00로 표기된 것은 신문 기사가 보이지 않아 옮기지 못한 경우이다.

# 차례

# 1부

# 무서운 국가보안법

001

# 민애청 사건

## 국가보안법 해당자 첫 공판

1948. 12. 31.

### 민애청(民愛青)[1] 가입에 1년 역 구형

국가보안법에 해당된 피의자에 대한 첫 공판이 29일에 있었다. 즉 서울시 금호동에 사는 최선기(25)는 간수로 있다가 경찰관 시험에 합격하였으나 사상이 불온하다 하여 합격이 취소되었다 하는데, 이번 모종 사건으로 송청되어 검찰청에서 구속 문초를 받아 오다가 보안법으로 기소되어 29일 공판에 있어 징역 1년 구형이 있었는 바, 담당 검사의 말에 의하면 피고는 1947년 6월에 민애청에 가입하였다는 사실로써 이번의 구형이 있었던 것이라 한다.

1 1947년 6월 5일 결성된 조선민주애국청년동맹의 줄임말이다. 그 목적은 자주적인 민주주의 통일국가를 수립하려는 것이었다.

## 國家保安法該當者첫公判

## 民愛靑加入에 一年役求刑

국가보안법에해당된피의자에 대한첫공판 이二十九일에있었다 즉서울시금호동(金湖洞)에사는 최선기(崔璇琦)二五)는 간수로 있다가경찰관시험에 합격 하였으나 사상이불온 하다하여 합격이 취소되었다 하는데이법 모종사건 으로송청되어검찰청에서 구속문초를받어 오다가 보안법으로 기소되어 二十九일공판에있어 징역 一년구형이있었는바 담당 검사의말에 의하면 피고는 一九四七년 六월에 민애청(民愛靑)에가입하였다는사실로써 이번의 구형이있었던것이라 한다

1948. 12. 31.

002

# 좌익 정당 프락치 사건

## 이문원 의원 등 4명에 보안법 위반 혐의로 구속영장

1949. 5. 20.

### 중부서 맹활동 개시?

18일 오전 11시 30분 서울지방법원에서는 국회의원 이문원·최태규 외 2명에 대하여 국가보안법 혐의자로 중부서에 구속영장을 교부하였다 한다. 즉 좌익 정당 '프락치'[1]인 서홍옥 외 2명은 국회 내에 침투하여 국회의원을 조종하는 한편 프락치 활동을 한 혐의로 지난 6일 서울지방검찰청에서 국가보안법 혐의로 기소된 사실이 있는데, 동 기소 내용에는 전기[2] 4 국회의원과 함께 시내 모처에서 현 정국에 관하여 외국 철퇴 문제가 국회에 상정되거든 적극적으로 추진할 것 등 토의를 하였다는 것이 적혀 있었다 한다.

이에 대하여 법원칙의 견해를 들어 본다면 헌법 제49조에는 국회의원은 현

1 러시아어에서 나온 단어로, 특수한 임무를 띠고 다른 조직체나 분야에 파견되어 비밀리에 활동하는 사람을 일컫는다. 우리말로 하면, '끄나풀', '첩자'이다. 국회 프락치 사건을 통해 이 말이 유행하기 시작했다.

2 앞서 기록한.

# 李文源議員等四名에

## 保安法違反嫌疑로 拘束令狀

## 中部署猛活動開始?

十八일 오전十一시 三十분 서울 지방법원에서는 국회의원 이문원(李文源)최태규(崔泰奎)외二명에대하여국가보안법 위반자로 중부서에구속영장을 교부하였다 한다

즉 화익정당「푸락치」인 서홍옥(徐弘鈺)의 명은 국회내에 침투하여 국회의원을 조종하는 한편「푸락치」활동을한혐의로 지난六일 서울지방 검찰청에서 국가보안법위반으로 기소된사실이 있는데 동기소 내용에는 전기 四국회의원과 함께 시내 모처에서 현정국에 관하여 외국절의 문제가 국회에 상정되거던 적극적으로 추진할것등 토의론하였다는것이 적히어 있었다 한다

이에대하여 법원측의 견해를 들어본다면 헌법 제四十九조에는 국회의원은 현행범을 제외한외 회기중 국회의 동의없이 체포 또는 구금되지아니하나 회기전 또는休회중에는 체포구금 할수있으며 또는 다만 국회가 재개되어 국회의 요구가있으면 석방된다는 것인데 방금 休회중인국회는 오는 ·一일 재개하기로 되어 있으므로앞으로 국회의 동향이 극히 주목을 끌고 있다한다

한편 어제十九일 중부서 동향은 일체 함구불언으로 전기四명여부는 불명이나 활동은 개시한듯 치여서 금명간 알아질것으로 보인다

한편 구속과 가택수색영장을 교부받은 중부서에서는 일체 함구무언으로 활동을 개시하고있는듯 치인데 검거여부는금명간 알려질것이라 한다 (사진이 최양의원)

1949. 5. 20.

행범을 제외한 의회기 중 국회의 동의 없이 체포 또는 구금되지 아니하나 회기 전 또는 휴회 중에는 체포구금할 수 있으며 또는 다만 국회가 재개되어 국회의 요구가 있으면 석방된다는 것인데 방금 휴회 중인 국회는 오는 21일 재개하기로 되어 있으므로 앞으로 국회의 동향이 극히 주목을 끌고 있다 한다.

한편 어제 19일 중부서 동향은 일체 함구불언으로 전기 4명 여부는 불명이나 활동은 개시한 눈치여서 금명간 알아질 것으로 보인다.

한편 구속과 가택 수색영장을 교부받은 중부서에서는 일체 함구무언으로 활동을 개시하고 있는 눈치인데 검거 여부는 금명간 알려질 것이라 한다(사진 이·최 양 의원).

## 노일환 등 피검된 7 국회의원 남로당원으로서 행동

1949. 7. 1.

### 사건 진상을 공보처에서 발표

한때 세간의 이목을 집중시킨 국회의원 체포 사건에 관하여 그동안 당국으로서의 진상 발표가 있었던 만큼, 이에 대한 일반의 억측이 구구하던 중 동 사건이 일단락을 지었다고 30일 공보처를 통하여 그 진상을 다음과 같이 발표하였다.

금번 사건으로 검거된 국회의원은 김약수(56), 박윤원(46), 노일환(36), 김병회(33), 김옥주(35), 강욱중(41), 황윤호(36) 등으로 국회의원 내에 남로당원 공작원이 활약하고 있다는 정보를 입수한 서울시 경찰국 사찰과 형사 김호익(경위)과 형사 김윤쾌(경사) 등은 그 본부를 일망타진코자 지난 5월 20일부터 맹렬히 사찰

# 盧鎰煥等被檢된七國會議員
## 南勞黨員으로서行動
### 事件眞相을公報處에서發表

한편 세간의 이목을 집중시킨 국회의원 체포사건에 관하여 그동안 당국으로서의 진상발표가 있었던 만큼 이에대한 일반의 억측이 구구한 면상 동사건이 일단락을 지어있다고 三十일 공보처를 통하여 그진상을 다음과같이 발표하였다

금번사건으로 검거된 국회의원은 김약수(金若水=五六) 박윤원(朴允源=四六) 노일환(盧鎰煥=三六) 김병회(金秉會=三三) 김옥주(金沃周=三五) 강욱중(姜旭中=四一) 황윤호(黃潤鎬=三六) 등으로 국회의원내에 남로당원 공작원이 잠약하고 있다는 정보를 입수한 서울시경찰국 사찰과 형사 김호익(金昊翊=경사)과 형사 김운배(金雲培=경사)등은 그간 부를 일망타진코자 지난 五월二十일부터 명현히 사찰하여 지난六월十六일 남로당 권복준전 연락원 정재한(鄭載漢─四二어자)이 국회 공작 전망보고서 급 군사경찰 기밀문서 다수를 자기국부에 은폐휴대하고 동일 상오 十시 정각 서울역발 개성행 열차로 월북연락코자 개성으로 향하는것을 내사탐지하고 형사 김호익은 형사 김운배외 二명을 대동하고 동열차에 승차후 개성까지 추격미행한바 전기 정재한이 개성 선북처 책임자 남로당원 우상덕(禹相德=三八)집으로 향하는도중 노상에서 체포하야 개성서에 인치 취조한결과 전기문건 전부를 압수하는동시에 동연락처를 급습하고 전기 우상덕을 체포 개성경찰서에 구속한후 형사 김호익이하 수사대는 二十분택서 十七일 상오二시 개성을 출발 동五시에 서울에 도착한후 동경위 지휘하에 수사대를 편성하고 상오 六시四〇분을 기하여 남로당 중앙위원 문건부로 되어있는 서울시중구 충무로二가 五五번지를 습격하여 남로당원 박헌영 비서실원 간첩부 부책임자 박정휘(朴延琛=二四)등 간첩부 연락원 김정환(金正煥=二七)을 체포 비밀문건 다수와 월북 시일정부 요인급 군부 비밀사진 다수를 압수하는 동시 경찰국 사찰과로 동행취조한결과 남북을 연락하는 남로당 중앙위원 문건책임겸 박헌영비서 남로당원 박시현(朴詩鉉=二九)과의 연락시간 장소가 판명되어 수사대는 동일하오 四시三十분 안국동에서 대기중 연락차 동행하는 박시현을 체포동행하고 월북시키려던 문건을 조사한결과 국회의원 공작사실이 판명되어 군경합동으로 서울지방법원장 단사한격만(韓格晩)씨의 구속영장을 받고 관계 국회의원 전기 七명을 체포후 헌병사령부에 구속 취조중 전기 노일환등은 남로당원으로서 국회내에서 대한민국의 기본노선인 헌법 국회 중앙정부의 파괴공작을 하였음을 진술하였다

노일환등은 남로당중앙국회공작부 공작원 이삼혁(李三赫)과 四二八一년十二월부터 공작金四二八二년二월五일 전기 이삼혁 동으로 남로당에 입당 동지령하에 무계를 감행한바 그지령 내용은 다음과같다

一、二월二十六일국회내에 외군 철퇴안을 상정통과 시킬것

二、연판(連判)으로 무평에는 백명을 획득할것

三、UN 한위 진언서는 三월十九일 반드시 제출할것

四、대모단은 김약수 노일환 이문원 황윤호 김옥주 김익로 최태규 서용권 김영기 김병회등으로 조직하고 특히 김약수로 하여금 선처를 대치않을것

五、개헌안을 상정할것

六、북벌론을 반대할것

七、동족상잔을 반대할것

八、식당정책을 공반할것

### 拘留期日을延期

방금 헌병사령부에서 문초중인 六인의 국회의원구류는 오늘이 만기인바 수사당국에서는 구류기간을 연장 하였음으로 十一인경에는 송청 될것이라 한다

1949. 7. 1.

중 지난 6월 16일 남로당[3] 월북 문건 열락원[4] 정재한(42·여자)이 국회 공작 전말 보고서와 군사경찰 기밀문서 다수를 자기 국부에 음폐 휴대하고 동일 상오 10시 정각 서울역발 개성행 열차로 월북 열락[5]코자 개성으로 향하는 것을 내사 탐지하고 형사 김호익은 형사 김윤쾌 외 2명을 대동하고 동 열차에 승차 후 개성까지 추격 미행한 바 전기 정재한이 개성 월북처 책임자 남로당원 우상덕(38) 집으로 향하는 도중 노상에서 체포하여 개성서에 인치 취조한 결과 전기 문 전부를 압수하는 동시에 동 열락처를 급습하고 전기 우상덕을 체포 개성경찰서에 구속한 후 형사 김호익 이하 수사대는 2분해서 17일 상오 2시 개성을 출발 동 5시에 서울에 도착한 후 동 경위 지위 하에 수사대를 편성하고 상오 6시 40분을 기하여 남로당 중앙월북 문건부로 되어 있는 서울시 중구 충무로 2가 55번지를 습격하여 남로당원 박헌영 비서실원 간첩부 부책임자 박정휘(24) 동 간첩부 열락원 김정환(27)을 체포 비밀 물건 다수와 월북시킬 정부 요인과 군부 비밀 사진 다수를 압수하는 동시 경찰국 사찰과로 동행 취조한 결과 남북을 열락하는 남로당 중앙 월북 물건 책임 겸 박헌영 비서 남로당원 박시현(29)과의 열락 시간·장소가 판명되어 수사대는 동일 하오 4시 30분 안국동에서 대기 중 열락차 통행하는 박시현을 체포 동행하고 월북시키려던 문건을 조사한 결과 국회의원 공작 사실이 판명되어 군경 합동으로 서울지방법원장 판사 한격만 씨의 구속영장을 받고 관계 국회의원 전기 7명을 체포 후 헌병사령부에 구속 취조 중 전기 노일환 등은 남로당원으로서 국회 내에서 대한민국의 기본 노선인 헌법·국회·중앙정부의 파괴 공작을 하였음을 진술하였다.

노일환 등은 남로당 중앙 국회공작부 공작원 이삼혁과 4281(1948)년 12월부터 공작 중 4282(1949)년 2월 5일 전기 이삼혁 보증으로 남로당에 입당 동 지령하에 투쟁을 감행한 바, 그 지령 내용은 다음과 같다.

---

3 남조선노동당(南朝鮮勞動黨)의 줄임말이다. 1946년 11월 23일에 설립한 공산주의 정당이다.

4 연락원.

5 연락.

1. 2월 26일 국회 내에 외군 철퇴안을 상정 통과시킬 것

2. 연판(連判) 투쟁에는 백 명을 획득할 것

3. UN 한위 진언서[6]는 3월 19일 반드시 제출할 것

4. 대표단은 김약수, 노일환, 이문원, 황윤호, 김옥주, 김익로, 최태규, 서용길, 김영기, 김병회 등으로 조직하고 특히 김약수로 하여금 전체를 대표케 할 것

5. 개헌운동을 할 것

6. 북벌론을 반대할 것

7. 동족상잔을 반대할 것

8. 식량정책을 규탄할 것

#### 구류기일을 연기

방금 헌병사령부에서 문초 중인 6인의 국회의원 구류는 오늘이 만기인 바, 수사 당국에서는 구류 기간을 연장하였으므로 11일경에는 송청될 것이라 한다.

## 노일환에 10년!
## 국회 프락치 각각 언도

1950. 3. 15.

### UN 한위 대표도 방청석에

작년 6월 국회의원 검거 선풍으로서 세상에 알려진 국회 프락치 사건은, 국민의 비상한 관심을 끈 채 구속된 국회의원 13명과 변호사 등 2명 도합 15명에 대한 첫 공판은 작년 11월 17일에 개정된 후, 지난 2월 10일에 검사 구형이 있는 등

6 윗사람에게 자신의 의견을 개진한 문서.

# 盧益煥에 十年!

## 國會푸락치各々言渡

### UN韓委代表도傍聽席에

작년六월 국회외원 검거선풍으로서세상에 알려진 국회푸락치 사건은 국헌의 비상한 관심은 끄는채 구속된국회의원 십三명과 변호사들二명모합십五명에 대한첫공판은 작년십一월십七인에개정된후 지난二월십일에 검사구형이있은후 십여차나 개정을본동공판은 드디어 어제 십四일 오전열시십분부터 대법정에서 사광욱(史光郁)재판장 주심 오제도(吳制道)검사 관여로개정되었다

이날 경계가 삼엄한법정은 이른아침부터 밀려든 방청객으로 초만원을 이루고 있었으며 유엔사무국「샤마一」씨외인원도 보이었다 먼저 재판장이 판결문을 낭독 하였는데 재판장은 설상하고도 엄숙한 음성으로 지도적 입장에있는 국회의원이 남로당 지령에의하여 외국군의 미군사고문단 설치반대등을 주장하였으며 그들의 행위는국가와 민족에대한 반역이라고 규정 할수있다 그러하여 일수시 반까지 판결문을 낭독하고 일단휴정한후 동一시 속개한후 다시판결문을 낭독하고 재판장은 엄숙한표정으로 전피고들에대하여 다음과 같은 유죄언도가 있었다

▲盧益煥(三五)懲役10年
▲李文源(四八)懲役10年
▲金若水(五四)懲役8年
▲朴允源(四三)懲役8年
▲金沃周(三九)懲役6年
▲姜旭中(四三)懲役6年
▲金秉會(四四)懲役6年
▲黃允鎬(五七)懲役6年
▲崔泰奎(三三)懲役3年
▲李龜洙(三八)懲役3年
▲徐容吉(三九)懲役3年
▲裵重赫(四五)懲役3年
▲申性均(四四)懲役3年
▲吳 寬(三八)懲役4年
未決百五十日通算
▲崔益約([illegible]) 執猶三年

1950. 3. 15.

10여 차나 개정을 본 동 공판은 드디어 어제 14일 오전 10시 10분부터 대법정에서 사광욱 재판장 주심 오제도 검사 관여로 개정되었다.

이날 경계가 삼엄한 법정은 이른 아침부터 밀려든 방청객으로 초만원을 이루고 있었으며 유엔 사무관 샤파 씨의 얼굴도 보이었다. 먼저 재판장이 판결문을 낭독하였는데, 재판장은 정중하고도 엄숙한 음성으로 지도적 입장에 있는 국회의원이 남로당 지령에 의하여 외국 철퇴 미 군사고문단 설치 반대 등을 주장하였으며 그들의 행위는 국가와 민족에 대한 반역이라고 규정할 수 있다. 그리하여 12시 반까지 판결문을 낭독하고 일단 휴정한 후 동 1시 속개한 후 다시 판결문을 낭독하고 재판장은 엄숙한 표정으로 전 피고들에 대하여 다음과 같은 유죄 언도가 있었다.

▲노일환(37) 징역 10년 ▲이문원(48) 징역 10년 ▲김약수(57) 징역 8년 ▲박윤원(42) 징역 8년 ▲김옥주(39) 징역 6년 ▲강욱중(42) 징역 6년 ▲김병회(34) 징역 6년 ▲황윤호(37) 징역 6년 ▲최태규(32) 징역 3년 ▲이귀수(38) 징역 3년 ▲서용길(39) 징역 3년 ▲배중혁(30) 징역 3년 ▲신성균(44) 징역 3년 ▲오관(36) 징역 4년 미결 150일 통산 ▲최기표(35) 집유 3년

003

# 『민족일보』 사건

## 『민족일보』[1] 사건

1961. 7. 26.

### 반국가행위 적용
### 박 부장 담(談), 부패·구악 일소할 터

그런데 『민족일보』 사건의 적용 법률은 '특수범죄처벌특별법 제6조(반국가행위)'라고 박 부장은 말했다.

또한 동 발표문에서 박 부장은 "부패와 구악을 과감히 일소하여 국가의 기망을 쇄신하고 민족정기를 앙양하는 혁명 정신에 입각하여 반국가적·반민족적 행위 등 국가와 민족에 중대한 독해를 끼친 사건을 중점적으로 수사 처리하고 있다."고 지적했다.

『민족일보』 사건의 적용 법률조항은 다음과 같다.

1 4·19혁명 이후인 1961년 2월 13일 서울에서 재일교포 조용수가 창간한 일간신문. '민족의 진로를 가리키는 신문, 부정부패를 고발하는 신문, 노동대중의 권익을 옹호하는 신문, 양단된 조국의 비애를 호소하는 신문'을 표방하며, 당시 진보 진영이 주장한 남북협상·남북교류·중립화통일·민족자주통일 등을 주장했다. 5·16쿠데타 직후인 5월 17일부터 반국가적·반혁명적 신문이라는 이유로 발행이 정지되었고, 19일 계엄사령부로부터 폐간처분을 받아 3개월 만에 종간되었다.

〈民族日報事件〉

# 反國家行爲適用

## 朴部長談 腐敗·舊惡 一掃할터

그런데 民族日報事件의 適用法律은『特殊犯罪處罰特別法第六條』(反國家行爲)이라고 朴部長은 말했다.

또한 同發表文에서 朴部長은『부패와 舊惡을 果敢히 一掃하여 國家의 紀綱을 刷新하고 民族正氣를 昂揚하는 革命精神에 立脚하여 反國家的 反民族的 行爲等 國家와 民族에 重大한 害毒을 끼친 事件을 重點的으로 搜査處理하고 있다』고 指摘했다

民族日報事件의 適用法律條項은 다음과 같다

▲特殊犯罪處罰特別法第六條』政黨社會團體의 主要幹部의 地位에 있는 者로서 國家保安法 第一條에 規定된 反國家團體의 利益이 된다는 情을 알면서 團體나 構成員의 活動을 讚揚·鼓舞 同調하거나 또는 其他의 方法으로 그 目的 遂行을 爲한 行爲를 한 者는 死刑無期 또는 十年 以上의 懲役에 處한다.』

한편 革命裁判所는 檢察部로부터 公訴되어온 事件을 公判하기 爲해 그 準備를 서두르고 있는데 늦어도 今週末頃부터 事件審理를 始作하게 될 것이다

1961. 7. 26.

▲특수범죄처벌특별법 제6조: 정당·사회단체의 주요 간부의 지위에 있는 자로서 국가보안법 제1조에 규정된 반국가단체의 이익이 된다는 정(情)을 알면서 단체나 구성원의 활동을 찬양·고무 동조하거나 기타의 방법으로 그 목적 수행을 위한 행위를 한 자는 사형, 무기 또는 10년 이상의 징역에 처한다.

한편 혁명재판소[2]는 검찰부로부터 공소되어 온 사건을 공판하기 위해 그 준비를 서두르고 있는데, 늦어도 금주 말경부터 사건 심리를 시작하게 될 것이다.

## 『민족일보』 사건에 구형

1961. 8. 12.

**용공정당의 대변지**
**논고서 지적**
**조용수 송지영 안신규 양실근에 사형**
**이건호 양수정 이종률 5년**
**『민족일보』 관계의 전재산 몰수**

전 민족일보사 사장 조용수 피고는 12일 하오 오재옥 검찰관으로부터 구형받았다. 같은 사건의 피고 송지영 피고와 이건호(고대 교수) 피고에게는 00이 구형되었다. 검찰은 구형에 앞선 논고에서 "『민족일보』가 정치·경제·사회·문화 전반에 용공사상을 부식시켜 국내를 교란케 했다."고 전제하고 "신문사의 창간 동기와 인적 구성으로 보아 반국가적 혁신정당의 대변지임에 틀림없다."고 지적했다. 혁재 제2심판부 주재로 열린 구형 공판에서 검찰관은 『민족일보』 간부들이 "괴

2 5·16 군사 쿠데타 뒤, 1961년 7월 국가재건비상조치법에 따라 설치된 특별재판소다.

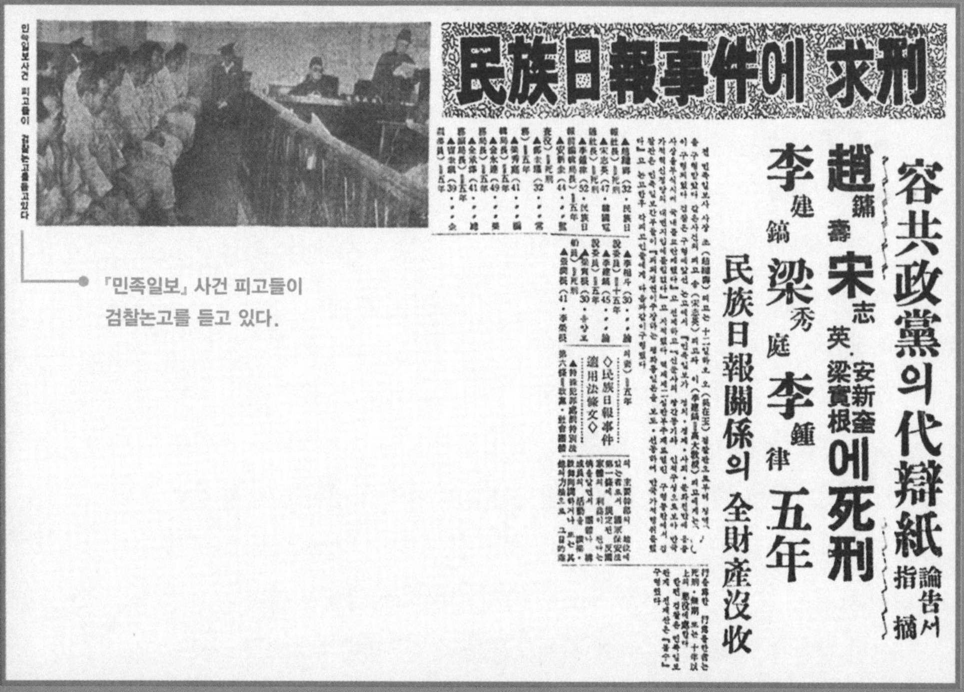

民族日報事件에 求刑

容共政黨의 代辯紙 論告서 指摘

趙鏞壽 宋志英 安新奎 梁實根에 死刑

李建鎬 梁秀庭 李鍾律 五年

民族日報關係의 全財産沒收

「민족일보」 사건 피고들이
검찰논고를 듣고 있다.

1961. 8. 12.

뢰정권이 주장하는 평화통일론을 보도·선동하여 반국가적 행위를 했다."고 논고한 후 각 피고인들에게 다음과 같이 구형했다.

▲조용수(32·『민족일보』 사장)=사형

▲송지영(47·한국전통사장)=사형

▲이종률(52·『민족일보』 전 편집국장)=5년

▲안신규(44·『민족일보』 감사역)=사형

▲정규근(32·『민족일보』 상무)=5년

▲양수정(41·『민족일보』 편집국장)=5년

▲김영달(49·『민족일보』 업무국장)=5년

▲전승택(41·『민족일보』 총무부국장)=5년

▲조규진(39·『민족일보』 기획부원)=5년

▲이상두(30·『민족일보』 논설위원)=15년

▲이건호(45·『민족일보』 논설위원)=5년

▲양실근(30·유양호 선원)=사형

▲장윤근(41·이영근의 처)=5년

◇『민족일보』 사건 적용 법조문◇

▲특수범죄처벌특별법 제6조=정당·사회단체의 주요간부의 지위에 있는 자로서 국가보안법 제1조에 규정된 반국가체의 이익이 된다는 정을 알면서 단체나 구성원의 활동을 찬양·고무동조하거나 또는 기타의 방법으로 그 목적 수행을 위한 행위를 한 자는 사형·무기 또는 10년 이상의 징역에 처한다.

한편 검찰은 『민족일보』 관계 전재산은 '몰수' 구형했다.

## 송지영·조용수·안신규에 사형 확정

1961. 10. 31.

### 혁재(革裁)에서, 『민족일보』 사건 상소심 판결

31일 상오 혁재 상소심 제1심판부(재판장 전우영)는 '『민족일보』의 반국가행위 사건' 상소심 피고인 10명 중 6명에게 상소 기각 판결을 내려 원심대로 송지영·조용수·안신규 등 3명은 사형, 정규근·양실근은 징역 5년, 조규진은 무죄를 각각 확정시켰다. 또한 양수정·이상두·이건호 등 3 피고인에 대해서는 '양형 부당'이

# 宋志英·趙鏞壽·安新奎에 死刑確定

## 民族日報事件 上訴審判決 =革裁에서=

## 反國家行爲認定

### 梁秀庭·李建鎬등 五年減刑

### 無罪의 李鍾律엔 十年宣告

三十一日上午 革裁上訴審第一審判部(裁判長[illegible])는 『民族日報의 反國家行爲事件』 上訴審 被告人十名中 六名에게 上訴棄却判決을 내려 原審대로 宋志英 趙鏞壽 安新奎等三名은 死刑 [illegible] 梁實[illegible]은懲役五年 [illegible]은 無罪를 各各確定시켰다 또한梁秀庭 李相斗 李建鎬等三被告人에 對해서는 『量刑不當』이라는理由로 原審을 破棄自判하여 各各量刑을 五年씩 減하여 梁秀庭과 李建鎬被告에게는 懲役五年 李相斗에게는懲役十年을 各各 確定시켰다

宋志英 趙鏞壽 安新奎



그리고裁判部는原審에 있는것이아니라 組織[illegible] 無罪宣告를받은·李鍾律被告에게 對해서는 原審을 破棄하여 懲役十年을 宣告했다 被告人別原審과 上訴審量刑은 別項과같다

辯護人側의 上訴理由인 『民族日報는 社會團體가아니다』는데 對해 裁判部는 『特別法第六條에 規定된社會團體는그大小에 있는것이아니라 組織[illegible]에 있는것으로 民族日報가 社會團體가 아니라할지라도 [illegible]는社大黨幹部로反國家行爲를했으므로 相被告人들은共犯關係에있는것이다』는理由를 밝히고 六名의 被告人에 對해 上訴를棄却한다고 判示했다

그리고原審이 破棄되어 量刑이줄어든 梁秀庭被告等三名에對한 判決理由로 『被告人들은 特別法第 六條를 適用받으나 從犯關係에 있으므로 그所定刑中 最高刑期 刑을넘어 判決한것은 不當하다』고 理由를 밝히고 위와같은 量刑을宣告했다

또한 裁判部는 原審에서 無罪받고 이번에 懲役十年을宣告받은 李鍾律에 對해서는 『李被告는 反國家行爲를繼續해오면서 革新系代辯紙를發刊하기 爲한 [illegible]에도 參加한일이있다』고 自判理由를 밝혔다

宋志英被告에對한 上訴理由中의 하나인 『北韓傀儡 또는 間諜과內通이 있어야 反國家行爲罪가 構成된다』는데對해 裁判部는 『北傀의 目的遂行에 [illegible]한것만으로도 그構成要件이 足하다』고 判示했다

이날 死刑이確定된 三被告人에對한 刑執行에는 國家再建最高會議朴議長의 確認이 必要하다

1961. 10. 31.

라는 이유로 원심을 파기자판(破棄自判)[3]하여 각각 양형을 5년씩 감하여 양수정과 이건호 피고에게는 징역 5년, 이상두에게는 징역 10년을 각각 확정시켰다.

**반국가행위 인정**
**양수정·이건호 등 5년 감형**
**무죄의 이종률엔 10년 선고**

그리고 재판부는 원심에서 무죄선고를 받은 이종률 피고에 대해서는 원심을 파기하여 징역 10년을 선고했다. 피고인별 원심과 상소심 양형은 별항과 같다.

변호인 측의 상소 이유인 "『민족일보』는 사회단체가 아니다."는 데 대해 재판부는 "특별법 제6조에 규정된 사회단체란 그 대소에 있는 것이 아니라 조직에 있는 것으로, 『민족일보』가 사회단체가 아니라 할지라도 조용수는 사대당(社大黨) 간부로 반국가행위를 했으므로 상(相) 피고인들은 공범 관계에 있는 것이다."는 이유를 밝히고 6명의 피고인에 대해 상소를 기각한다고 판시했다.

그리고 원심이 파기되고 양형이 줄어든 양수정 피고 등 3명에 대한 판결 이유로 "피고인들은 특별법 제6조를 적용받으나 종범관계에 있으므로 그 소정형 중 최고 유기형을 넘어 판결한 것은 부당하다."고 이유를 밝히고 위와 같은 양형을 선고했다.

또한 재판부는 원심에서 무죄받고 이번에 징역 10년을 선고받은 이종률에 대해서는 "이 피고는 반국가행위를 계속해 오면서 혁신계 대변지를 발간하기 위한 아서원(雅叙園) 모의에도 참가한 일이 있다."고 자판 이유를 밝혔다.

송지영 피고에 대한 상소 이유 중의 하나인 "북한 괴뢰 또는 간첩과 내통이 있어야 반국가행위죄가 구성된다."는 데 대해 재판부는 "북괴의 목적 수행에 고무 동조한 것만으로도 그 구성요건이 족하다."고 판시했다.

이날 사형이 확정된 3 피고인에 대한 형 집행에는 국가재건최고회의 박 의

3 상소심 법원에서 원심 판결을 파기한 경우, 환송하거나 이송하지 않고 사건을 직접 재판하는 일이다.

民族日報

5月18日

第91號

組閣問題를 協議?

尹大統領과 張中將

五·一六쿠데타性格천명

反共國是는不變

海外公舘에 周知시키라 指示

臨時로 政務를代行

12部處에 連絡將校配置

前國務委員은 出頭하라

事務次官以下全員復歸執務

秩序回復! 表情도明朗

死者千名以上을突破

마지막 『민족일보』. 1961. 5. 18.

장의 확인이 필요하다.[4]

4 최종적으로 사형당한 사람은 조용수가 유일하다. 그러나 2008년 1월, 서울중앙지방법원은 재심에서 조용수에게 무죄를 선고하였다. 또한 대법원은 2011년 1월, 조용수의 유가족에게 국가가 손해배상을 하라고 최종 판결하였다.

# 인민혁명당 사건

## 정보부,[1] '인민혁명당' 적발

1964. 8. 14.

### 김 부장 발표, 전 혁신계·언론인·학생 등 관련
### "북괴 지령, 현 정권 타도를 획책"
### 41명 검거, 합법 정당 중진급도 수사 중

김형욱[2] 중앙정보부장은 14일 인민혁명당 사건에 관련된 인사 가운데는 합법 정당의 중진급도 포함되어 있다고 밝혔다. 김 부장은 관련된 정당 인사의 명단은 수사 단계에 있기 때문에 밝힐 수 없다고 말하고 중앙지의 현역 언론인 몇 사

1 중앙정보부(현재 국가정보원)를 말한다. 제3·제4공화국 때 국가 안전 보장에 관련한 정보와 보안, 범죄 수사를 수행하던 기관이다. 중앙정보부는 한국의 대표적 공작정치의 산실이었으며 이루 헤아릴 수 없이 많은 정치공작과 공안사건을 통해 박정희 체제 유지에 결정적인 역할을 했다.

2 1963년부터 1969년까지 중앙정보부장을 지냈다. '날으는 돈까스'라는 별명을 얻기도 했다. 1964년 8월 1차 인혁당 사건, 1967년 동백림 사건과 민족주의비교연구회 사건, 1968년 통일혁명당 사건 등은 김형욱과 중앙정보부가 개입한 대표적인 사건이다. 그 뒤 유신 체제가 선포되면서, 김형욱은 박정희와 갈등을 빚었다. 1973년 미국으로 망명해서 박정희 정권의 온갖 비리를 폭로하고, 치부를 고발하는 회고록(『김형욱 회고록』, 아침, 1985)을 발간했다. 1979년 10월 1일 중앙정보부의 공작으로 프랑스 파리에서 납치되었지만, 공식적으로는 행적이 확인되지 않고 있다.

# 情報部 「人民革命黨」 적발

## 金部長發表、前革新系·言論人·學生등 關聯

## "北傀指令 現政權打倒를 획책"

### 41名檢擧·合法政黨重鎭級도搜査中

◇記者會見하는 金情報部長

◇金情報部長 發表文요지

기자회견하는
김 정보부장

1964. 8. 14.

람이(도피 중) 이 사건에 얽혀 있다고 말했다. 김 중앙정보부장은 인민혁명당 사건은 민재(民裁)[3]에서 다루게 될 것이라고 말하고 불일내(不日內)[4]에 송치될 것이라고 덧붙였다.

김 부장은 또 국가변란을 목적으로 한 인민혁명당 사건은 지난 6·3 사태[5]의 주동 학생에 대한 수사를 진행 중 단서를 잡고 캐낸 것이라고 밝히고 이미 구속된 피의자 가운데 한 사람은 증거인멸을 위해 자살을 꾀했으나 미수에 그쳤었다고 밝혔다. 김 부장은 동 사건에 국내 실업인이 관련되지는 않았다고 밝혔다.

▲ 도예종(40) 중앙당무위원회 위원장(무직)

▲ 박현채(30) 중앙상무위원회 조직위원(한국농업경제연구소 연구위원, 서울 상대 강사)

▲ 정도영(39) 중앙상무위원회 교양위원(합동통신사 조사부장)

▲ 김영광(34) 전국학생지도부 교양책(원융건설회사 서무과장)

▲ 김금수(28) 중앙상임위원회 연락책(운수업, 버스 차주)

▲ 이재문(31) 중앙상임위원회 조직부책(대구매일신문 서울분실 기자)

▲ 임창순(51) 전국학생지도부 위원장(태동고전연구소 주간)

▲ 김한덕(33) 경남도당 교양책(목재상)

▲ 허작(31) 발기인 및 초대 경남도책(동래 내성국민교 교원)

▲ 김병태(37) 서울시당책(농협자문위원·대학 강사)

▲ 강무용(46) 경남도당책(무직)

▲ 이영석(35) 경남조직책(한의사)

▲ 박조홍(45) 경북도당책(상업·서적상)

▲ 김병희(27) 서울학생지도부책(민중서관 사원)

▲ 오병철(27) 전국학생지도부 의장(서울 문리대 철학과 4년)

---

3 5·16군사 쿠데타 이후 설립된 혁명재판소에 대비하여 민간 법원을 가리킨다.

4 며칠 걸리지 아니하는 동안.

5 1964년 6월 3일 박정희가 비상계엄령을 선포하여 한일 회담 반대시위를 진압한 사건.

▲ 전무배(33) 서울시당 교양책(서울신문사 정치부 기자)

▲ 김영한(30) 중앙상위교양부 연락원(미국인 회사 사원·더 인터내셔널 디벨로프먼트)

▲ 도혁택(31) 경북도당 교양책(문호사 편집원)

▲ 박중기(29) 서울시 당원(한국여론사 취재부장)

▲ 서정복(24) 전국학생지도부 조직책(서울 문리대 철학과 4년)

▲ 송상진(37) 경북도당 간부(건축자료상)

▲ 이종배(29) 중앙상무위원회 총무위원·연락원(제일은행 본점 행원)

▲ 김배균(27) 부산학생지도부책(부대 상대 경제과 4년)

▲ 박익수(30) 학생지도부 전남책(회사원·내외PR센터)

▲ 황건(24) 후보당원(학생·서울 법대 법학과 4년)

▲ 하일민(24) (학생·서울대학원 철학과 1년)

▲ 박영섭(28) (군인·병장 미 76공병대 A중대)

▲ 김정강(25) '불꽃회' 창설자(학생·서울 문리대 정치과 3년)

▲ 김정남(22) '불꽃회' 조직책(학생·〃4년)

▲ 김중태(24) 데모 주동자(학생·서울 문리대 정치과 4년)

▲ 현승일(21) 〃 (〃)

▲ 김도현(21) 〃 (〃)

▲ 백승진(22) 데모 행동대원(학생·서울 문리대 사학과 2년)

▲ 김승균(26) 데모 배후조종(학생·성대 동양철학과 4년)

▲ 정만진(24) 후보당원(학생·대구대학 법학과 4년)

▲ 이영호(28) 〃 (명지고교 강사)

▲ 이병일(42) 〃 (광업)

▲ 장상호(45) 〃 (무직)

▲ 김득수(37) 〃 (〃)

**김 정보부장 발표문 요지**

김형욱 중앙정보부장은 14일 상오 대규모적인 지하조직으로 국가의 변란을 꾀하던 소위 인민혁명당 사건 전모를 발표했다.

김 부장의 발표에 의하면 "이 인민혁명당 사건은 전 혁신계 일부 인사와 일부 현직 언론인 및 대학 부교수, 강사, 학생 등이 주동 인물로 도합 57명으로 구성되었다."고 하며 중앙정보부는 그중 41명을 검거하고 나머지 16명은 계속 전국에 수배 중이라는 것이다.

그런데 김 부장이 발표한 이 인민혁명당 사건 중 주목을 끈 것은 6·3 학생 '데모'의 주도자로 알려져 내란죄로 구속 검거된 김중태, 현승일 등이 이 사건과 관련되었다고 지적한 점인데, 발표된 사건의 주요 내용은 다음과 같다.

3·24 이후의 학생 '데모'를 배후에서 조종한 이 인민혁명당은 1962년 1월 서울특별시 서대문구 부암동 소재 우동읍 가에서 북괴로부터 특수 사명을 띠고 남하한 간첩 김영춘의 사회로 통일민주청년동맹 중앙위원장이던 우동읍과 동 동맹 간사 김배영, 김영광, 민주민족청년동맹 간사장이던 김금수, 동 경북도 간사장 도예종, 사회대중당 간사였던 허작, 전 진보당원 김한득, '파르티잔' 출신 박현채 등이 참가한 가운데 창당발기인회를 갖고 외국군의 철수와 남북 서신, 문화·경제 교류를 통한 평화통일을 골자로 한 괴뢰 노동당 강령규약을 토대로 인민혁명당의 새 강령과 규약을 채택함으로써 발족하게 되었던 것이다.

이는 북괴노동당 제4차 대회에서 행한 김일성의 사업총화 내용에서 지적된 남조선의 혁명적 당의 필요성, 즉 인민 대중 속에 파고든 정당이 없었기 때문에 4·19 학생혁명을 당이 지향하는 목표로 이끌 수 없었다는 자가비판을 기초로 채택된 대남사업의 강화책에 의하여 이루어진 것이다.

1962년 1월 창당 발족한 인민혁명당은 1962년 4월 전국 조직을 확대하기 위하여 역량 있는 인재를 물색 중 김금수의 추천으로 전기 도예종을 중앙상무위원회 책임위원으로 등용하였으며, 1962년 5월 중순 북괴 간첩 김영춘은 동 인민혁명당의 조직 확대 공작 및 투쟁 목표에 관한 제반 임무를 도예종, 우동읍에게 일임 후 월북하여 괴뢰 중앙당에 인민혁명당 창당 결과를 보고하고 비밀조직 연락선을 연결했으며, 그 후 우동읍은 중앙상무위원회 위원장 대리의 자격으로 약정된 암호 방법에 의하여 당 자금 수령차 교양위원인 김배영을 1962년 10월 일본 경유 월북시켰으며, 도예종은 전국 조직을 담당, 1963년 12월 중앙상임위원회 중앙당대회, 중앙당위원회 등의 조직을 완료하고 계속해서 서울시당을 위시한 전국의 일반당 부와 특수부 조직에 착수하여 학생부, 노동부, 농민부, 청년부, 언론기관부, 합법정당부의 주요 인물로서 정도영(합동통신사 조사부장), 박현채(서울 상과대학 강사), 김병태(농업협동대학 〃), 전무배(서울신문사 기자), 이재문(대구매일신문사 기자), 오병철(서울 문리대 학생), 서정복(〃), 임창순(전 성균관대학 부교수), 박상홍(국민대학 교재상), 김한득(한의사) 등 50여 명을 포섭하는 데 성공, 전국의 군·면 당과 군소 직장 내에 세포 조직을 부식하여 오던 중 1964년 2월 북괴 중앙당의 지령을 받고 동 당 중앙상임위원인 도예종, 정도영, 박현채 등이 중심이 되어 한일 회담 반대 학생 '데모' 유발을 획책함과 동시에 학생 '데모'를 4·19와 같은 혁명으로 발전케 함으로써 현 정권을 타도할 것을 결의하고 전국학생지도부책 임창순, 서울학생지도부책 오병철, 동 서정복 등에게 전국 학생 조직을 정비 강화할 것을 지령하여 오던 중 3월 24일 한일 굴욕외교를 반대하는 순수한 학생 '데모'가 서울 문리대에서 발생하자 이를 절호의 기회가 도래한 것으로 판단하고 도예종과 정도영은 박현채를 중앙당 '데모' 총지휘책으로 기용하여 '데모' 주도 학생 포섭에 착수한 결과 오병철, 서정복은 조선일보 기자 박범진과 서울 문리대생 황건을 당원으로 포섭하였으며, 포섭된 박과 황은 문리대 내 불꽃회 간부 김정강, 김정남, 민비(民比) 간부 김중태, 김도현, 현승일 등을 포섭한 외에 성균관대학 김승균, 대구대학 정만진, 중앙대학 박익수를 포섭하였던 것이며, 일방(一方) 중앙당 '데모' 지도부는 '데모'의 방향과 구호를 통일토록 전국 학생 조직에 지령함과 동시에 현 정권이 타도될 때까지 학생 '데모'를 계속 조종함으로써 북괴가 주장하는 노선에 따라 남북평화통일을 성취할 것을 목표로 투쟁하였으나, 6·3 비상계엄이 선포되자 그들의 죄상과 당 조직망이 폭로될까 우려한 나머지 학생 '데모' 주동자와 일절의 연락을 끊고 지하로 잠복, 차후 기회를 노리던 중 검거되었던 것이다.

## 7명에 실형

1965. 9. 21.

### 대법서, 인혁당 사건 원심 확정

21일 하오 대법원 형사부(재판장 사광욱 판사)는 인민혁명당 사건 상고심 선고공판에서 13명의 피고에 대해 전원 상고를 기각, 도예종(41) 등 7명의 피고에게는 원심대로 징역 1년의 실형을, 김금수(28) 피고 등 5명에게는 징역 1년에 집행유예 3년의 유죄판결을 선고함으로써 원심을 확정시켰다.

원심이 확정된 이들 13명의 피고는 당초 중앙정보부에 의해 국가보안법 등 혐의로 구속되었다가 검찰에 의해 적용 법조가 반공법[6] 으로 변경, 기소되었는데 1심인 서울형사지법에서 도(都) 피고를 징역 3년, 양춘우(28) 피고에게만 징역 2년의 실형을 선고하고 나머지 11명의 피고에게는 무죄가 선고됐었다.

그 후 지난 5월 30일 상소심 공판에서 서울고법 정태원 부장판사로부터 전원 원심을 파기 유죄선고를 받아 대법원에 상고했었다.

▲도예종(41·무직) 징역 1년 ▲박현채(31·무직) 징역 1년 ▲정도영(39·합동통신 조사부장) 징역 1년 ▲김영광(35·회사원) 징역 1년 ▲김한덕(34·목재업) 징역 1년 ▲박중기(30·무직) 징역 1년 ▲양춘우(28·무직) 징역 1년 ▲김금수(28·운수업) 징역 1년 집유 3년 ▲이재문(31·모 신문기자) 징역 1년 집행유예 3년 ▲임창순(51·태동고전연구소) 징역 1년 집유 3년 ▲김병태(38·농협 강사) 동 ▲김병희(27·민중서관 편집원) 동 ▲전무배(31·신문기자) 동

6 5·16 군사 쿠데타 뒤 공산주의 활동을 처벌하기 위해 제정·공포된 법률이다. 반공법은 국가보안법과 많은 부분 겹치지만, 국가보안법이 반국가행위에 대한 처벌법이라면, 반공법은 그 가운데서도 공산주의 활동에 관한 처벌법이었다.

# 7名에實刑

## 人革黨사건 原審확정

**大法서**

21일 하오 대법원형사부(재판장史光郁판사)는 인민혁명당사건 상고심선고공판에서 13명의 피고에대해 전원 상고를 기각, 都禮鍾(41) 등 7명의피고에게는 원심대로 징역1년의 실형을, 金錦洙(28) 피고등5명에게는 징역1년에 집행유예3년의 유죄판결을 선고함으로써원심을확정시켰다。

원심이 확정된 이들13명의 피고는 당초중앙정보부에의해 국가보안법등 혐의로 구속되었다가 검찰에의해 적용법조가 반공법으로 변경, 기소되었는데 1심인 서울형사지법에서 都피고를 징역3년 楊春遇(28) 피고에게만 징역2년의 실형을 선고하고 나머지 11명의피고에게는 무죄가 선고 됐었다。

그후 지난5월30일 상소심공판에서 서울고법 鄭台源부장판사로부터 전원 원심유죄판결을 받아 대법원에 상고했었다。

▲都禮鍾(41·무직)=징역1년▲朴玄玹(31·무직)=징역1년▲鄭道泳(39·合同통신조사부장)=징역1년 ▲金永光(35·회사원)=징역1년 ▲金漢德(34·목재업)=징역1년▲朴重基(30·무직)=징역1년▲楊春遇(28·무직)=징역1년▲金錦洙(28·음수업)=징역1년집유3년▲李在文(31·모신문기자)=징역1년집행유예3년▲任昌順(51·泰東고전연구소)=징역1년집유3년▲金炳台(38·농협강사)=同▲金景熙(27·민중서관편집원)=同▲金武培(31·신문기자)=同

1965. 9. 21.

005

# 동백림 공작단 사건

## 동백림[1] 거점으로 한 북괴 공작단 검거

1967. 7. 8.

### 교수·의사·예술인·유학생 등 2백여 명 관련 김 중앙정보부장 사건 1차 발표

8일 상오 중앙정보부는 '동백림을 거점으로 한 북괴대남적화공작단 사건'을 적발, 그 진상과 그동안의 수사 경과를 발표했다. 김형욱 부장은 이날 상오 기자회견을 갖고 "이 사건 관련자 2백여 명 중 약 70명을 국가보안법 및 반공법 위반 혐의로 구속했으며 이미 7명을 검찰에 송치하고 조사가 끝나는 대로 계속 검찰에 넘기겠다."고 밝혔다.

1 동베를린을 뜻한다. 독일이 서독과 동독으로 나뉠 때, 베를린도 동독과 서독 지역으로 나뉘었는데, 동독 영역을 동베를린이라고 한다.

東伯林거점으로한

# 北傀工作團검거

## 敎授·醫師·藝術人·留學生등 2百餘名 관련

## 西歐·國內서 間諜활동

### 北傀에 同調·平壤도다녀오고 赤化企圖

### 70餘名구속·7名送庁

金中央情報部長 事件1次발표

著名人關聯者

北傀對南赤化工作團사건을발표하는 金炯旭정보부장

<國別關聯者檢擧現況>

| 國別 | 國內 | 西獨 | 佛蘭西 | 美國 | 英國 | 其他 | 合計 |
|---|---|---|---|---|---|---|---|
| 拘束 | 27 | 11 | 3 | 1 | | 1 | 43 |
| 不拘束 | 2 | | | | 1 | | 3 |
| 未拘束 | 1 | 3 | 7 | 3 | 2 | 1 | 17 |
| [illegible] | 29 | 27 | 1 | 1 | 1 | 1 | 60 |
| 北傀 포섭대상자 | 49 | 15 | 2 | 1 | | 4 | 71 |
| 總計 | 108 | 56 | 13 | 6 | 4 | 7 | 194 |

<北傀工作團관련자系譜(一部)>

朴日英 (北傀東獨大使)

李원찬

北괴대남 적화공작단 사건을 발표하는 김형욱 정보부장

윤이상 임석진
박민종 정하룡
이순자 황성모
김중태 주석균
정성배 이응로

1967. 7. 8.

**서구·국내서 간첩 활동**

**북괴에 동조, 평양도 다녀오고 적화 기도**

**70여 명 구속, 7명 송청**

**〈국별 관련자 검거 현황〉**

| 종류<br>국별 | 국내 | 서독 | 프랑스 | 미국 | 영국 | 기타 | 합계 |
|---|---|---|---|---|---|---|---|
| 구속 | 27 | 11 | 3 | 1 | | 1 | 43 |
| 불구속 | 2 | | | | 1 | | 3 |
| 미구속 | 1 | 3 | 7 | 3 | 2 | 1 | 17 |
| 협의자 | 29 | 27 | 1 | 1 | 1 | 1 | 60 |
| 북괴 포섭 대상자 | 49 | 15 | 2 | 1 | | 4 | 71 |
| 총계 | 108 | 56 | 13 | 6 | 4 | 7 | 194 |

**〈북괴 공작단 관련자 계보(일부)〉**

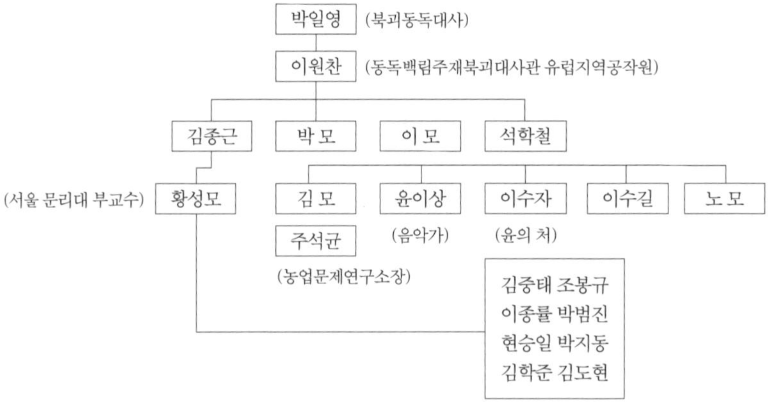


이번 공작단은 서구 일대와 국내에 걸쳐 국제적 공작망을 펴고 있던 최대 규모의 간첩단으로서 대학교수, 강사, 예술인, 공무원 등 저명인사와 젊은 지식인들로 구성되어 있는 것이 그 특징으로 되어 있다.

발표에 의하면 관련자들은 서구 지역에 유학한 자들이 대부분으로서 북괴의 동백림 주재 대사가 중심이 된 포섭 공작에 걸려들어 중공 또는 소련을 경유, 평양으로 유인되어 공산당에 입당, 공작금을 받아 공부를 하거나 박사 학위 등을 얻은 후에는 정계와 학원, 언론계 및 행정부, 입법부 등에의 침투 사명을 띠고 합법적으로 한국에 돌아온 자가 대부분이다.

10여만 달러의 공작금까지 받은 이들 일당은 "남북 협상을 통한 평화적 통일 방안의 선전, 사회주의혁명 기운 조성을 시도하면서 남한 내의 용공세력을 총동원하여 소위 결정적 시기에 적화통일을 기도하려는 흉계를 자행하던 중" 적발되었다고 한다.

김형욱 부장은 "관련자 중 약 반수가 평양을 방문했었으며 두 차례나 갔다 온 자도 있다."고 밝히고 "앞으로 자수하는 자는 관대한 처분을 하겠다."고 덧붙였다.

### 저명인 관련자

'동백림을 거점으로 한 북괴대남적화공작단' 사건 관련자는 모두 2백여 명에 달하는데, 8일 현재 밝혀진 저명인사 명단은 다음과 같다.

▲ 임석진(36·명지대 조교수·철학 박사) ▲ 정하룡(34·경희대 조교수·정치학 박사) ▲ 조영수(34·전 동국 및 외대 강사·정치학 박사) ▲ 천병희(29·서울대 사대 강사·불문학 석사) ▲ 황성모(42·서울대 문리대 부교수·철학 박사) ▲ 최창진(41·전북대 문리대 조교수·법학 박사) ▲ 김중환(44·서울대 의대 조교수·의학 박사·한일병원 피부과장) ▲ 강빈구(35·서울대 상대 조교수·법학 박사) ▲ 강하이드론(28·서강대 강사·강의 처·독일인) ▲ 김종대(33·독·프랑크푸르트대 강사) ▲ 정규명(39·독·이론물리연구소원) ▲ 강성종(35·미·노트르담 화학과 연구생·약학 박사) ▲ 주석균(64·농촌문제연구소장) ▲ 장덕상(32·중앙일보 파리특파원) ▲ 이응로(63·재불 화가) ▲ 윤이상(50·재서독 음악가·전 한인협회장) ▲ 박민종(50·음악가) ▲ 이희세(37·재불 화가) ▲ 공광덕(36·오스트리아·잘츠부르크대 학생) ▲ 노봉유(38·재불 대학생) ▲ 조상권(33·파리유학생 회장·파리건축대생) ▲ 박협(30·재불·변호사 개업 중) ▲ 이순자(37·국회도서관 직원) ▲ 어준(41·현대계장사 전무) ▲ 김광옥(31·동양카프로락담 기술과장) ▲ 김중태(27·신민당 운영위원) ▲ 정성배(42·재불·정치학 박사) ▲ 방준(33·불 TWA항공사원) ▲ 김옥희(30·모 중요기관 공무원) ▲ 어원(50·외기노조오산지부 상무)

## 논고 듣다 우는 피고도

1967. 12. 6.

### 내외 기자 50여 명, 서독 정부 대표 등 방청

**동백림 공작단 구형 공판 날**

동백림을 거점으로 한 북괴대남공작단 사건 구형 공판이 열린 6일 상오 서울형사지법 대법정 주위에는 34명의 피고인 가족들로 아침 일찍부터 긴장된 분위기.

법정에는 50여 명의 내외 보도진과 2백여 명의 방청객들로 꽉 들이찼다.

구형 공판에는 서독 정부 대표 그룬발트 본 대학 교수와 루이자르노 불란서 문정 참사관 등 외국인들의 모습도 보였으며 주간지인 『쉬드 도이취』 신문 동남아 특파원인 첼로 보데 씨도 국내 기자들과 함께 열심히 취재 경쟁을 벌였다.

보데 씨는 특히 작곡가인 윤이상 피고인에게 관심이 많다면서 윤 피고에게 다가가 "현재 건강상태가 어떠냐?"고 묻기도 했다.

이날 이종원 부장검사는 1시간 30분에 달하는 논고 끝에 "언제나 여러분의 따뜻한 품이 되어 왔고 잔뼈가 굵은 조국이 한 번이라도 여러분을 외면하고 생소한 적이 있었는가."라면서 눈물겨운 논고를 계속하자 윤이상 피고인 등은 손으로 얼굴을 감싼 채 한동안 울먹였다.

이 부장검사는 윤 피고인에게 "피고인이 독일에서 작곡 활동을 하고 있는 동안 고국에서는 피고인의 활동을 세계에 자랑했으며 피고인에게 온 겨레가 뜨거운 성원을 보냈던 것을 잊었는가."고 말하고 "피고인과 우리 국민이 10년 만에 꼭 이렇게 만나야만 했는가."고 말끝을 맺지 못하기도 했다.

이 부장검사의 구형이 끝나자 사형을 구형받은 윤 피고인은 나란히 앉은 부인이 건네주는 위로의 말에 아무 대꾸도 없이 아래만 내려다보고 있었으며 이응로 피고인은 "잘 되었다."고 체념한 듯 중얼거렸다.

이날 사형을 구형받은 조영수 피고인은 예상한 대로였다면서 "집안 망신만 톡톡히 시켰다."고 검사의 정상론에 푸념을 하기도 했다.

# 論告듣다 우는被告도

## 내외記者50餘명、西獨정부대표등 방청

### 東伯林工作團 求刑공판날

○…동백림을 거점으로한 北괴대남공작단사건구형공판이열린 6일상오 서울형사지법 대법정주위에는 34명의피고인가족들로 아침일찍부터 긴장된분위기」。법정에는50여명의내외보도진과 2백여명의 방청자들로 [illegible]이찼다。

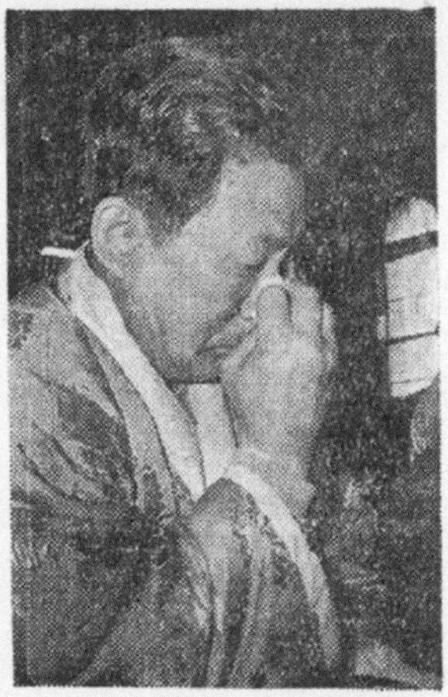

눈물을흘리는 尹伊桑피고

눈물을 흘리는 윤이상 피고

○…구형공판에는 서독정부대표「그룬발트」「본」대학교수와 「루이자르느」총단서문정환사관등 외국인들의모습도 보였으며 주간지인「쉬드·도이취」신문 동남아특파원인「빌로·보데」씨도국내기자들과함께 열심히 취재경쟁을벌였다。

「보데」씨는 특히작곡가인 尹伊桑피고인에게 관심이많다면서 尹피고에게 다가가 「현재건강상태가어떠냐」고묻기도했다。

○…이날 李鍾元부장검사는 1시간30분에달하는 논고문에「언제나 어머니의따뜻한품이되어왔고 잔뼈가 굵은 조국이 한번이라도 여러분을 외면하고 생소한적이있었는가」라면서 눈물겨운 논고를계속하자 尹伊桑피고인은 손으로 얼굴을 감싼채 한동안을 [illegible]。

李부장검사는 尹피고인에게「피고인이 독일에서 작곡활동을하고 있는동안 고국에서는 피고인의활동을 세계에자랑했으며 피고인에게 온겨레가 뜨거운 성원을보냈던것을 잊었는가」고 말하고「피고인과 우리국민이 10년만에 꼭 이렇게 만나야만했는가」고 말끝을 맺지못하기도 했다。

서독정부대표 「그룬발트」「본」대학교수와 「쉬드·도이취」기자「보데」씨

서독 정부 대표 '그룬발트' 본 대학 교수와 『쉬드 도이취』 기자 '보데' 씨

李부장검사의 구형이 끝나자 사형을 구형받은 尹피고인은 나란히앉은 부인이 건네주는 위로의말에 아무대꾸도 없이 아래만 내려다보고 있었으며 李應魯피고인은 「잘되었다」고 체념한듯중얼거렸다。

○…이날 사형을 구형받은趙榮秀피고인은 예상한대로였다면서「집안망신만 톡톡히시켰다」고 검사의 정상론에 푸념을하기도했다。

1967. 12. 6.

## 정하룡·정규명 사형 확정

1969. 4. 1.

### 동백림 공작단 사건
### 대법원서 상고 기각

대법원 형사부(재판장 방순원·주심 유재방)는 31일 하오 동백림을 거점으로 한 북괴 대남적화공작단 사건 재상고심 선고공판에서 8명의 관련 피고인 중 정하룡(34) 등 5명의 피고인에 대한 상고를 기각, 원심을 확정시키는 한편 강빈구(35) 피고 등 3명에 대한 원심을 파기, 반공법 및 국가보안법을 적용, 징역 10년과 7년을 각각 선고했다.

재판부는 정 피고인 등 5명에 대한 검찰과 피고인 등의 상고는 이유 없다고 기각했으며 천병희 피고인이 66년 6월 임석훈 집에서 임과 서신 연락 장소를 협의한 사실과 강빈구 피고인이 63년 2월 21일 북괴 공작원 이원찬의 지령을 받고 국내에 잠입했다는 사실, 김중환 피고인에 대한 회합죄 등은 증거가 없어 무죄를 선고했으나 원심과 같은 형량을 자판했다.

이로써 이 사건은 1년 9개월 만에 확정판결이 내려졌다.

이 사건에 관련된 윤이상 씨(51·작곡가) 등 6명은 검찰의 형집행정지 결정으로 이미 석방됐었다.

이날 8명의 피고인에 대한 대법원의 상고심 선고량은 2심의 선고량과 같다.

각 피고인들에 대한 확정된 선고량은 다음과 같다.

◇상고기각

▲정하룡(34·전 경희대 강사) 사형

▲정규명(40·독일 프랑크푸르트대 이론물리학연구원) 사형

▲조영수(35·전 외대 강사) 무기

▲어준(40·현대계장회사 전무) 징역 15년 자격정지 15년

▲정상구(31·미 워싱턴대 학생) 징역 3년 6월 자격정지 3년 6월

鄭河竜·鄭奎明 사형확정

東伯林工作團사건

大法院서上告기각

정하룡 피고

정규명 피고

1969. 4. 1.

◇원심 파기, 자판

▲강빈구(35·전 서울 상대 조교수) 징역 10년 자격정지 10년

▲천병희(29·전 성신여대 강사) 징역 10년 자격정지 10년

▲김중환(45·전 한일병원 피부과 과장) 징역 7년 자격정지 7년

006

# 통일혁명당 사건

## 대규모 북괴간첩단, 통일혁명당 일망타진

1968. 8. 24.

**158명 관련 — 1차로 73명 송치**
**지식청년층 널리 침투**
**두목 김종태, 김일성과 네 번 면담**

중앙정보부는 24일 아침 가칭 통일혁명당(북괴노동당 재남 지하당) 간첩단을 일망타진, 북괴는 소위 70년대의 무력 적화통일을 위해 67년 초부터 가칭 통일혁명당을 조직해서 전 남로당계와 혁신적 지식인, 청년, 학생층을 대량 포섭, 민중봉기를 획책하고 국가전복을 꾀했다고 발표했다. 정보부는 이 지하당 간첩 사건의 관련자는 총 158명이며 그중 1차로 73명(구속 50명, 불구속 23명)을 송치, 나머지 85명은 계속 조사 중이라고 밝혔다.

### 한·미화 등 4천만 원

정보부가 밝힌 이 간첩단의 특색은 ①통일혁명당 당수라는 김종태(43·운수업)가 4차나 북괴를 왕래하면서 김일성과 직접 면담한 바 있고 ②북괴 대남사업총국장 허봉학(괴뢰군 대장)으로부터 지령과 함께 미화 7만 달러, 한화 2,350만 원, 일

## 대규모北傀間諜団

# 統一革命黨一網打盡

## 百58名關聯…1次로 73名送致

## 知識青年층 널리浸透

### 頭目 金鍾泰、金日成과 네번面談

中央정보부는 24일아침 가칭統一革命黨(北傀의地下黨)자칭단을 일망타진, 北傀는 소위 70年代의 武力赤化統一을위해 67년 초부터 가칭統一革命黨을 조직해서 전南勞黨系와 革新的知識人 靑年 學生층을대량포섭, 民衆봉기를 획책하고 國家전복을꾀했다고발표 했다. 정보부는 이지下黨 자칭사건의 관련자는 총158명이며 그중1차로 73명(구속50명, 불구속23명)을送致, 나머지85명은 계속조사 중이라고 밝혔다. 【관계기사7面에】

김상도 김병권 이일재 김종태
임중빈 정종소 노정훈 이문규
임규택 이장원 김봉규 김진환
이수인 김희순 오시황 양동림
심재주 김질락 이형낙 이재학
신남휴 임영숙 나경일 오병철
김국주 이영윤 이강복 송준철
박경호 권오창 박다출 허정길
박성준 노인영 조현창 이해경
은철수 이종태 신광현 김병영
윤상환 신영복 권재혁 신향식

1968. 8. 24.

화 50만 엔 등 거액의 공작금을 받았으며 ③조직 면에 있어 모택동 공작 전법과 베트콩식 게릴라 전법 및 동학란식 민중봉기 전법을 원용해서 '민족해방전선', '조국해방전선'을 구성 ④그 밑에 '학사주점'(60년대의 학사회 집회소), 새문화연구회(각 대학 출신 연합회), 청년문학가협회(서울대 문리대 출신 주동), 불교청년회(성균관대 출신 주동), 동학회(서울대 문리대생 주동), 청맥회(이화여대생 주동), 민족주의연구회(동국대생 주동), 기독청년경제복지회(서울대 문리대생 주동), 경우회(서울 상대생 주동) 등 학생·청년 지식층을 파고든 혁신적 엘리트로 구성돼 있다는 점이다.

덧붙여 ① 재남 고정간첩인 두목 김종태는 오는 9월 9일 소위 북괴 9·9절(북괴 집단 수립 20주년 기념식)에 백두일이라는 가명으로 재차 월북하려 꾀했고 ②김질락(청맥사 주간·김상도 전 국회의원 비서)과 이문규(학사주점 대표) 등이 중심인물이며 ③구속자 중에는 전직 국회의원 김 모, 문학평론가 임중빈, 그리고 공무원, 교사, 문화인 등이 포함돼 있다고 발표했다.

한편 정보부는 북괴가 이와 같은 대규모의 지하당 간첩단을 계속 유지·강화하기 위해 지난 20일 제주 서귀포에 어선을 가장한 공작선을 타고 무장공비 특공대가 남파됐다가 타진된 사건을 상기시키면서 이것을 이문규 일당과 북괴가 접선하려 했던 것이라고 밝혔다.

## 4명에 사형

1969. 5. 27.

### 통혁당 항소심 선고

서울고법 형사부(재판장 윤운영 부장판사)는 26일 하오 통일혁명당 항소심 선고공판에서 29명의 관련 피고인 중 25명에 대한 원심을 파기, 김질락(34·전 청맥지 주간) 등 4명에게 국가보안법 및 반공법 등을 적용, 사형을 선고하고 오병철(31) 등

# 4명에 死刑

## 統革黨 항소심宣告

서울고법 형사부(재판장 [illegible])는 26일 하오 통일혁명당 항소심선고공판에서 29명의 관련피고인중 25명에 대한 원심을 파기, 金질락(34·전청맥지주간)등 4명에게 국가보안법및 반공법등위반죄로 사형을 선고하고 [illegible](31)등 4명의 피고인에게 무기징역을, 나머지21명의 피고인에게 징역15년~1년까지선고했다.

재판부는 유기징역을 선고받은 21명의 피고인에게 징역형과 같은기간의 자격정지형을 병과선고하고 [illegible]등 9명의 피고인에게 집행유예를 선고했다.

▲金질락(34·전 청맥지주간) 사형(사형 [illegible]) ▲李文奎(32·전학사주점 주인) 사형(사형) ▲[illegible](35·북괴부장자치선총원) 사형(사형) ▲金[illegible](32·〃) 사형(사형) ▲[illegible](34·대한교유보험홍보과장) 무기징역(무기징역) ▲[illegible](31·중앙교교사) 무기징역(무기징역) ▲[illegible](41·화장품 수금원) 무기징역(무기징역) ▲[illegible](43·상업) 무기징역(징역[illegible]) ▲[illegible](31·동남상여상무) 징역15년 자격15년 ▲[illegible](28·서울상대 경제과4년) 징역15년 자격15년(〃〃) ▲[illegible](31·파하기술지주사) 징역7년 자격7년(〃〃) ▲[illegible](26·인구문제연구소 연구원) 징역4년 자격4년(〃〃) ▲[illegible](32·무직) 징역5년 자격5년(징10년 자격10년) ▲[illegible](30·무직) 징역2년 자격2년(징역3년) ▲[illegible](32·무직) 징역7년 자격7년(징역3년) ▲[illegible](29·교육평론사편집장) 징역1년 자격1년(징역2년) ▲[illegible](40·양단미상) 징역7년 자격7년(징역5년) ▲[illegible](36·[illegible]) 징역3년 자격3년(징역5년) ▲[illegible](31·농업) 징역12년 자격12년(징역7년) ▲[illegible](34·상업) 징역5년 자격5년(징역7년 벌금3만원) ▲[illegible](23·[illegible]) 징역3년 자격3년(징역6월 벌금1만원) ▲[illegible](32·[illegible]) 징역7년 자격7년(징역5년) ▲[illegible](54·[illegible]) 징역6년 자격6년 ▲[illegible](40·[illegible]) 징역3년 자격3년 ▲[illegible](23·서울[illegible]) 징역5년 자격5년 ▲[illegible](22·한국은행) 징역2년 자격2년 ▲[illegible](22·의과대학) 징역2년 자격2년 ▲[illegible](21·서울상대경제과3년) 징역3년 자격3년 [illegible]

1969. 5. 27.

4명의 피고인에게 무기징역을, 나머지 21명의 피고인에게 징역 15년~1년까지 선고했다.

재판부는 유기징역을 선고받은 21명의 피고인에게 징역형과 같은 기간의 자격정지형을 병과 선고하고 은철수 등 9명의 피고인에게 집행유예를 선고했다.

▲김질락(34·전 청맥지 주간) 사형(사형 추징금 1백만 원)[1]

▲이문규(32·전 학사주점 주인) 사형(사형)

▲이관학(35·북괴무장간첩선 중위) 사형(사형)

▲김승환(32·〃소위) 사형(사형)

▲이재학(34·대한교육보험 홍보과장) 무기징역(무기징역)

▲오병철(31·중학교 교사) 무기징역(무기징역)

▲정종소(41·화장품 수금원) 무기징역(무기징역 추징금 8만 원)

▲신광현(43·상업) 무기징역(무기징역 추징금 1만 원)

▲윤상환(31·동남상역 상무) 징 5년 자 5년(징 15년 자 15년)

▲박성준(28·서울 상대 경제과 4년) 징 15년 자 15년(〃 〃)

▲노인영(31·과학기술처 주사) 징 7년 자 7년(〃 〃)

▲이종태(26·인구문제연구소 연구원) 징 4년 자 4년(〃 〃)

▲김희순(32·무직) 징 5년 자 5년(징 10년 자 10년)

▲임규택(30·무직) 징 2년 자 2년 집유 3년(징 7년 자 7년)

▲권오창(32·무직) 징 2년 자 2년 집유 3년(징 7년 자 7년)

▲임중빈(29·교육평론사 편집장) 징 1년 자 1년 집유 2년(징 7년 자 7년)

▲양동림(40·암달러상) 징 3년 자 3년 집유 5년(징 5년 자 5년)

▲임영숙(36·김종태의 처) 징 12년 자 12년(징 7년 자 7년)

▲이장원(31·농업) 징 5년 자 5년 추징금 3만 원(징 7년 자 7년 추징금 3만 원)

▲신향식(34·상업) 징 3년 6월 자 3년 6월 추징금 1만 원(징 7년 자 7년)

▲허정길(23·충남 아산군 농촌지도소 직원) 징 2년 자 2년 집유 3년(징 5년 자 5년)



1 괄호 안은 검찰의 구형량.

▲김병영(32·이문규의 처) 징 6년 자 6년(징 5년 자 5년)

▲김상도(54·전 신민당 영천지구당 위원장) 징 1년 자 1년(징 3년 자 3년)

▲김종화(40·김상도의 제) 징 3년 자 3년 추징금 14만 원(징 5년 자 5년 추징금 14만 원)

▲박경호(23·서울 문리대 정치과 3년) 징 3년 자 3년(징 5년 자 5년)

▲이해경(28·중학교 교사) 징 1년 자 1년 집유 2년(징 3년 자 3년)

▲은철수(22·한국은행원) 징 1년 자 1년 집유 2년(징 2년 자 2년 집유 3년)

▲김국주(22·외환은행원) 징 1년 자 1년 집유 2년(징 2년 자 2년 집유 3년)

▲이근식(21·서울 상대 경제과 3년) 징 3년 자 3년 집유 5년(〃 〃 〃)

007

# 재일본 한국인 서승, 서준식 형제 간첩 사건

## 교포 모국 유학생에도 마수

1971. 4. 20.

**간첩단 상보 — 북괴, 방학 중에 데려가 교육**
**학원에 지하조직 구축**
**검거 후도 암호 지령, 민중봉기 획책**

북괴의 소위 대남적화 공작은 재일교포 학생을 모국 유학생으로 가장시켜 간첩으로 침투시키는 악랄성까지 드러냈다. 당국이 20일 발표한 '국가전복획책대규모간첩단' 사건 내용을 보면 북괴는 모국 유학을 가장시켰던 학생들을 방학 중에 일본을 거쳐 북괴로 몇 차례씩 데려가 세뇌시켰고 노동당에 입당시킨 뒤 돌려보내 학원 안에 지하조직을 구축케 했다가 다른 지하당에 동조해서 김일성이 주창한 '민중봉기를 조성, 무장폭동을 유발'케 했고 또 다른 조직에는 청와대 요리사와 공군 조종사를 포섭, 요인 독살과 청와대 폭격 등의 무시무시한 지령까지 내리기도 한 것이다.

이중 강장운은 곰이라는 호출 암호로 북괴의 방송 지령을 받으면서 암약해왔는데 북괴는 최근까지 강이 검거된 것을 모르고 계속 지령, 이 지령 내용이 당국에 포착되기도 했었다.

# 僑胞 母國유학생에도 魔手

## 간첩단詳報 北傀, 放学中에 데려가 교육

북괴의 소위 대남적화공작은 재일교포학생을 모국유학생으로 가장시켜 간첩으로 침투시키는 악랄성까지 드러냈다. 당국이 20일 발표한「국가전복획책대규모간첩단」사건내용을 보면 북괴는 모국 유학을 가장시켰던 학생들을 방학중에 일본을거쳐 북괴로 몇차례씩 데려가 세뇌시켰고 노동당에 입당시킨뒤 돌려보내 학원안에 지하조직을 구축케했다가 다른 지하당에 동조해서 金日成이 주장한『민중봉기를 조성, 무장폭동을 유발』케했고 또다른조직에는 청와대 요리사와 공군조종사를포섭, 요인암살과 청와대폭격등의 무시무시한 지령까지 내리기도 한것이다.

## 學園에 地下조직 構築

### 검거후도暗號지령, 民衆봉기획책

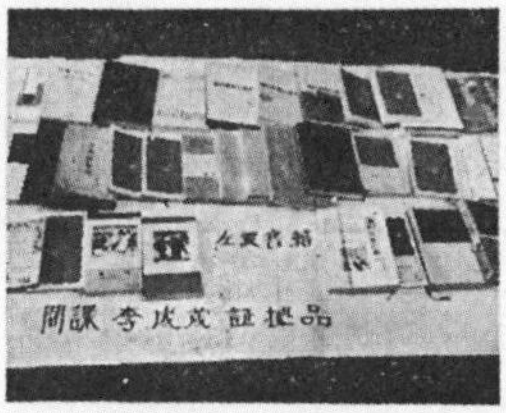

간첩들이 사용하다 압수된 암호및 서적.

徐勝 姜鍾憲 姜錫萬 徐俊植 金乙錫 丁時一 金長浩 洪在俊 李貞順 金哲洙

간첩들이
사용하다 압수된
암호 및 서적

서승 강장운
강석만 서준식
김을석 정시일
김장호 홍재준
이정순 김철수

1971. 4. 20.

**▲강장운**(23·일명 강창구·고대 이공대 물리과 2년) 65년 7월 일본 대판 동정천 고교 2년 때 조총련 청년동맹에 포섭, 교양을 받은 후 66년 4월 위장 공작을 위해 민단계[1] 건국고교에 전학, 지하 활동. 66년 8월 북괴 공작원과 북괴에 들어가 평양서 밀봉 교육[2], 북괴 중앙당 대남공작총책 김중린의 지령을 받았다. 지령 내용은 ㉮고대를 중심으로 우수한 기본 성분자 포섭, 지하조직 결정적 시기에 봉기하여 정부 타도 ㉯통혁당 조직으로 노동자·농민 포섭 연합전선 ㉰학원 안에 반파쇼 민주화 투쟁 ㉱각종 남한의 정보수집 보고 등이다.

강은 그 후 70년 7월 2일 여름방학으로 도일 중 평양에 다시 들어가 재교양, 노동당에 입당했다. 공작금 150만 원과 난수표[3]·폭발물·불온서적을 받고 데모 때 폭발물 사용, 요인 암살 등 지령을 받고 70년 9월 11일 입국, 간첩 정시일과 접선하면서 각종 정보수집, 포섭 공작, 학생 데모 배후조종 등 암약타가 검거됐다.

**▲서승**[4](27·서울대 대학원 사회학과 2년·서울시 서대문구 천연동 90의 11) ①동경 교육대 사회학과를 67년 3월에 졸업한 후 68년 4월 서울대학에 입교했다. ② 67년 8월 친형인 공작원 서일식과 함께 북괴에 가 간첩 활동에 필요한 밀봉 교육을 받고 한국 대학연합 조직을 장악하라는 공작 지령을 받아 69년 4월 입국했고 ③70년 8월 도일하여 평양에 2차로 입북, 서울대학 등 각 대학에 지하당을 조직할 것, 학생 조직과 노동당 조직을 연합, 반정부 데모를 할 것 등의 공작 지령과 공작금 11만 원 등을 받고 70년 9월 재입국, 서울대 강사 이성무 등 13명을

---

1 한국을 지지하는 재일동포로 구성된 단체.

2 외부와 접촉을 끊고 비밀리에 행해지는 교육으로, 북한이 대남 간첩을 양성할 때 사용하는 방법이다.

3 0에서 9까지의 숫자를 각 숫자가 나오는 비율이 같도록 무질서하게 배열한 표. 북한 간첩이 암호를 작성하거나 해독할 때 쓴다. 일반적으로 통계 조사에서 표본을 무작위로 가려낼 때 쓴다.

4 서울대 대학원 사회학과에 유학 중이던 1971년 국가보안법 위반 혐의 등으로 투옥되어 무기징역형을 선고받고 복역하다 고문을 당해 분신을 시도하여 온몸에 화상을 입었다. 1990년 석방될 때까지 19년간 갇혀 있었다. 1991~2011년, 일본 리츠메이칸 대학 교수로 지냈다. 야스쿠니 반대 동아시아 공동행동 공동대표, 동아시아 역사인권평화선언 위원회 위원장으로 활동하고 있다. 『옥중 19년』(역사비평사, 1999)의 저서가 있으며, 그 밖의 주요 저서로 朝鮮半島の和解·協会10年-金大中·盧武鉉政権の対北朝鮮政策の評価(立命館大学コリア研究センター研究叢書, 2009) 등이 있다.

포섭하려고 공작해 왔고 북괴에 학생운동, 전태일 분신자살 사건 등을 보고하는 등 간첩 활동을 해 왔음.

**▲서준식**[5] (23·재일교포·서울대 법대 4년·일본 경도 우경구 남산다미정 48) 67년 3월 일본 경도 입계고교를 졸업하고 68년 2월에 서울대 어학연구소 1년을 수료, 서울대 법대에 입학했다.

조련계 공작원이며 친형인 서일식에게 포섭되어 각 대학의 교지, 행사 선언문 등을 입수 제공하고 학생 동향 및 고대의 한맥, 서울 법대의 사회법학회, 경북대의 전진회 등 각 대학의 서클 현황과 포섭 대상자 4명의 명단을 제출했다.

70년 8월 30일 친형 서승과 함께 북괴에 가 평양서 밀봉 교육을 받고 노동당에 입당, 서울 법대 각 서클에 적극 참여, 대상자를 포섭하고 전국 학생 동향을 파악 보고할 것 등의 지령을 받고 70년 9월 입국, 간첩 활동을 해 온 혐의.

**▲강석만**(24·재일교포·일본 강산현·고대 경영대 경제학과 4년) 재일교포로 경도 입명대학 2년을 마치고 70년 1월 재일 북괴 공작원 김본에게 포섭되어 기본 임무로 고려대 유도부에 들어가 학원 내 지하당 조직, 71년도 선거에 4·19와 같은 학생봉기를 일으킬 것 등을 지령받았으며 71년 2월 북괴에 입북하라는 지령에 따라 월북 준비를 하다가 검거됐음.

**▲정시일**(32·가명 이시종·부산시 중구 광복동 3가 7·숙박업) 제주가 고향인 간첩 정은 지난 61년 8월 해병대에서 만기제대하고 이듬해 8월 일본으로 밀항했다.

정은 66년 10월 4촌 누이 정임랑의 소개로 조총련 재일지도원 최만시에게 포섭, 이 해 12월 12일 일본 아오모리현 해안에서 북괴 공작선 편으로 함북 청진항에 도착, 평양 근처에서 간첩 교육을 3개월 동안 받았다.

정은 공군 조종사를 포섭, 청와대를 폭격 후 월북하고 청와대 요리사를 포섭, 요인을 독살하라는 임무를 띠고 67년 7월 9일[6] 공작금 150만 원, 난수표 등

5 서승의 동생이다. 일본 출생의 대한민국 진보 인권운동가이다. 1971년 이른바 유학생 형제 간첩단 사건으로 투옥되어 7년을 복역하고 사상과 양심의 자유를 지키기 위해 전향을 거부한 이유로, 10년을 더 복역하고 1988년에 출감했다. 인권운동사랑방 대표를 역임했다.

6 원문에는 7월 9월로 되어 있으나, 9일의 오기로 생각한다.

을 갖고 일본을 경유, 부산 수영비행장으로 침투했다.

정은 김장호, 김철수 등을 포섭, 69년 4월 2회에 걸쳐 도일, 그동안의 간첩 활동 등을 재일 지도원에게 보고하는 등 간첩 활동을 해 왔다.

**▲김을석**(49·부산시 서구 서대신동 3가 703·금남상사 사원) 경남 남해가 고향인 김은 51년 8월 101 삼양호 선원으로 한일 간을 오가면서 북괴의 대남공작 지도원 최만시에게 포섭돼 선원·해운업계를 대상으로 한 지하당 조직, 한일 간 공작 연락, 한일 간 공작요원 호송 안내, 조련계 국내 가족 동향 보고 등의 임무를 받고 65년 11월 도일, 재일 지도원 최만시와 접선, 현역 군인 박기량 하사를 대동, 월북하라는 지령을 받고 한일 간을 오가면서 간첩 활동을 해 왔다.

**▲홍재준**(23·무직) ① 67년 9월 정시일과 교포 숙소 안내 등 사업 관계로 접촉, 정으로부터 교양을 받고 ② 70년 3월 정의 지시에 따라 일본으로 밀항, 재일 공작 지도원 대산과 접촉한 후 북괴 청진으로 들어가 3개월간 밀봉 교육을 받고 부산 부두·공장의 노동자를 포섭, 지하당 조직 및 유사시 민중봉기에 적극 합세하라는 임무를 띠고 지난 2월 3일 침투한 간첩.

**▲김장호**(33·이발사) 68년 10월 간첩 정시일에게 포섭돼 일본으로 건너가 69년 3월 재일 공작지도원으로부터 공산주의 이론 등 밀봉 교육을 받고 공작금 5만 원(일화)을 받아 귀국, 70년 5월 8일 공작 보고서를 갖고 도일, 공작원에게 전달한 후 71년도 선거에 각계 조직과 연합행동을 취하라는 지령을 받고 귀국, 암약 중 검거됨.

**▲김철수**(40·선원) 67년 2월 일본 대판에서 재일 지도원에게 포섭돼 평양 서부 지역 아지트에서 밀봉 교육을 받고 귀국했다. 4차례에 걸쳐 간첩 정시일에게 공작금과 지령문·보고문을 전달하는 등 간첩 활동을 했음.

**▲이정순**(25·여·무직) 68년 1월 도일, 일본 대판 조총련 본부 총무인 조부 이복조로부터 북한의 발전상, 조총련의 활동에 관한 교양을 받고 교포 학생 간첩 강장운의 모국 유학 하숙 편의와 안내 등 편의를 봐주라는 지령에 따라 강을 자기 집에 하숙시키며 재일 지도원에게 2회에 걸쳐 보고하는 등 간첩으로 활약.

## 학원간첩 사건

1971. 10. 22.

### 2명만 사형 선고, 5명엔 무죄

서울형사지법 합의8부(재판장 이석조, 부장판사 진성규, 변재승 판사)는 22일 하오 학원간첩단 사건 선고공판을 열고 피고인 서승(26·재일교포 모국 유학생·서울대 대학원 사회학과 2년), 정시일(32·하숙업) 등 2명에게 국가보안법·반공법·간첩방조죄 등을 적용, 구형량대로 사형을 선고했다.

재판부는 나머지 15명의 피고인 중 4명에게는 징역 1년~15년의 실형을, 6명은 집행유예, 나머지 5명은 무죄를 각각 선고, 검찰의 구형량보다 대체로 가벼운 형량을 선고했다.

재판부는 서승, 정시일 피고인 등의 간첩 행위 등 검찰의 공소사실을 대체로 인정했으나 사형이 구형됐던 서준식 피고인(22)은 북괴 노동당에 입당한 사실을 뒷받침할 만한 증거가 없고 고의성이 인정되지 않는다고 지적, 나머지 공소사실만을 받아들여 실형을 선고했다.

피고인들에 대한 선고량은 다음과 같다(괄호 안은 구형량).

▲서승(26·재일교포 모국 유학생·서울대학교 대학원 사회학과 2년) 사형(사형) ▲서준식(22·서승의 동생·서울 법대 4년) 징역 15년 자격정지 15년(사형) ▲정시일(32·하숙업) 사형(사형) ▲강석만(23·재일교포 모국 유학생·고대 경제과 4년) 징역 8년 자격정지 8년(징역 12년 자격정지 12년) ▲김장호(32·이발사) 징역 5년 자격정지 5년(징역 7년 자격정지 7년) ▲주영길(23·서울 문리대 인구문제연구소원) 징역 1년 자격정지 1년 집행유예 3년(징역 5년 자격정지 5년) ▲김을석(48·회사원) 무죄(징역 3년 자격정지 3년) ▲김만원(53·선원) 징역 1년 6월 자격정지 1년 6월(〃) ▲이정순(23·여) 징역 2년 자격정지 2년 집행유예 4년(〃) ▲곽일순(46·여) 징역 1년 자격정지 1년 집행유예 3년(〃) ▲박기량(38·칠기업) 징역 1년 자격정지 1년 집행유예 3년(〃) ▲이성무(33·서울대 재외국민연구소 강사) 무죄(〃) ▲박수길(47·한국 개미회 회장) 징

# 2명만 死刑선고

## 5名엔 無罪

學園간첩사건

서울형사지법 합의8부(재판장 [illegible]부장판사)는 22일 하오 학원간첩단사건 선고공판을 열고 피고인 徐勝(26·재일교포 모국유학생·서울대대학원 사회학과 2년) 丁時一(32·하숙업)등 2명에게 국가보안법 반공법 간첩방조죄등을 적용, 구형량대로 사형을 선고했다.

재판부는 나머지 15명의 피고인중 4명에게는 징역 1년~15년의 실형을, 6명은 집행유예에, 나머지 5명은 무죄를 각각 선고, 검찰의 구형량보다 대체로 가벼운 형량을 선고했다.

재판부는 徐勝 丁時一 피고인의 자서행위등 검찰의 공소사실을 대체로 인정했으나 사형이 구형됐던 徐俊植피고인(22)은 북괴노동당에 입당한 사실을 뒷받침할만한 증거가 없고 고의성이 인정되지 않는다고 지적, 나머지 공소사실만을 받아들여 실형을 선고했다.

피고인들에 대한 선고량은 다음과 같다.(괄호안은 구형량)

▲徐勝(26·재일교포 모국유학생·서울대학교대학원 사회학과 2년)=사형(사형) ▲徐俊植(22·徐勝의 동생·서울법대 4년)=징역15년 자격정지 15년(사형) ▲丁時一(32·하숙업)=사형(사형) ▲[illegible](23·재일교포 모국유학생·고대 경제과 4년)=징역8년 자격정지 8년(징역12년자격정지12년) ▲金[illegible](32·이발사)=징역 5년 자격정지 5년(징역7년 자격정지7년) ▲宋[illegible](23·서울 문리대 인구문제연구소원)=징역 1년 집행유예 3년 자격정지 1년 (징역5년 자격정지 5년) ▲金[illegible](48·회사원)=무죄(징역3년 자격정지 3년) ▲金[illegible](53·선원)=징역 1년6월 자격정지1년 6월(〃) ▲李[illegible](23·어)=징역 2년 자격정지2년 집행유예에 4년(〃) ▲[illegible](46·어)=징역 1년 자격정지 1년 집행유예에 3년(〃) ▲朴[illegible](38·철기업)=징역 1년 자격정지1년 집행유예3년(〃) ▲李成[illegible](33·서울대 재외국민연구소강사)=무죄(〃) ▲朴[illegible](47·한국 개미회 회장)=징역 1년 자격정지 1년 집행유예 3년(〃) ▲[illegible](50·공의)=징역2년자격정지 2년 집행유예에 4년(〃) ▲李[illegible](23·국재소직원)=무죄(〃) ▲[illegible](26·서울대 대학원 사회학과2년)=무죄(〃) ▲[illegible](26·〃)=무죄(〃)

1971. 10. 22.

# 徐勝씨 오늘석방

지난71년 모국유학생 간첩단사건과 관련, 무기징역을 선고받고 20년으로 감형돼 복역중 3·1절 특별가석방으로 풀려난 徐勝씨(45)가 28일 상오10시 서울은평구응암4동 우성아파트 103동909호 동생 徐俊植씨(41)집에 도착, 가족들과 만났다.

徐씨는 이날 출감소감에 대해 『19년동안 옥살이를 한끝에 이렇게 나온것은 기쁘지만 우선 저의석방을위해 많은애를 써주신분들에게 감사드린다』고 말하고 『그러나 이번 석방조치는 참된민주화로 가는 길이기보다는 보수대연합의 장식물로 쓰이는것』이라고 주장했다.

1990. 2. 28.

역 1년 자격정지 1년 집행유예 3년(〃) ▲정봉기(50·공의) 징역 2년 자격정지 2년 집행유예 4년(〃) ▲이병화(23·목재소 직원) 무죄(〃) ▲한상진(26·서울대 대학원 사회학과 2년) 무죄(〃) ▲부태삼(26·〃) 무죄(〃)

## 서승 씨 오늘 석방

1990. 2. 28.

지난 71년 모국 유학생 간첩단 사건과 관련, 무기징역을 선고받고 20년으로 감형돼 복역 중 3·1절 특별가석방으로 풀려난 서승 씨(45)가 28일 상오 10시 서울 은평구 응암4동 우성아파트 103동 907호 동생 서준식 씨(41) 집에 도착, 가족들과 만났다.

서 씨는 이날 출감 소감에 대해 "19년 동안 옥살이를 한 끝에 어렵게 나온 것은 기쁘지만 우선 저의 석방을 위해 많은 애를 써 주신 분들에게 감사드린다."고 말하고, "그러나 이번 석방조치는 참된 민주화로 가는 길이기보다는 보수 대연합의 장식물로 실시된 것"이라고 주장했다.

008

# 문인·지식인 간첩단 사건

## 문인·지식인 간첩단 검거

1974. 2. 5.

### 검찰 발표
### 이호철·임헌영·김우종·정을병·장병희 씨 구속

서울지검 공안부(부장 정명래 부장검사)는 5일 서울을 거점으로 한 문인 및 지식인 북한 간첩단을 적발, 작가 이호철 씨(43·서울 서대문구 불광동 221의 45), 임헌영 씨(34·문학평론가·중앙대 강사), 김우종 씨(45·경희대 국문과 교수), 정을병 씨(40·소설가·문인협회 소설분과위원장), 장병희 씨(41·문학평론가·국민대 강사) 등 5명을 간첩 및 반공법 위반 혐의로 구속하고 언론인 천관우 씨 등을 이에 관련된 혐의로 계속 조사 중이라고 발표했다.

#### 언론인 천관우 씨 등도 조사 중

검찰은 이들 문인 및 지식인들이 지난 49년 북한의 통일전선 공작원으로 일본에 파견된 북한노동당 대남사업담당 비서 직계 재일 공작지도원 김기심에게 포섭돼 간첩활동을 해 왔다고 밝혔다.

검찰에 의하면 재일지도원 김은 지난 62년 북한의 지령에 따라 재일거류

# 文人·知識人 間諜團검거

## 檢察발표 李浩哲·任軒永·金宇鍾·鄭乙炳·張秉晞씨 구속

### 言論人 千寬宇씨등도 調査중

이호철 씨
임헌영 씨
김우종 씨
정을병 씨
장병희 씨

1974. 2. 5.

민단에 위장입적한 후 한양사(漢陽社)를 창설하여 도일하는 문인, 교수, 학자 등 지식인 50여 명과 접촉, 포섭 대상자를 골라왔고, 이번에 구속된 5명은 김의 1차 포섭 대상자에 들어 지난 69~72년 사이에 포섭된 후 ① 한국의 문단, 언론계, 학계, 학원 동태를 보고 ② 반정부 투쟁을 선동하는 작품 활동 ③ 문인, 지식인 중 포섭 가능자 명단을 보고하고 ④ 지난 1월 7일 현 정권을 타도할 목적으로 문인 개헌성명의 주도적인 활동 등을 해 왔다는 것이다.

구속된 5명의 혐의 내용은 다음과 같다.

▲이호철=지난 50년 10월 인민군에 복무 중 국군에 포로가 된 후 호송 도중에 달아나 월남하여 작가 생활을 해 왔고, 지난 72년 11월 일본에서 개최된 펜클럽회의에 참가하기 위해 일본에 건너가 재일지도원 김기심과 7회에 걸쳐 접촉, 6회의 향연과 공작금 50만 원을 받고 간첩으로 포섭당한 후 다른 재일지도원 김 모(35)에게 인계되어 자신의 원산중학 졸업성적표 및 사진 1장을 받고 ① 현 정권의 부조리를 소재로 한 작품 활동으로 대중을 선동할 것 ② 문인 중심의 반정부세력을 만들어 투쟁할 것 ③ 진보적 사상을 가진 문인을 추천, 포섭할 것 등의 지령을 받고 귀국, 지난해 11월 20일 기독교방송 공개토론에서 "현 특권층이 썩은 것처럼 대학교수도 썩어가고 있다."고 비난하였고, 지난해 12월 20일 한국신학대학 학보에 평화시장 재봉공 전태일의 분신자살을 소재로 하여 지식인과 학생들의 봉기를 선동하는 글을 실었으며, 지난해 12월 23일 개헌 서명 발기인으로 활동, 지난달 7일 개헌지지 문인 시국성명에 간사로 주동 역할을 해 왔다.

▲임헌영=전 『다리』지 주간인 임 씨는 지난 71년 11월 일본에서 발행되는 불온 간행물 『한양』지에 「한국문학에 관한 좌담」이라는 글을 투고, 72년 1월 15일 김상현 전 국회의원 도일 시 함께 따라가 재일공작지도원 김기심 등에게 포섭, 일화 40만 엔, 라디오 1대, 『한양』지 6권 등을 받고 귀국, 국내 문인의 실태 및 정부의 처우 등을 수집, 보고하고 지난 1월 7일 개헌지지 문인성명에 가담.

▲김우종=지난 64년 4월부터 재일 불온잡지 『한양』지에 10여 편의 원고를 기고, 72년 1월 8일 일본에 유학갔을 때 재일공작원 김기심에게 포섭, 25회에

걸쳐 일화 1백만 엔 상당의 주연을 받았고 일화 20만 엔, 녹음기 1대, 『한양』지 5권 등을 받고 귀국, 국내 신문 및 잡지사에 "기관원을 고정 배치하여 언론을 탄압하고 있다."는 정부 비방 내용을 『한양』지에 실었고 국내 학생 동향 및 경희대 데모주동자 명단, 문인 교수들의 실태를 보고.

▲정을병=지난 70년 4월부터 「나병환자」라는 소설 등을 『한양』지에 실었고 재일공작원 김기심과 접촉, 6회에 걸쳐 30만 엔 상당의 주연을 받았고 일화 15만 엔의 공작금을 받고 사회 부조리 현상을 각 보도기관에 투고하여 대중을 선동하라는 지령으로 귀국, 71년 8월경 「모래섬」이란 제목으로 한국 어민들의 비참한 생활상을 『한양』지에 실었음.

▲장병희=64년 4월부터 재일 불온잡지 『한양』지에 10여 회에 걸쳐 글을 실어 한국사회의 부조리 현상을 비방했고 지난해 6월 17일 제3회 아시아작가대회에 참석하기 위해 일본에 갔을 때 김기심과 접촉, 전후 4회에 걸쳐 일화 40만 엔어치의 향연을 받고 포섭된 후 일화 20만 엔과 카메라 1대 등을 받고 귀국.

지난해 4월 16일자 『국민대학보』 사설에 '한국의 선거는 부정한 방법으로 이뤄지고 있다'는 요지의 글을 실었음.

검찰은 이들 간첩단과 관련된 일당의 여죄를 계속 추궁 중에 있으며 이들로부터 불온서적 『한양』지 37권, 『민족의 존엄』 2권, 『세계』, 『군중』, 『문학계』, 『메아리』 등 각 1권, 일화 2만 5천3백30엔, 카메라 1대, 녹음기 1대, 라디오 1대 등을 증거품으로 압수했다고 발표했다.

009

# 울릉도 거점 간첩단 사건

## 울릉도 거점 간첩단 47명 검거

1974. 3. 15.

### 신 정보부장 발표

중앙정보부는 15일 상오 현 정부 전복을 획책, 결정적 시기에 봉기토록 하라는 북괴의 지령을 받고 울릉도를 거점으로 서울·부산·대구 등 도시와 전북 일대의 농어촌을 무대로 10여 년간 암약해 온 간첩단 일당 47명(1명 사망)을 체포하고 이들 간첩단의 공작금 6천여만 원(한화)과 난수표 등 암호문건 8조, 무전기 4대, 수신용 트랜지스터라디오 11대 등을 증거품으로 압수했다고 발표했다.

**위장업체 · 서클 등 구성**

**지식층 · 군부 침투 기도**

**30명 구속 · 17명 입건**

**대학총장 운동—모 장군 포섭 시도**

신직수 중앙정보부장은 이날 기자회견을 통해 "이 사건은 북괴가 남한 적화혁명을 목적으로 그들의 공작원을 직접 남파시키거나 일본을 통해 우회 침투시켜 청년·학생지식인·종교인·노동자·농민 및 군 간부를 포섭하여 지하망 조직, 통일전

인적사항
▲울릉도 거점 연락총책 전영관(44)
어업(선주)
▲조직책 김용득(53) 무직
▲행동책 전영봉(43) 무직
▲간첩 손두익(45) 선주 겸 선장
▲간첩 김용희(38) 무직
▲간첩 서화수(41) 선원
▲간첩 박인조(39)
▲간첩 전원술(39)
대구상업고등학교 교사
▲간첩 전국술(34)
중소기업은행 부산지점 행원
▲간첩 김장곤(29)
광운전자공과대학 강사
▲간첩 전서봉(49) 양조업
▲망원 한학수(57)
울릉저동침례교회 집사(제재업)
▲망원 한명국(38)
부산거제남문교회 목사
▲망원 한명도(35)
안양흥안교회 목사
▲망원 전석봉(60) 전의원 원장
▲망원 전성술(27) 어부
▲망원 전년순(46) 주부
▲망원 전경술(36) 약사
▲망원 정의출(47) 어업
▲망원 안월득(37) 주부
▲망원 정덕훈(46) 상업
▲망원 조상종(56) 무직
▲망원 전주봉(67) 무직
▲망원 김용화(41) 주부
▲망원 정계월(53) 주부
▲망원 권수봉(67) 주부
▲망원 전경순(30) 주부
▲망원 김필련(45) 주부
▲망원 전순봉(54) 주부
▲망원 전필봉(40) 주부
▲망원 전유봉(57) 주부
▲망원 김용호(44) 회사원
▲간첩 이성희(47)
전북대학교 교수(수의학)
▲간첩 최규식(37)
공화당 부안지구 부위원장(수의과병원장)
▲간첩 김영권(40)
양돈업(농업 및 가축지도원)
▲간첩 유창렬(43)
공화당 진안지구 조직부장
▲간첩 이한식(42)
신민당 진안지구 조직부장
▲간첩 구자현(40) 상업
▲간첩 이을영(45) 상업(남대문시장)
▲간첩 이사영(33) 섬유회사 관리과장
▲간첩 이지영(49) 농업
▲간첩 하석순(47)
한국해원양성소 총무
▲망원 양한철(44) 농업
▲망원 임예환(43) 낙농 및 수의사
▲망원 주대성(44) 이발사
▲간첩 김봉상(45)
외항선원 남산호(갑판장)
▲간첩 홍영태(47) 사망

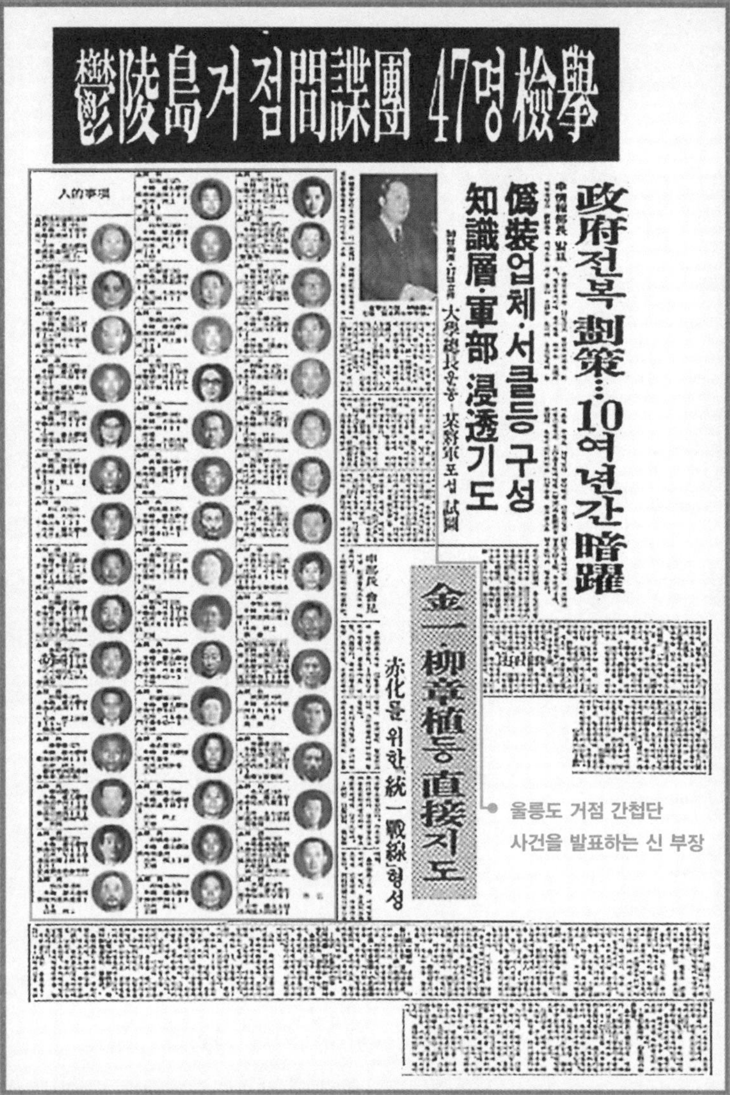
鬱陵島거점間諜團 47명檢擧

政府전복 劃策…10여년간 暗躍

僞裝업체·서클등 구성

知識層·軍部 浸透기도

金一·柳章植등 直接지도

赤化를 위한 統一戰線 형성

人的事項

● 울릉도 거점 간첩단 사건을 발표하는 신 부장

1974. 3. 15.

선 형성, 경제토대 구축 등 방법으로 소위 혁명역량을 축적했다가 남한 내에 정치·경제·사회 불안과 혼란을 조성, 소위 인민민주주의 대남혁명 전략에 입각하여 현 정부 전복을 획책해 온 대표적인 간첩단 사건"이라고 밝혔다.

신 부장은 "이 사건을 계기로 북괴의 평화통일 주장은 구호에 불과하고 그들의 대남적화혁명 전략에는 하등의 변함이 없이 오히려 날이 갈수록 간첩활동은 격화되고 있다는 사실을 국민 여러분에게 알리면서 보다 투철한 승공이념의 구현에 국민의 적극적인 협조를 바란다."고 당부했다.

중앙정보부 발표에 따르면 수사 결과 울릉고 출신 간첩 전영관, 김용득, 전영봉 일당은 62년 12월부터 74년 2월까지 울릉도를 전진기지로 구축, 북괴를 왕래했고, 3천4백여만 원의 공작금으로 인쇄소, 기원, 전화매매상 등의 위장업체와 어선을 가장한 공작선박 등을 구입, 운영하는 한편, 혈연관계를 중심으로 30여 명 규모의 지하망을 구축하고 지식인과 고급공무원 등 10여 명으로 서클 '아생회'를 조직하는 한편, 현역 및 예비역장교 20여 명으로 '65동지회'를 조직, 지식층과 군부침투 토대 구축을 기도했다.

또 63년 4월부터 71년 10월까지 10여 회에 걸쳐 일본으로부터 내왕하면서 국내 고정간첩망 부식과 통일전선 형성을 획책해 온 재일간첩 이좌영에게 포섭된 전북대 교수 간첩 이성희, 공화당 부안지구 부위원장 최규식, 동 진안지구 조직부장 유창열, 신민당 진안지구 조직부장 이한식 및 고창 농촌지도원 김영권 등 일당은 65년 10월부터 74년 2월까지 유학 또는 농업기술 연수 명목으로 일본에 체류하면서 북괴를 왕래하거나 재일북괴 공작조직으로부터 간첩교육을 받고 국내에 잠입, 전북 일대를 중심으로 '위친계', '농사개량 구락부' 등 서클을 조직, 동조자 규합 토대를 구축하는 한편, 유사시 교수 및 학생 동원에 결정적 영향력을 행사하기 위해 대학 총장운동을 전개하고 군부 내 망 부식을 목적으로 모 장군 포섭을 시도하는 등 간첩활동을 자행해 왔다.

중앙정보부는 특히 간첩사건을 발표하면서 지난 73년 11월 북괴가 무전기 2대와 함께 간첩 전영관 일당이 설정한 울진 해안 무인포스트에 새로이 매몰했던 북괴의 「당면공작방향」이라는 지령문의 내용을 공개, 북괴는 이들 간첩에게

현 정권에 대한 불평불만이 있는 중견장교들을 포섭하거나 매수 장악하여 수도 방위사령부와 서울 주변 중요부대에 집중 침투시키는 한편, 대대·연대·사단 등을 완전 장악하라고 지령했다고 밝혔다. 또 양심적인 지식인, 정계, 애국적 종교인 등 중산층 인물들을 포섭, 그들로 하여금 반외세, 반부패, '두 개의 한국' 반대, 평화통일 등 구호 하에 민주주의전선운동을 적극적으로 전개토록 하라고 지령했으며, 또한 20대 청년들을 핵심으로 전개되고 있는 청년학생들의 반정부 투쟁운동을 전국에 확산토록 선동하고 4·19와 같은 혼란 사태를 조성케 하여 군부의 동조를 얻어 현 정부를 전복케 하라고 지령했다고 지령 내용을 공개했다.

중앙정보부는 지금까지 판명된 47명 중 간첩 또는 방조활동을 해 온 전영관 등 30명은 구속하고, 죄증이 경미한 남은 관련자 전순봉 등 17명은 혈연관계와 자녀 문제 등 정상을 참작, 입건 불구속 처리할 방침이라고 밝혔다.[1]

---

1 울릉도 거점 간첩단 사건은 검거 이듬해인 1975년 4월 8일 대법원에서 확정 판결을 내렸는 바, 전영관(44·어업), 김용득(53·무직), 전영봉(42·무직) 피고인에게는 사형, 서화수(40·선원), 최규식(37·수의사), 김영권(39·농업), 이성희(47·전북대교수) 등 네 피고인에게는 무기징역을 확정했으며, 나머지 17명에 대해서는 징역 15년에서 1년을 확정했다. 사형이 선고된 피고인들은 1977년 12월 5일 사형이 집행되었다.
그러나 무기징역을 선고받은 이성희 전 전북대학교 교수는 2006년 '진실·화해를 위한 과거사정리위원회'에 진실 규명을 신청했고, 2010년 위원회가 중앙정보부에 의한 간첩 조작 사실을 인정한 뒤 피해자들은 법원에 재심을 신청했다. 그리하여 고 전영관 등 13명(사망 8명, 생존 5명)의 피해 당사자와 가족들이 청구한 재심에 대해 대법원은 무죄·면소 확정 판결을 내렸다.
한편 서울남부지법 민사11부(재판장 염기창)는 이 사건으로 사형에 처해졌으나 재심을 통해 무죄를 선고받은 전영관의 유가족과, 징역 15년을 선고받고 복역한 뒤 재심에서 무죄 선고를 받은 이사영 등 당사자와 가족 등 73명이 국가를 상대로 낸 손해배상 청구소송에서 "1974년 2월 4일부터 중앙정보부 수사관들이 피해자들을 영장 없이 연행해 불법 구금했고, 당시 수사관들이 피해자들을 지속적으로 무차별 구타하고, 물고문 등의 고문행위를 해 허위자백을 받아내 전영관 등 2명에 대해 사형이 집행됐고 나머지 사람들은 구금되고 보안처분을 받은 사실이 인정된다."며 "국가는 이로 인해 피해자와 가족들이 입은 정신적 고통과 손해를 배상할 책임이 있다."고 밝히면서 "소멸시효가 지났다."는 피고 대한민국의 주장에 대해 재판부는 "국가기관의 위법행위의 경우 재심 절차에서 무죄 판결이 확정될 때까지는 사실상 손해배상 청구를 할 수 없다. 이러한 경우 채무자인 국가가 소멸시효 완성을 주장하는 것은 '신의성실의 원칙'에 반하는 권리남용이라 허용될 수 없다."고 했다.(위키백과 참고)

**김일·유장식 등 직접 지도**

**적화를 위한 '통일전선' 형성**

신 부장 회견

이날 기자회견 요지는 다음과 같다.

이번 사건의 수사 경위는.

▲신 부장=작년 12월 중순에 단서를 포착, 3개월간 우리 부원들이 불철주야로 미행·내사했다. 북괴간첩은 간첩망 조직 방법, 신분 은폐 수법 등이 전과 달리 발달하고 있어 그 정체를 파악하는 데 힘들었다.

우리가 3개월간 수사하는 과정에서 국민들로부터 눈물겨운 협조를 받았다. 자유민주주의의 뿌리가 깊은 것을 보고 마음 든든하게 생각하며 협조해 준 국민에게 감사드린다.

이번 간첩단의 특징에 대해

▲신 부장=첫째 이처럼 철저하게 비밀이 보호되도록 조직된 간첩망은 지금까지 없었다. 동성동향의 사람들로 구성, 혈연과 지연을 이용, 간첩망을 조직하여 만약 누가 배신하면 일가가 망한다는 생각을 갖도록 했다.

둘째 특징은 활동의 전진기지를 고도(孤島)인 울릉도로 잡은 것이다.

울릉도는 포항으로부터 약 2백17㎞ 떨어진 공해상의 고도로서 육지와 왕래가 매우 불편하여 비밀보호에 편리했으며, 북괴로부터는 약 1백11㎞의 가까운 거리인 데다가 해안선이 작은 선박이 접근하기에 용이하다. 반면 우리로서는 불편한 점이 많아서 검거반원들이 이번에 울릉도에 가서도 파고가 높아 며칠씩 상륙을 못했고 간첩단을 체포한 뒤에도 수일간 지체해야 했을 정도였다.

다음 특징은 북괴의 대남 통일혁명전선을 구성하기 위한 간첩망이라는 것이다. 이들은 사회 각계각층에 침투하고 수도경비사령부 등 수도방위 책임부대의 간부장교를 포섭, 정치인, 학생들이 소란을 일으켜 4·19와 같은 혼란이 야기되면 군부를 동원, 현 정권을 타도하고 공산정권을 수립하기 위한 간첩망이다.

북괴가 이 간첩단을 얼마나 중요시했나 하는 점은 이성희 교수를 동경대학 대학원에 유학하도록 협조하여 공산주의자로 만들고 공작선에 태워 청진을 거쳐 평양으로 갔을 때 외국의 수상이니 국가원수 같은 대우를 하여 전용비행기에 태우는가 하면 북괴 부수상 김일, 유장식 등이 직접 만나 지도하는 등 많은 신경을 썼다.

통일전선의 내용과 간첩단이기도 한 공작 내용은.

▲신 부장=통일전선 형성이라는 용어는 공산혁명을 가져오기까지의 전술형태의 하나로 이해관계를 같이 하는 여러 정당·사회단체·종교단체 등을 총망라, 자기 쪽으로 끌어들여 정치적인 연합체를 형성하여 궁극적으로 공산적화통일을 이룩하려 세력을 조직하는 것이다.

이번 간첩단 사건과 유신체제를 반대하는 반체제 움직임과의 관련 여부는.

▲신 부장=일부 재야정치인, 종교인 등이 벌였던 반체제 움직임과 일부 학생들이 벌인 유신체제 반대 의사표시와 이번 간첩단 사건은 상호 연관이 없다.

그러나 북괴의 대남공작의 기본목표는 평화통일이 아니라 무력 적화통일에 있는 이상 일부 국내의 유신체제 비판은 그들에게 이용당하고 있다는 사실을 알아야 한다. 북괴는 3, 4월을 6·25나 4·19 때와 같은 혼란시기로 보고 있는 것 같다.

북괴는 1·8긴급조치[2]가 발표되자 남한에 침투돼 있는 지하공작원들에게

2 긴급조치(緊急措置)란 1972년에 개헌, 반포된 유신헌법에 규정된 대통령의 권한으로 취할 수 있는 특별조치를 가리킨다. "헌법상 국민의 자유와 권리를 잠정적으로 정지"할 수 있는 긴급조치권은 박정희에 의해 총 9차례 공포되었으며, 그의 사후 들어선 신군부가 추진한 헌법 개정 작업에 의해 1980년 10월 27일 폐지되었다.
한편 최초의 긴급조치인 긴급조치 1호의 내용은 다음과 같다.
① 대한민국 헌법을 부정, 반대, 왜곡 또는 비방하는 일체의 행위를 금한다.
② 대한민국 헌법의 개정 또는 폐지를 주장, 발의, 청원하는 일체의 행위를 금한다.
③ 유언비어를 날조, 유포하는 일체의 행위를 금한다.
④ 전 1, 2, 3호에서 금한 행위를 권유, 선동, 선전하거나 방송, 보도, 출판, 기타 방법으로 이를 타인에게 알리는 일체의 언동을 금한다.
⑤ 이 조치에 위반한 자와 이 조치를 비방한 자는 법관의 영장 없이 체포, 구속, 압수, 수색하며 15년 이하의 징역에 처한다. 이 경우에는 15년 이하의 자격정지를 병과할 수 있다.
⑥ 이 조치에 위반한 자와 이 조치를 비방한 자는 비상군법회의에서 심판, 처단한다.
⑦ 이 조치는 1974년 1월 8일 17시부터 시행한다.

헌법을 개정하는 운동을 즉각 중지하라, 반정부, 반체제 운동을 하지 마라, 그 대신 폭넓은 민주화를 주장하라는 등 전략을 바꾸고 있다. 또 남한의 미군철수를 주장하지 말고 미군의 만행을 규탄하는 운동을 벌이라고 지령하고 있으며, 자본가들을 규탄하는 대신 노임을 올려달라, 노동자의 권익을 보호해 달라는 등으로 운동을 벌이라고 지령을 바꾸고 있다.

남북대화와 관련한 북괴의 대남공작의 동향은.

▲신 부장=우리는 대화의 광장을 마련, 평화통일을 위해 애쓰고 있으나 북괴의 김일성은 평화통일 방식에 의해선 남한의 적화가 불가능할 것으로 판단, 두 차례에 걸쳐 남한의 폭력혁명 정책을 발표한 바 있다.

특히 김일성은 올봄을 6·25나 4·19 때와 같은 적화통일의 시기로 보고 모든 국내·외 정세가 자기들에게 유리하게 전개되고 있다고 판단하고 있다.

작년 10월 이후 우리나라의 일부 학생, 일부 재야인사, 일부 종교계에 의해서 벌어진 자유회복 주장, 유류파동 등 모든 여건을 적화통일의 시기로 본 것 같다.

국민들에게 강조하고 싶은 말은.

▲신 부장=남북간에 대화가 진행되고 있는데도 북괴는 대남 무력혁명 야욕을 버리지 않고 있다. 북괴는 우리의 6·23선언[3]을 거부했고, 박정희 대통령의 남북불가침협정 체결 제의[4]도 거부하는 등 우리가 제안하는 건설적인 정책은 모두 거부하고 있다.

남북조절위도 별별 궤변으로 정체시키고 있고, 남북적십자회담 역시 교묘한 방법으로 회피하고 있다.

반공법을 없애라는 등 되지도 않는 구실을 내세우는 것은 회담을 하지 않겠다는 것이다.

---

3 1973년 6월 23일 대통령 박정희가 발표한 평화통일외교정책에 관한 특별성명. 총 7개항으로 구성되어 있으며, 주요 내용은, 남북한은 서로 내정에 간섭하지 않으며, 남북한의 유엔동시가입 및 북한의 국제기구 참여에 반대하지 않고, 호혜평등의 원칙 아래 모든 국가에게 문호를 개방한다는 것이다.

4 1974년 1월 18일 박정희가 연두 기자회견에서 북한 측에 제의한 협정.

그러면서 한편으로 간첩을 계속 남파시키고 있으며, 백령도 등 서해 도서의 통행을 방해하고 어선을 격침 납치하고 휴전선 근처에 해공군 전초기지를 구축하며 지상군부대를 휴전선에 접근 이동시키고 있다. 이는 새로운 군사적 긴장상태를 조성하자는 것이다.

북괴는 평화통일을 내세우면서도 전쟁 준비를 완료했다고 공언하고 있다. 그들은 남한에 정치·경제·사회적 불안을 조성, 제2의 4·19와 같은 사태가 벌어지면 일거에 남침하겠다는 생각이다.

010

# 민청학련 사건

## ‘민청학련’ 관련 240여 명 수사

1974. 4. 25.

**“폭력혁명으로 노농정권 획책”**
**신 중앙정보부장, 배후·모의·활동 등 중간 발표**

중앙정보부는 25일 상오 이른바 전국민주청년학생총연맹의 관련자 및 배후관계 주동자들의 사상적 배경, 그리고 모의 및 활동 상황 등 중간수사 상황을 발표했다. 신직수 중앙정보부장은 이날 국내외 기자회견을 통해 “이 사건의 주동자들은 폭력혁명에 의해 대한민국 정부를 전복하고 공산 계열에 따르는 소위 노농정권의 수립을 목적으로 지난 4월 3일을 기해 서울·부산·대구·광주를 비롯한 전국 주요 도시의 대학가 및 고등학교의 학생과 시민을 선동, 동시다발의 일대 폭력 데모를 감행하려 했다.”고 밝히고, 이들의 배후에는 “과거 공산계 불순 단체인 인민혁명당 조직과 재일 조총련계의 조종을 받은 일본 공산당원과 좌파 혁신계등 복합적으로 작용했다.”고 말했다.

신직수 중앙정보부장이 정부
전복을 획책한 민청학련 사건
내용을 발표하고 있다.

"暴力革命으로 勞農政權획책"

「民青學聯」관련 2百40여명 搜査

申中央情報部長, 背後·謀議·활동등 中間발표

人革黨·朝總聯서 操縦

政府 전복企圖-日人2명도

申部長 담화

"玉石가려「一時的同調」寬容
「不純」발못붙이게 警覺心을"

1974. 4. 25.

정문화 서경석 황인범 도예종
김병곤 이광일 곽동의 서도원
황인성 유근일 태도천정수 하재완
나병식 이현배 조천가춘 이수병
서중석 김효순 이직형 김용원
정윤광 이철 정상복 여정남
안양로 유인태 안재웅 조영래
이근성 강구철 나상기 장기표

## 인혁당·조총련서 조종
## 정부 전복 기도 — 일인(日人) 2명도

또 신 정보부장은 "현재까지 240여 명이 이 사건에 관련된 혐의로 조사를 받고 있다."고 밝히고, "불순 학생들이 준비하고 있던 각종 유인물 10만 장과 기타 관련 증거 자료를 압수했다."고 말했다.

발표에 따르면 이 사건 주모자들은 전국민주청년학생총연맹의 행동 총책인 이철을 비롯한 정문화·유인태·황인성·이근성 등이 지난 73년 12월 초순부터 전후 2백여 회에 걸쳐 회합·모의했다는 것이다.

이들의 활동 상황을 보면 제1단계로 전국 각급 학교 학생과 시민을 선동한다.

제2단계로 모든 반정부 세력을 규합, 4월 3일을 기해 일제히 봉기, 미리 준비한 화염병과 각목 등으로 유혈사태를 유발, 시위 군중을 폭도화하여 청와대 등 광화문 일대의 중요한 정부기관을 점거 방화, 정부를 타도하고 노동계급과 통일전선[1]이 형성된 여타 계급과의 이른바 민주연합 정부를 수립하고 마지막 단계에 이르러 노동자·농민에 의한 정부를 수립할 것을 목적으로 했다는 것이다.

또 이들은 정부 전복 후 과도적 통치기구로 학생과 사회 일부 불순 세력을 중심으로 하는 과도적 통치기구로 민족지도부의 결성을 계획했다는 것이다.

또 이 발표는 이들의 배후 공산계 불순 단체들은 4월부터 민청학련이 주동하는 반정부 데모가 실패로 돌아가면 2단계로 교회 청년연합회가 주축이 되어 정부 전복 데모를 감행키 위해 교회 청년대학생부의 조직을 정비·강화키로 했으며 민청학련 주동 데모의 자금 지원도 해 주었다고 밝혔다.

1 역사적으로 복잡한 의미를 지닌 용어지만, 일반적으로는 이해관계를 같이하는 정당, 사회단체 또는 계급이 똑같은 목적을 이루려고 연합하는 전술을 뜻한다.

## 신 부장 담화, "옥석 가려 '일시적 동조' 관용 '불순' 발 못 붙이게 경각심을"

신직수 중앙정보부장은 25일 상오 전국민주청년학생총연맹 사건을 수사하는 과정에서 "많은 선량한 학생들이 자기도 모르는 사이에 불순 공산세력의 책동에 이용당해 온 사실을 발견하게 됐다."고 말하고 "정부는 옥석을 가려 일시적 과오로 반국가적 불법 단체의 성격을 알지 못한 채 부화뇌동한 자는 엄중히 훈계하고 관용할 것이나 공산 계열의 노선에 따라 학원가에 침투하여 암약해 온 불순 세력에 대해서는 단호히 뿌리를 뽑겠다."고 말했다.

신 정보부장은 또 "선량한 다수 학생과 국민이 알지도 못하는 사이에 공산 집단과 결탁한 불순 세력의 책략에 이용되어 국가의 안위에 영향을 끼치는 위험천만한 행동에 나서는 것을 미연에 방지하기 위해 대통령긴급조치 제4호를 선포하게 된 것"이라고 밝히고 "우리 사회에 불순분자가 다시는 발붙이지 못하도록 국민과 학생 모두가 경각심을 드높여 줄 것"을 거듭 당부했다.

李哲·柳寅泰·呂正男·金秉坤·羅炳湜·金英一·李賢培

# 7명에 死刑宣告

非常軍裁

## 7명無期·18명 20~15年

民靑學聯 관련
學生·宗敎人32명

非常普通軍法會議 제1심판부(재판장 朴熙東中將)는 13일상오 국방부법정에서 民靑學聯의 국가변란기도사건에 관련, 구속기소된 피고인중 學生, 宗敎人등 32명에 대한 宣告公判을 열었다. 재판부는 각피고인들의 공소사실을 모두 유죄로 인정, 구형대로李哲, 柳寅泰, 呂正男, 金秉坤, 羅炳湜, 金英一, 李賢培등 7명에게 死刑을, 鄭文和등 7명에게 무기징역을 선고했다. 또 黃求鉉등 12명에게는 징역20년 자격정지15년, [illegible]등 6명에게는 징역15년 자격정지15년을 각각선고했다.

### "共産革命企圖…學生이라도 寬容할수 없어" 判決文

재판부는 피고인들에게 大統領緊急措置 1號및 4號위반과, 反共法, 國家保安法위반등을 적용했다.

재판부는 판결문을 통해 「[illegible]등 피고인들은 유신체제에 불만을 갖고있던중 국내 공산비밀 지하조직인 人革黨再建委조종책인 呂正男에게 포섭되어 전국 대학연합체를구성, 폭력으로 정부를전복한후 공산국가를 세우라는 지령에따라 73년 초부터 올해10월까지 학원 소요의 주동을했고, 金秉坤 羅炳湜등을 주동자인 [illegible]학, 전국6개도시 40여개대학을망라한 民靑學聯을구성하고 일부反政府 宗敎세력 反政府교수 在野人士등과제휴, 금년4월3일을기해 전국적으로 일제히 봉기하여 국가변란을 꾀했다」고 밝혔다.

재판부는 「피고인들의 행위는 북괴의 통일전선형성공작에 따라 공산 불순분자와 반정부불순세력이 연합전선을 형성한것으로 ▲공산혁명을 기도했다는 점 ▲공산세력의 배후 조종에 의해 철저히 조직된 폭력학생데모였다는점 ▲학생데모를 조장하는 국내외의 다양한 배후세력이 개입됐다는점 과거의 학생데모와는 그양상을 달리하는 건국후초유의 대규모국가변란기도사건이므로 피고인들이 학생이라는 관점에서 관용을 베푸는것은 조국의 보존과 번영에 배반되는 것이므로 [illegible]을 머금고 극형에 처하는것이 마땅하다」는 판결이유를 밝혔다.

각피고인별 선고형량은 다음과같다.

◇死刑 ▲李哲(民靑學聯總責) ▲柳寅泰(同副責) ▲金秉坤(서울市內大學責) ▲羅炳湜(全國學生責) ▲呂正男(人革黨關係責) ▲金英一(배후조종) ▲李賢培(〃)

◇無期懲役 ▲[illegible] ▲鄭文和(서울大責) ▲黃寅成(地方大學責) ▲李根成(유인물제작책) ▲徐仲錫(社會人士포섭책) ▲安亮老(第2線組織責) ▲柳根一 ▲金孝淳(유인물배후조종)

◇懲役20年·資格停止15年 ▲黃求鉉(서울文理大責) ▲林[illegible] ▲[illegible](慶北大擔當) ▲宋武鎬 ▲[illegible](延世大擔當) ▲金水[illegible](〃) ▲鄭[illegible] ▲李[illegible](慶北地區大學責) ▲鄭[illegible] ▲[illegible](第2線指導責) ▲鄭[illegible](배후조종) ▲李光日(〃) ▲羅相[illegible] ▲李[illegible](〃) ▲徐京錫

◇懲役15年資格停止15年 ▲[illegible](梨花大및高校責) ▲尹[illegible](全南大責) ▲金[illegible] ▲[illegible](成均館大責) ▲安[illegible](배후조종) ▲[illegible](全南地區大學責) ▲李[illegible](〃)

1974. 7. 13.

## 비상군재, 7명에 사형 선고

1974. 7. 13.

**이철[2] · 유인태[3] · 여정남 · 김병곤 · 나병식 · 김영일 · 이현배**
**민청학련 관련 학생 · 종교인 32명**
**7명 무기 · 18명 20～15년**

비상보통군법회의 제1심판부(재판장 박희동 중장)는 13일 상오 국방부 법정에서 민청학련의 국가변란기도 사건에 관련, 구속기소된 피고인 중 학생, 종교인 등 32명에 대한 선고공판을 열었다. 재판부는 각 피고인들의 공소사실을 모두 유죄로 인정, 구형대로 이철, 유인태, 여정남, 김병곤, 나병식, 김영일, 이현배 등 7명에게 사형을, 유근일 등 7명에게 무기징역을 선고했다. 또 강구철 등 12명에게는 징역 20년 자격정지 15년, 구충서 등 6명에게는 징역 15년 자격정지 15년을 각각 선고했다.

### "공산혁명 기도…학생이라도 관용할 수 없어" — 판결문

재판부는 피고인들에게 대통령긴급조치 1호 및 4호 위반죄, 반공법·국가보안법 위반죄 등을 적용했다.

재판부는 판결문을 통해 "이철·유인태 등 피고인들은 유신 체제에 불만을 갖고 있던 중 국내 공산 비밀 지하조직인 인혁당 학원 조종책인 여정남에게 포섭되어 전국대학연합체를 구성, 폭력으로 정부를 전복한 후 공산국가를 세우라는 지령에 따라 73년 초부터 동년 10월까지 학원 소요의 주동을 했고, 용공분자[4]인 김병곤·나병식 등을 규합, 전국 6개 도시 40여 개 대학을 망라한 민청학련을 구

2 제12대, 제13대, 제14대 국회의원.
3 제14대, 제17대, 제19대 국회의원.
4 공산주의의의 정책에 동조하거나 그 주장을 받아들이는 사람을 일컫는다.

성하고 일부 반정부 종교세력, 반정부 교수, 재야인사들과 제휴, 금년 4월 3일을 기해 전국적으로 일제히 봉기하여 국가변란을 꾀했다."고 밝혔다.

재판부는 "피고인들의 행위는 북괴의 통일전선 형성 공작에 따라 공산 불순분자와 반정부 불순 세력이 연합전선을 형성한 것으로 ▲공산혁명을 기도했다는 점 ▲공산세력의 배후조종에 의해 철저히 조직된 폭력 학생 데모였다는 점 ▲학생 데모를 조장하는 국내외의 다양한 배후 세력이 개입됐다는 점 등 과거의 학생 데모와는 그 양상을 달리하는 건국 후 초유의 대규모 국가변란 기도 사건이므로 피고인들이 학생이라는 관점에서 관용을 베푸는 것은 조국의 보존과 번영에 배반되는 것이므로 눈물을 머금고 극형에 처하는 것"이라는 판결 이유를 밝혔다.

각 피고인별 선고 형량은 다음과 같다.

◇사형 ▲이철(민청학련 총책) ▲유인태(동 부책) ▲김병곤(서울 시내 대학책) ▲나병식(기독학생책) ▲여정남(인혁당 학원담당책) ▲김영일(배후조종) ▲이현배(〃)

◇무기징역 ▲황인성(지방대학책) ▲정문화(서울대책) ▲이근성(유인물 제작책) ▲서중석(사회인사 포섭책) ▲안양로(제2선 조직책) ▲유근일(배후조종) ▲김효순(유인물 책)

◇징역 20년 자격정지 15년 ▲강구철(서울 문리대책) ▲임규영(경북대 담당) ▲송무호(연세대 담당) ▲김영준(〃) ▲이강철(경북지구 대학책) ▲정윤광(제2선 지도책) ▲정화영(경북대 담당) ▲정상복(배후조종) ▲이광일(〃) ▲나상기(〃) ▲이직형(〃) ▲서경석(〃)

◇징역 15년 자격정지 15년 ▲구충서(단국대 및 고교책) ▲윤영봉(전남대책) ▲김수길(성균관대책) ▲안재웅(배후조종) ▲김정길(전남지구 대학책) ▲이강(〃)

## 인혁당 8명 사형 확정

1975. 4. 8.[5]

### 대법, 민청학련 사건 등 긴급조치 위반 선고
### 9명 무기·17명엔 20년~12년
### 38명 중 36명 상고 기각

대법원 전원합의체(재판장 민복기 대법원장·주심 이병호 판사)는 8일 상오 인혁당 사건 등 대통령긴급조치 위반 피고인 38명에 대한 상고심 선고공판을 대법원 법정에서 열고 연세대생 김영준·송무호 등 두 피고인에 대해 원심을 파기, 사건을 비상고등군법회의에 되돌리고 서울대생 이철 피고인 등 나머지 36명의 관련 피고인에 대해서는 상고를 기각, 원심을 확정했다.

### 김찬국 교수 등 3명도 원심대로

이날 대법원 판결로 도예종 피고인 등 인혁당 관련자 8피고인의 사형이 확정됐으며 이철·유인태·이현배(서울 대학원생) 등 3 피고인과 인혁당 관련자 6명 등 9명은 무기징역, 나머지 17명의 관련 피고인은 징역 20~12년까지의 원심이 확정됐다.

이날 대법원은 인혁당 관련자 22명 전원에 대해선 피고인의 상고가 이유 없다고 기각 판결했다.

재판부는 이날 판결을 통해 "헌법 제53조에 의해 대통령의 긴급조치권을 발동할 경우에는 동 조 제1항에 의하여 사법 등 국정 전반에 걸친 조치를 취할

---

5 역사에서 '사법살인(기소된 사람들이 죄가 없는데도 사형 판결을 받아 사형이 집행된 것)'이 자행된 날. 국제법학자협회는 1975년 4월 9일을 '사법사상 암흑의 날'이라고 불렀다. 2007년 1월 23일 서울중앙지법은 도예종 등 인혁당 사건 희생자 8인에 대해 무죄를 선고했다. 인혁당 사건은 2002년 9월/2005년 12월에 유신정권의 대표적인 공안 조작 사건으로 밝혀졌다.

# 人革黨 8명 死刑확정

## 大法, 民靑學聯사건등 緊急措置위반 宣告

## 38명중 36명 上告棄却

### 9명 無期·17명엔 20년~12년

대법원 전원합의체(재판장 閔復基대법원장·주심 李□□판사)는 8일상오 人革黨사건등 대통령 긴급조치위반피고인 38명에대한 상고심선고 공판을 대법원법정에서 열고 延世大生 金永俊 宋武鎬등 두피고인에대해 원심을파기, 사건을 비상고등군법회의에 되돌리고 서울대생 李哲피고인등 나머지 36명의피고인에 대해서는 상고를기각, 원심을 확정했다. 【관계기사7面】

### 金燦國교수등 3명도 原審대로

이날 대법원판결로 都禮鍾피고인등 人革黨관련자8피고인의 사형이 확정됐으며 [illegible] 서울대학생등 3피고인과 인혁당관련자 6명등 9명은 무기징역, 나머지 17명의관련피고인은 징역20~12년까지의 원심이 확정됐다.

이날 대법원은 인혁당관련자 22명전원에대해선 피고인의상고가 이유없다고 기각판결했다.

재판부는 이날 판결문을 통해 「헌법제53조에 의해 대통령의 긴급조치권을 발동할 경우에는 동조제1항에 의하여 사법을 국정전반에 걸친 조치를 취할수 있고 동조제2항에 의하여 「헌법에 규정되어있는 국민의 자유와권리를잠정적으로 정지」하는조치를취할수있으며이경우엔 법원의권한에 관하여 긴급조치를 할수있는것」이 헌법에 명시돼 있는바로서 헌법53조에의한 긴급조치는 대통령에게 이러한 권한이 부여돼있다고 인정할수 있으므로 헌법53조에 의하여 국민의 일부권리와 자유의 잠정적 정지조치는 헌법위반이라는 피고인들의 주장은 인정할수없다」고 판시했다.

재판부는 金永俊피고인(연세대생)과 宋武鎬피고인(연세대생)등 2피고인에 대한 1심재판부의 사실인정과 법률적용에 명백한 잘못이 있어 원심을파기, 환송한다고 밝혔다.

한편 대법원형사부는 8일하오 대통령긴급조치위반혐의로 기소된 金燦國(경희大교수) 金□□(목사) 朴□□(서울大생)등 3피고인에대한 상고심선고공판에서 피고인들의 상고를 이유없다고 기각, 원심을 확정했다.

金燦國피고인은 고등군법회의에서 징역5년 자격정지5년을, 金□□ 피고인은 징역12년 자격정지12년, 朴□□피고인은 징역10년을 각각 선고받았었다.

### 11명 아직大法계류

그런데 대통령긴급조치위반자는 모두2백3명이었는데 지난2·15석방조치이전에 20명이 집행유예와 형집행정지등으로 출감되었고 2·15조치로 1백25명이석방되는등 모두 1백45명이풀려났었다.

그후 4명의관련자가 대법원에서 확정판결을 받았고 1명이 상고취하, 1명은 파기환송되어 고등군법회의에 계류중이다.

이로써 8인현재 52명의 관련자가 대법원에 계류중이었는데 이날상오에 38명, 하오1시에 3명등 41명에 대해 상고심판결이 내려져 아직도대법원에계류중인피고인은 尹潽善씨등 11명뿐이다.

상고심선고기일이 지정되지않은 11명은 다음과같다. (괄호안은 원심형량)

▲尹潽善(전대통령·징역3년·집행유예5년) ▲姜信玉(변호사·징역10년·자격정지10년) ▲池學淳(천주교원주교구장·징역15년·자격정지15년) ▲金□(서강대생·징역3년·집행유예 3년) ▲太刀川正樹(일본인·자유기고가·징역20년·자격정지15년) ▲早川嘉春(일본인대학강사·징역20년자격정지15년) ▲□□□(서울대생·징역15년) ▲朴□□(서강대·장기7년단기5년) ▲金□□(전남대·징역7년) ▲□□□(징역5년자격정지5년) ▲□□□(무기)

#### 긴급조치위반사건 大法院宣告

※징 : 징역, 자 : 자격정지

| | 이름 | 직업 | 상고심선고량 | 원심선고량 |
|---|---|---|---|---|
| 人革黨 (수감중) | 都禮鍾 | 삼화 건설 회장 | 상 고 기 각 | 사 형 |
| | 河在完 | 무 직 | 〃 | 〃 |
| | 徐道源 | 〃 | 〃 | 〃 |
| | 宋相振 | 양 봉 업 | 〃 | 〃 |
| | 李銖秉 | 일어 학원 강사 | 〃 | 〃 |
| | 禹洪善 | 삼은스탬프상무 | 〃 | 〃 |
| | 金鏞元 | K 여 고 교 사 | 〃 | 〃 |
| | 呂正男 | 무 직 | 〃 | 〃 |
| | 金漢德 | 봉 독 제 조 업 | 〃 | 무 기 |
| | 兪珍坤 | 대 삼 목 재 상 | 〃 | 〃 |
| | 羅景一 | 노 동 | 〃 | 〃 |
| | 姜昌德 | 무 직 | 〃 | 〃 |
| | 李台煥 | 수 당 설 계 사 | 〃 | 〃 |
| | 全昌一 | 극동전의공무장 | 〃 | 〃 |
| | 金鍾大 | 일어 학원 강사 | 〃 | 징20년자15년 |
| | 曺萬鎬 | 도 서 보 급 | 〃 | 〃 |
| | 丁萬鎭 | 목 욕 업 | 〃 | 〃 |
| | 李在衡 | 무 직 | 〃 | 〃 |
| | 全在權 | 상 업 | 〃 | 징15년자15년 |
| | 黃鉉昇 | 광신 상고 교사 | 〃 | 〃 |
| | 李成在 | 무 직 | 〃 | 〃 |
| | 林久鎬 | 고려 학원 강사 | 〃 | 〃 |
| 大學生(釋放) | 李 哲 | 서 울 大 | 〃 | 무 기 |
| | 黃仁成 | 〃 | 〃 | 징20년자15년 |
| | 徐仲錫 | 〃 | 〃 | 〃 |
| | 李根成 | 〃 | 〃 | 〃 |
| | 鄭允光 | 〃 | 〃 | 〃 |
| | 金永俊 | 연 세 大 | 원 심 파 기 | 〃 |
| | 鄭華永 | 경 북 大 | 상 고 기 각 | 징15년자15년 |
| | 林圭映 | 〃 | 〃 | 〃 |
| | 宋武鎬 | 연 세 大 | 원 심 파 기 | 〃 |
| 一般人(釋放) | 鄭相福 | 한국기독학생총연맹간사 | 상 고 기 각 | 징20년자15년 |
| | 柳根一 | 중앙일보논설위원 | 〃 | 〃 |
| | 李稷炯 | 기독학생총연맹간사 | 〃 | 징12년자12년 |
| 수감자 | 柳寅泰 | 서 울 大 卒 | 〃 | 무 기 |
| | 李賢培 | 서 울 大學院 | 〃 | 〃 |
| | 金孝淳 | 서 울 大 卒 | 〃 | 징20년자15년 |
| | 李康哲 | 慶 北 大 卒 | 〃 | 징15년자15년 |

1975. 4. 8.

수 있고 동조 제2항에 의하여 '헌법에 규정돼 있는 국민의 자유와 권리를 잠정적으로 정지'하는 조치를 취할 수 있으며 이 경우엔 '법원의 권한에 관하여 긴급조치를 할 수 있는 것' 임이 동 법에 명시돼 있는 바로써 헌법 53조에 의한 긴급조치는 대통령에게 이러한 권한이 부여돼 있다고 인정될 수 있으므로 헌법 53조에 의하여 국민의 일부 권리와 자유의 잠정적 정지 조치는 헌법 위반이라는 피고인들의 주장은 인정할 수 없다."고 판시했다. 재판부는 김영준 피고인(연세대생)과 송무호 피고인(연세대생) 등 2피고인에 대한 1심 재판부의 사실 인정과 법률 적용에 명백한 잘못이 있어 원심을 파기, 환송한다고 밝혔다.

한편 대법원 형사부는 8일 하오 대통령긴급조치 위반 혐의로 기소된 김찬

**〈긴급조치 위반 사건 대법원 선고〉**

징: 징역, 자: 자격정지

| | 이름 | 직업 | 상고심 선고량 | 원심 선고량 |
|---|---|---|---|---|
| 인혁당(수감중) | 도예종 | 삼화건설 회장 | 상고 기각 | 사형 |
| | 하재완 | 무직 | 〃 | 〃 |
| | 서도원 | 〃 | 〃 | 〃 |
| | 송상진 | 양봉업 | 〃 | 〃 |
| | 이주승 | 일어학원 강사 | 〃 | 〃 |
| | 우홍선 | 골든스탬프 상무 | 〃 | 〃 |
| | 김용원 | K여고 교사 | 〃 | 〃 |
| | 여정남 | 무직 | 〃 | 〃 |
| | 김한덕 | 블록 제조업 | 〃 | 무기 |
| | 유진곤 | 대산목재상 | 〃 | 〃 |
| | 나경일 | 노동 | 〃 | 〃 |
| | 강창덕 | 무직 | 〃 | 〃 |
| | 이태환 | 측량설계사 | 〃 | 〃 |
| | 전창일 | 극동건외공부장 | 〃 | 〃 |
| | 김종대 | 일어학원 강사 | 〃 | 징 20년 자 15년 |
| | 조만호 | 도서보급 | 〃 | 〃 |
| | 정만진 | 목욕업 | 〃 | 〃 |
| | 이재형 | 무직 | 〃 | 〃 |
| | 전재권 | 상업 | 〃 | 징 15년 자 15년 |
| | 황현승 | 광신상고 교사 | 〃 | 〃 |
| | 이창복 | 무직 | 〃 | 〃 |
| | 임구호 | 고려학원 강사 | 〃 | 〃 |
| 대학생(석방) | 이철 | 서울대 | 〃 | 무기 |
| | 황인성 | 〃 | 〃 | 징 20년 자 15년 |
| | 서중석 | 〃 | 〃 | 〃 |
| | 이근성 | 〃 | 〃 | 〃 |
| | 정윤광 | 〃 | 〃 | 〃 |
| | 김영준 | 연세대 | 원심 파기 | 〃 |
| | 정화영 | 경북대 | 상고 기각 | 징 15년 자 15년 |
| | 임규영 | 〃 | 〃 | 〃 |
| | 송무호 | 연세대 | 원심 파기 | 〃 |
| 일반인(석방) | 정상복 | 한국기독학생 총연맹 간사 | 상고 기각 | 징 20년 자 15년 |
| | 유근일 | 중앙일보 논설위 | 〃 | 〃 |
| | 이직형 | 기독학생총연맹 간사 | 〃 | 징 12년 자 12년 |
| 수감자 | 유인태 | 서울대 졸 | 〃 | 무기 |
| | 이현배 | 서울대학원 | 〃 | 〃 |
| | 김효순 | 서울대 졸 | 〃 | 징 20년 자 15년 |
| | 이강철 | 경북대 졸 | 〃 | 징 15년 자 15년 |

국(연세대 교수), 김형기(교사), 박용훈(서울대생) 등 3피고인에 대한 상고심 선고공판에서 피고인들의 상고를 "이유 없다."고 기각, 원심을 확정했다.

김찬국 피고인은 고등군법회의에서 징역 5년 자격정지 5년을, 김형기 피고인은 징역 12년 자격정지 12년, 박 피고인은 징역 10년을 각각 선고받았었다.

## 11명 아직 대법 계류

그런데 대통령긴급조치 위반자는 모두 203명이었는데 지난 2·15 석방 조치 이전에 20명이 집행유예와 형 집행정지 등으로 출감되었고 2·15 조치로 125명이 석방되는 등 모두 145명이 풀려났었다.

그 후 4명의 관련자가 대법원에서 확정 판결을 받았고 1명이 상고 취하, 1명은 파기 환송되어 고등군법회의에 계류 중이다.

이로써 8일 현재 52명의 관련자가 대법원에 계류 중이었는데 이날 상오에 38명, 하오 1시에 3명 등 41명에 대해 상고심 판결이 내려져 아직도 대법원에 계류 중인 피고인은 윤보선 씨 등 11명뿐이다.

상고심 선고 기일이 지정되지 않은 11명은 다음과 같다(괄호 안은 원심 형량).

▲윤보선(전 대통령·징역 3년 집행유예 5년) ▲강신옥(변호사·징역 10년 자격정지 10년) ▲지학순(천주교 원주교구장·징역 15년 자격정지 15년) ▲김윤(서강대생·징역 3년 집행유예 3년) ▲태도천정수(일본인 자유기고가·징역 20년 자격정지 15년) ▲조천가춘(일본인 대학강사·징역 20년 자격정지 15년) ▲황인범(서울대생·징역 15년) ▲박세진(서강대·징역장기 7년 단기 5년) ▲전영천(전남대·징역 7년) ▲장석구(징역 5년 자격정지 5년) ▲이성재(무기)

## 인혁당[6] 관련 8명 사형 집행

1975. 4. 10.

### 어제 상오 서울구치소서 교수형으로

대법원 상고심에서 8일 사형이 확정된 인혁당 사건 관련자 8명에 대한 사형이 9일 상오 서울구치소에서 집행됐다. 이날 사형이 집행된 8명은 서도원(52·무직), 도예종(50·삼화건설 회장), 하재완(43·무직), 이수병(37·일어학원 강사), 김용원(39·교사), 우홍선(45·한국골든스탬프 상무), 송상진(46·양봉업), 여정남(30·무직)이다. 이들의 사형 집행장에는 고등군법회의 담당 검찰관, 서울구치소장, 제1육군 교도소 군의관, 군목, 서울구치소 형 집행관, 검찰 서기 등 6명이 입회했다.

이들 8명은 사형을 각오한 듯 체념한 표정으로 형 집행장에 나와 군목의 기도에 이어 각기 유언을 남긴 후 교수형에 처해졌다. 도예종은 "조국의 적화통일을 기원한다."고 유언했으며, 김용원은 아들에게 "어머니 잘 모시고 효도하라."고 마지막 말을 남겼다. 사형이 집행된 인혁당계 8명은 대통령긴급조치 위반, 국가보안법 위반, 내란예비음모, 반공법 위반 혐의로 비상군법회의 검찰부에 의해 지난해 4월 구속기소되어 비상 보통, 고등 양 군법회의에서 사형이 선고되었으며 8일 대법원에서 상고가 기각되어 사형 확정판결을 받았었다.

---

6 인혁당 사건은 1차와 2차로 나뉜다. 여기서는 2차 인혁당 사건(인혁당재건위 사건)을 뜻한다.

# 人革黨관련 8명 死刑집행

## 어제上午 서울拘置所서 絞首刑으로

대법원상고심에서 8인 사형이확정된 인혁당사건관련자 8명에대한 사형이 9일상오 서울구치소에서 집행됐다. 이날 사형이 집행된 8명은 徐道源(52·무직) 都禮鍾(50·삼화건설회장) 河在完(43·무직) 李銖秉(37·일어학원강사) 金鏞元(39·교사) 禹洪善(45·한국골든스탬프 상무) 宋相振(46·양봉업) 呂正男(30·무직)이다. 이들의 사형집행장에는 고등군법회의 담당검찰관, 서울구치소장, 제1육군교도소군의관, 군목, 서울구치소 형집행관, 검찰서기등 6명이 입회했다.

이들8명은 사형을 각오한듯 처연한표정으로 형집행장에나와 군목의 기도에 이어 각기 유언을 남긴후교수형에 처해졌다. 都禮鍾은"조국의평화통일을 기원한다"고 유언했으며 金鏞元은 아들에게"어머니 잘모시고효도하라"고 마지막말을 남겼다. 사형이집행된인혁당계8명은대통령긴급조치위반, 국가보안법위반, 내란예비음모, 반공법위반혐의로 비상군법회의 검찰부에의해 지난해 4월 구속기소되어 비상보통 고등군법회의에서 사형이 선고되었으며 8일대법원에서 상고가 기각되어 사형확정판결을 받았었다.

1975. 4. 10.

## '민청학련' 관련 2명 14년 만에 재항소심

1988. 5. 26.

### 반공법 위반 혐의 김지하 씨는 3일 공판

서울고법 형사1부(재판장 최공웅 부장판사)는 27일 상오 10시 지난 74년 민청학련 사건 관련자 180명 가운데 마지막으로 남은 김영준(40·당시 연세대 경제 4), 송무호 씨(36·〃영문 4) 등 2명에 대한 긴급조치 위반·국가보안법·내란예비음모 사건 재항소심 첫 공판을 14년 만에 다시 열기로 했다.

김·송 씨 등은 지난 74년 5월 민청학련 사건에 관련돼 다른 관련자들과 함께 구속기소돼 1심인 비상보통군법회의에서 각기 징역 20년 자격정지 15년, 2심인 비상고등군법회의에서 징역 15년 자격정지 15년을 각각 선고받고 대법원에 상고했었다.

또 지난 75년 2월 반공법 위반 혐의로 구속기소돼 1심에서 징역 7년 자격정지 7년을 선고받은 뒤 항소 중 구속 집행정지로 풀려난 김지하 씨(본명 영일)에 대한 첫 공판도 다음 달 3일 열린다.

## 민청련 사건 15년 만에 재판 종결

1989. 7. 1.

### 마지막 두 피고 면소 판결
### 서울고법, 김영준·송무호 씨에
### '유신망령' 법정 종언

유신 시절인 지난 74년 긴급조치 위반 혐의로 구속기소됐던 전국민주청년학

# 「民青學聯」관련 2명 14년만에 再抗訴審

**反共法위반혐의 金芝河씨는 3일公判**

서울고법형사1부(재판장 崔公雄부장판사)는 27일 상오10시 지난 74년 민청학련사건 관련자 180명가운데 마지막으로 남은 金永晙(40·당시 연세대경제4)宋武鎬씨(36·〃영문4)등 2명에 대한 긴급조치위반·국가보안법·내란예비음모사건 재항소심 첫공판을 14년만에 다시 열기로 했다.

金·宋씨등은 지난 74년5월 민청학련사건에 관련돼 다른관련자들과 함께 구속기소돼 1심인 비상보통군법회의에서 각기 징역20년 자격정지15년, 2심인 비상고등군법회의에서 징역15년 자격정지15년을 각각 선고받고 대법원에 상고했었다.

또 지난75년2월 반공법위반혐의로 구속기소돼 1심에서 징역7년 자격정지7년을 선고받은뒤 항소중 구속집행정지로 풀려난 金芝河씨(본명 英一)에 대한 첫공판도 다음달 3일 열린다.

1988. 5. 26.

# 民青聯사건 15년만에 재판종결
# 마지막 두被告 免訴판결

서울高法 **金永晙·宋武鎬씨에**

## 「維新망령」法廷종언

유신시절인 지난74년 긴급조치 위반혐의로 구속기소됐던 「전국민주청년학생총연맹」(민청학련)의 국가보안법등 사건관련자 4명중 마지막 피고인 2명이 15년의공소시효가 만료되지 한달여만인지난 30일 면소판결을 받았다.

이로써 유신시대의 상징적 사건이었던 민청학련 사건은 법정으로 막을내렸으며 이들 2명도 「법정미아」신세에서 벗어나게 되었다.

서울고법 형사1부(재판장 李一永부장판사)는 이날 상오10시 서울고법 105호법정에서 열린 「전국민주청년학생총연맹 국가변란 음모사건」의 항소심 선고공판에서 이사건의 마지막 피고인인 金永晙씨(42·당시 연세대 상경대 경제학과4년)와 宋武鎬씨(37·〃 정법대학과2년)에게 면소판결을 내렸다.

金씨와 宋씨는 지난74년4월 대통령긴급조치 1호 및 4호위반, 국가보안법위반, 내란예비음모혐의로 구속기소됐다. 구속당시 宋씨는 연대 서클인 「[illegible]」 회장이었으며 金씨와 함께 같은해 2월 서울대생 [illegible]과 회합, 유신헌법을 비방·반대하고 유신헌법의 반대투쟁을 하기로 하고 [illegible] 전국민에게 확대해 당시 [illegible] 정부를 전복한뒤 [illegible] 정부전복을 [illegible] 혐의를 받았었다.

이사건의 1심재판부인 비상보통군법회의는 金씨등 2명에게 징역20년 자격정지 15년을 선고했고 [illegible] 피고인 7명에게는 사형이 선고됐었다.

金씨등은 항소해 2심인 비상고등군법회의에서 징역15년 자격정지 15년을 선고받자 상고했다.

상고심이 계류중이던 지난 75년2월 [illegible] 대법원의 [illegible]에 이어 구속집행정지 결정에 따라 인[illegible] 안양교도소에서 출감됐다.

79년 10·26이 나자 이미 형이 확정됐던 金·宋씨 이외의 관련자들은 모두 [illegible] 이 됐으나 [illegible] 이 확정되지 않은 신분이었기 때문에 제외됐다.

비상고등군법회의가 해체되자 지난85년 육군고등군법회의는 이사건을 서울고법으로 이송했고 고법형사1부는 이송 3년만인 지난해5월에야 첫재판을 열었다.

1989. 7. 1.

생총연맹(민청학련)의 국가보안법 등 사건 관련자 41명 중 마지막 피고인 2명이 15년의 공소시효가 만료된 지 한 달여 만인 지난달 30일 면소 판결을 받았다.

이로써 유신 시대의 상징적 사건이었던 민청학련 사건은 법적으로 막을 내렸으며 이들 2명도 '법적 미아' 신세에서 벗어나게 되었다.

서울고법 형사1부(재판장 이일영 부장판사)는 이날 상오 10시 서울고법 105호 법정에서 열린 '전국민주청년학생총연맹 국가변란음모 사건'의 항소심 선고공판에서 이 사건의 마지막 피고인인 김영준 씨(42·당시 연세대 상경대 경제학과 4년)와 송무호 씨(37·〃경영학과 2년)에게 면소 판결을 내렸다.

김 씨와 송 씨는 지난 74년 4월 15일 대통령긴급조치 1호 및 4호 위반, 국가보안법 위반, 내란예비음모 등 혐의로 구속됐다. 구속영장에 따르면 송 씨는 연대 서클인 '동곳회' 회장으로 김 씨와 함께 같은 해 2월 서울대생들과 회합해 유신헌법을 비방·반대하고 유신헌법의 반대 데모를 하기로 하고 봉기를 선동, 전국민에게 확대해 당시 박정희 정부를 전복한 뒤 행정 수반을 물색하는 등 정부 전복을 획책했다는 혐의를 받았었다.

이 사건의 1심 재판부인 비상보통군법회의는 김 씨 등 2명에게 징역 20년, 자격정지 15년을 선고했고, 이철·유인태 씨 등 피고인 7명에게는 사형이 선고됐었다.

김 씨 등은 항소해 2심인 비상고등군법회의에서 징역 15년 자격정지 15년을 선고받자 상고했다.

상고심이 계류 중이던 지난 75년 2월 17일 대통령의 특별담화에 이어 구속집행정지 결정에 따라 이들은 수감 중이던 안양교도소에서 풀려났다.

79년 10·26이 나자 이미 형이 확정됐던 김·송 씨 이외의 관련자들은 모두 특별사면으로 복권이 됐으나 이들은 형이 확정되지 않은 신분이었기 때문에 제외됐다.

비상고등군법회의가 해체되자 지난 85년 국방부 고등군법회의는 이 사건을 서울고법으로 이송했고 고법 형사1부는 이송 3년 만인 지난해 5월에야 첫 재판을 열었다.

011

# 남조선민족해방전선 사건

## '민족해방전선' 지하조직 적발

1979. 10. 9.

**내무부 발표, 일당 74명 중 20명 검거**
**학생·지식인 포섭, 선동**
**민중봉기로 국가변란을 획책**

구자춘 내무부장관은 9일 북괴의 대남 기본 전략인 폭력에 의한 적화통일 혁명노선에 따라 대한민국을 전복하고 사회주의 국가 건설을 위해 학생·지식인 및 긴급조치 위반 수형자들을 포섭, 대정부 투쟁을 선동 조종하며 도시 게릴라 방법에 의한 납치·강도 등으로 학원 및 사회 혼란을 조성, 민중봉기에 의한 국가변란을 기도해 오던 반국가단체인 소위 '남조선민족해방전선'을 적발, 일당 74명 중 20명을 반국가단체 조직 및 간첩 혐의로 검거하고 54명을 같은 혐의로 수배했다고 발표했다.

**사제 폭탄·소총 등 1,374점 압수**

경찰은 또 이들이 거사 시 사용하려던 사제 폭탄 및 소총, 실탄, 검도류와 통신

# 「民族解放전선」地下組織 적발

## 內務部 발표 일당 74명중 20명 檢擧

## 學生·知識人포섭, 선동

### 民衆蜂起로 國家變亂을 획책

具滋春내무부장관은 9일 북괴의 對南기본전략인 북괴에의한 적화통일 혁명노선에따라 대한민국을 전복하고 사회주의 국가건설을위해 학생·지식인및 긴급조치위반수형자 등을포섭, 대정부투쟁을 선동조종하며 도시게릴라 방법에의한 납치·강도등으로 자금및 사회혼란을 조성, 민중봉기에 의한 국가변란을 기도해오던 반국가단체인 소위「남조선 민족해방전선」을 적발, 일당 74명중 20명을 반국가단체조직및 간첩혐의로 검거하고 54명을 같은혐의로 수배했다고 발표했다. 〔관계기사7면〕

[illegible]

具내무부장관이 소위 南朝鮮민족해방전선사건 전모를 발표하고있다.

구 내무부장관이 소위 남조선민족해방전선 사건 전모를 발표하고 있다.

### 私製폭탄·小銃등 千3百74點 압수

경찰은 또이들이 거사시사용하려던 사제폭탄및 소총, 실탄, 검도류와 불온전단등 작전비품 모두 1천3백74점을 증거물로 압수했다. [illegible]

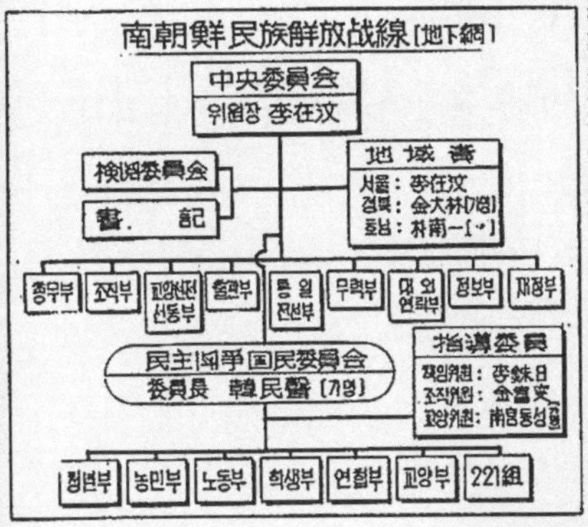


[illegible]

1979. 10. 9.

문건, 공작 장비 등 모두 1,374점을 증거물로 압수했다.

경찰은 지난 8월 28일 서울 동대문구 청량리 청산학원 옥상에 '정권타도하자'는 플래카드와 불온전단을 살포한 전 서울대생 김부섭(24·서울 동대문구 용두동 232의 17)을 지난 3일 검거한 데 이어 김(金)이 근거지로 삼아 왔던 같은 남조선민족해방전선대원인 J여중 교사 이수일(26·서울 강동구 잠실 시영아파트 11동 408호)의 집을 급습, 이 아파트에서 은신 기거해 오던 강도상해 사건 공범 수배자 김남주(33·전 전남대 영문과 3년), 차성환(26·전 서울 농대 조경과 4년)과 남조선민족해방전선을 총지휘해 온 이재문(45·전 대구일보·민족일보 기자), 이(李)의 내연의 처 이문희(26) 등을 검거, 범행 일체를 자백받았다고 밝혔다.

경찰에 따르면 총책인 이재문은 지난 76년 2월 29일 소위 남조선민족해방전선 준비위원회를 결성, 위원장에 취임한 뒤 점조직 방법에 의해 학생·교직자 등 동조자 74명을 포섭했으며 위원회 내에 조직부, 교양선전선동부, 통일전선부, 무력부, 정보부, 재정부 등 중앙위원회와 청년부, 학생부, 농민부, 노동부 등을 편성, 북괴 괴수 김일성에게 '피로써 충성을 맹세'하는 서신 등을 보냈다는 것이다.

남조선민족해방전선 조직 이후 이들은 '10대 강령'을 정하고 북괴의 적화통일 기본 방침에 따라 정부를 번복하고 과도적 임무를 수행하는 '인민정부' 수립을 목표로 1차로 학원과 민중봉기에 의한 '반제투쟁'으로 정권타도와 2차로 토지개혁 등 사회주의 경제체제 건설 및 공산주의 국가 건설, 주체사상에 의한 문화혁신 및 인민해방군 창설 준비 등을 꾀하고 '9대 규약'에 소위 전사의 권리 임무, 조직부서 등을 설정했다.

이들은 또 '10대 생활규범'으로 김일성 주체사상의 확립, 민중포섭, 조직수호, 자기비판 및 학습강화, 심신훈련 등을 실천해 왔다.

또 결사투쟁, 자력갱생, 동지획득, 물자조달 등 4대 임무와 비밀사수, 명령사수, 시간엄수 등 3대 의무를 두고 활동계획으로 국내외 정세를 수시 분석 판단, 주체사상의 이론 무장강화, 혁명역량의 확대강화, 대외연락 및 지원체제의 공고화, 통일전선 운동의 확대심화, 정치투쟁과 무력투쟁을 벌여 왔다. 또 투쟁

계획으로 1단계는 소규모의 삐라 투쟁, 2단계는 대규모의 삐라 투쟁 및 청년학생 주도하의 대규모적인 반파쇼 대중시위 전개, 3단계로는 무력투쟁 실행, 4단계 각 지역 및 계급계층 대표들의 참석하에 민족해방전선 결성대회를 소집, 본격적인 전선조직으로 발전시킬 것을 결의, 실천해 왔다.

또 이들은 공산당식 조직위장 방식을 사용, 1대 1 추첨제에 따라 제적 학생, 긴급조치 위반 수형자 등을 위주로 현실 불만 학생, 지식인, 불평분자 등을 포섭해 왔으며 정밀심사를 거쳐 가입이 결정되면 남조선해방전선기를 걸어 놓고 강령을 낭독한 후 선서를 통해 '투철한 혁명투사로서 남조선민족해방전선의 잠정 강령과 규약에 적극 찬동하고 민족해방전사로서 영예로운 지위와 임무를 부여받음에 있어 재산과 생명을 바쳐 헌신할 것' 등을 서약하고 신분을 감추기 위해 조직원에게 모두 가명을 부여해 주었다.

**〈남조선민족해방전선(지하망)〉**

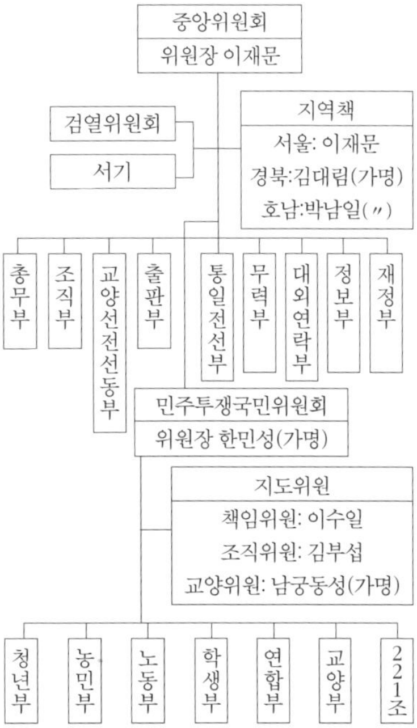


이들은 또 적색 게릴라 방식에 따른 사회교란과 자금조달을 위해 지난해 11월 이른바 ▲봉화산작전(휘경동 모 사장집 강도) ▲79·4 땅벌작전(모 건설회사 사장집 강도) ▲79·3 종로1가 보금장 금방 강도 모의 등을 벌였으며 총기 및 사제폭탄을 제조하고 각종 흉기를 수집 보관, 극한 투쟁을 전개해 왔다.

## '남민전' 조직 일망타진

1979. 11. 13.

### 치안본부 발표, 잔당 28명 추가 검거
### 북괴에 공작금 3억 요청
### 적화 성공 망상 '전선기'도 제작

내무부는 13일 소위 '남조선민족해방전선' 간첩단 사건 3차 발표를 통해 관련자 28명(2명 자수 포함)을 추가로 검거했다고 밝혔다. 이로써 경찰에 검거된 남조선민족해방전선 간첩단 사건 관련자는 모두 74명으로 늘어났고 월북한 1명과 해외 거주 1명 등 4명이 수배를 받고 있다.

### 거의 교직자·학생·회사원
### 일당 78명 중 모두 74명 체포

경찰에 의해 일망타진된 이들의 성분을 보면 교직자 13명(대학교수 2명, 중·고 교사 8명, 학원강사 3명), 학생 12명(재학생 8명, 제적생 4명), 회사원 14명, 크리스천 아카데미 1명, 가톨릭농민회 1명, 모 경제개발협회 연구원 1명, 신용협동조합원 2명, 택시 운전사 1명, 점술가 1명, 파출부 1명, 상업 3명, 무직 14명, 수감 중인 피의자 5명, 기타 3명 등이다.

손달용 치안본부장은 이날 기자회견을 통해 "지금까지 주모자급 정식 조직원(고유번호 소지자) 64명을 검거함으로써 사실상 이 사건 관련자를 일망타진한 셈"이라고 밝히고 "검거 당시 자해로 치료 중인 주범 이재문을 신문한 결과 이들은 조총련 동경도족립지부상공회 부회장 임한묘와 조총련계 시인 김윤 등의 주선으로 재일 북괴 공작원과 접선, 김일성에게 보내는 78년도 신년 인사문과 사업보고서를 전달하고 공작자금 3억 원을 지원 요청했고, 북괴 공작원으로부터 우선 3만 달러를 주겠다는 약속을 받는 등 북괴와 깊이 연계되었음이 드러났다."

# 「南民戰」조직 一網打盡

## 治安本部발표 殘黨 28명 추가檢擧

## 北傀에 工作金 3億 요청

### 赤化성공妄想 「戰線旗」도 製作

### 거의 敎職者·學生·회사원

一黨 78명중 모두 74명체포

孫 치안본부장

손 치안본부장

1979. 11. 13.

고 말했다.

손 본부장은 또 "이들은 일부 학원가의 데모를 혜성대 등 무장 전위대로 하여금 격렬한 수법으로 자극, 치안 능력을 무력케 하고 대중을 봉기시켜 결정적 시기에 북괴군의 지원을 요청하려 했다."고 밝혔다.

이들은 남한에서 적화혁명을 성공시킬 경우 중앙청에 게양할 가로 1.5미터, 세로 1.1미터의 대형 '남조선민족해방전선기'를 만들었다. 이 전선기는 민청학련 사건으로 사형이 집행된 인혁당원 도예종, 서진원[1], 하재완, 이수병, 여정남, 우홍선, 김용지[2], 송상진 등이 입었던 옷을 임인영(민청학련 전창일의 처)이 수집 전수진, 이문희 등이 물감을 들이고 조각을 꿰매 북괴기와 흡사하게 만들었다.

이 기는 그간 비닐로 싸서 항아리 속에 넣어 밀봉한 후 서울 관악구 신림1동 428의91 이재문의 내연의 처인 이문희의 친정집 담장 포도나무 밑에 파묻어 놓았었다.

이들은 이 같은 전선기를 만들 정도로 철저한 골수 공산분자이면서도 겉으로는 금요기도회 등 종교집회에 참석하고 신부·목사 등 교역자와 외신기자 등을 찾아다니며 인혁당, 민청학련 사건을 조작인 양 왜곡 선전해 왔다는 것이다.

## 이재문 등 4명 사형 선고

**1980. 5. 2.**

### 남민전 사건, 4명 무기·65명엔 최고 징역 15년

**서울 형사지법**

1 원문에는 서진원(徐進源)으로 되어 있으나, 오기이며 서도원(徐道源)임.
2 원문에는 김용지(金鏞之)로 되어 있으나, 오기임. 김용원(金鏞元): 경기여고 교사.

서울형사지법 합의13부(재판장 문영택 부장판사)는 2일 '남조선민족해방전선' 사건 선고공판을 열고 이 사건 관련 피고인 73명 중 남민전 준비위원장 이재문 피고인(46·전 대구일보 기자) 등 4명에게는 사형을, 임동규 피고인(46·간첩죄로 공판 계류 중) 등 4명에게는 무기징역을, 김남주 피고인(34·전남대 중퇴) 등 나머지 65명에게는 최고 징역 15년 자격정지 15년에서 최하 징역 8월 자격정지 8월 집행유예 1년까지를 각각 선고, 관련 피고인 전원에게 유죄판결을 내렸다.

재판부는 이날 판결문을 통해 "피고인들이 조직한 남조선민족해방전선과 한국민주투쟁국민위원회, 민주구국학생연맹 등 3개 단체는 합헌적 절차에 의하지 않고 무력으로 정부를 전복하려 했던 점이 증거에 의해 명백하다."고 밝혔다.

판결문은 또 "피고인들은 공산 계열 노선에 따라 활동하지 않았다고 주장하고 있으나 피고인들이 가입한 단체의 강령, 생활신조, 압수품 등으로 미루어 피고인들이 가입한 단체가 북괴 노선에 의해 활동한 반국가단체였음도 분명하다."고 유죄 이유를 밝혔다.

재판부는 이 사건의 양형 기준은 전과 여부와 범행 당시 신분, 반국가 활동 기간, 법정 태도, 무기 취급 여부, 강도 행위 참여 여부, 자백 여부 등이 참조됐다고 밝혔다.

관련 피고인들의 선고 형량은 다음과 같다.

◇사형 ▲이재문(46·전 대구일보 기자·남민전 준비위원장) ▲신향식(46·서울대 철학과 졸) ▲안재구(47·전 숙대 교수) ▲최석진(29·한국경제개발협회 연구원)

◇무기징역 ▲이해경(40·서울대 고고인류학과 졸) ▲임동규(46·간첩죄로 공판 계류 중) ▲차성환(27·서울 농대 중퇴) ▲박석률(32·서강대 졸)

◇징역 15년 자격정지 15년 ▲김남주(34·전남대 중퇴) ▲박석삼(25·광주고 중퇴) ▲황금수(42·침술사) ▲이수일(27·정신여중 교사) ▲김병권(59·무직) ▲김종삼(32·가톨릭농민회 조사원)

◇징역 10년 자격정지 10년 ▲노재창(26·서울여대 졸) ▲김부섭(25·서울 공대 졸) ▲김영옥(45·전 사회당 창당위원) ▲임규영(27·새한자동차 정비공)

# 李在汶등 4명 死刑선고

## 南民戰사건 4명 無期·65명엔 최고懲役15년

서울 刑事地法

1980. 5. 2.

# 李在汶·申香植 사형

## 大法, 南民戰선고 66명 原審대로

1980. 12. 24.

# 이재문·신향식 사형

1980. 12. 24.

## 대법, 남민전 선고
## 66명 원심대로

이른바 남조선민족해방전선 사건의 주범 이재문(46·전 대구일보 기자)과 신향식(45·무직) 등 2명의 피고인에게 원심대로 사형이 확정됐다.

대법원 형사4부(주심 이일규 대법원판사)는 23일 이 사건 상고심 선고공판을 열고, 관련 피고인 67명 중 신동규 피고인(36·화공약품상)을 제외한 66명의 상고를 모두 기각, 원심 형량을 확정했다.

신 피고인에 대해서는 원심을 파기, 사건을 서울고법으로 되돌려 보냈다. 이에 따라 이재문·신향식 피고인에겐 사형이, 안재구 피고인(46·전 숙대 교수) 등 5명에게는 무기징역이, 차성환 피고인(26·무직) 등 7명에게는 징역 및 자격정지 15년이 각각 확정됐고, 노재창 피고인(25) 등 나머지 52명에게는 징역 및 자격정지 10년~징역 및 자격정지 8월에 집행유예 1년까지 각각 형이 확정됐다.

재판부는 판결문에서 피고인들이 조직 또는 가입한 ▲남조선민족해방전선준비위원회(남민전) ▲한국민주투쟁국민위원회(민투) ▲민주구국학생연맹 등은 반유신 독재를 부르짖고 민주를 표방하는 것 같으나, 사실은 북괴 김일성 집단인 공산 계열의 노선에 따라 활동하는 단체로서, 대한민국을 변란할 목적을 갖고 있었음이 인정된다고 기각 이유를 밝혔다.

012

# 부산 미문화원 방화 사건

## 남녀 3인조 미문화원에 방화(부산)

1982. 3. 19.

### 20대 두 여인이 먼저 기름 뿌려
### 어제 하오 2시, 수위 밀치고 침입…대학생 소사(燒死)

18일 하오 2시 2분쯤 부산 중구 대청동 2가 24 미국문화원(원장 체리 R 랭크·47)에서 불이 나 연건평 6백 평의 3층 콘크리트 건물 중 1층 사무실 2백 평을 모두 태워 2천여만 원(경찰 추산)의 재산 피해를 내고 1시간 만에 진화됐다. 이 불로 1층 도서관에서 책을 보고 있던 동아대 상경과 2년 장덕술 군(23·부산시 서구 괴정1동 782)이 미처 빠져나오지 못해 불에 타 숨지고 동아대 회화과 4년 김미숙 양(24·동래구 부곡1동 378) 등 3명이 중화상을 입었다. 수사에 나선 경찰은 20대 여인 2명과 청년 1명이 문화원에 들어와 불을 지르고 달아난 사실을 확인하고 이들을 긴급수배했다. 경찰은 또 불이 나기 직전에 문화원을 폭파시키겠다는 내용의 불온유인물이 문화원 주변에 뿌려진 사실을 중시, 좌경불순분자[1] 등의 소행으로 보고 수사를 펴고 있다.

1 사상이나 이념이 그 조직 안의 것과 달라 비판적으로 지적되는 사람.

# 男女3人組 美문화원에 放火 釜山

## 20代 두女人이 먼저 기름뿌려

### 어제下午2時 守衛밀치고 侵入…대학생燒死

### 火災직전 주변百貨店등에 不穩비라

### 警察선 不純분자등소행추정 搜査펴

### 釜山市警 수사본부 설치

[釜山=聯合] 18일 하오2시쯤 釜山시 中구 大廳동 2가 美國문화원 1층에서 불이나 때마침부는 초속 8m의 강한 북동풍을 타고 6백평의 콘크리트 건물을 태우고 있다.

【부산=연합전송】 18일 하오 2시쯤 부산시 중구 대청동 2가 미국문화원 1층에서 불이 나 때마침 부는 초속 8미터의 강한 북동풍을 타고 6백 평의 콘크리트 건물을 태우고 있다.

1982. 3. 19.

## 화재 직전 주변 백화점 등에 불온 비라[2]
## 경찰선 불순분자 등 소행 추정 수사 펴

### 발생

이날 불을 맨 처음 발견한 문화원 건너편 복음서관 종업원 이장우 씨(22)에 따르면 "검은 연기가 1층 출입문 쪽으로 새어 나오면서 곧 '펑' 하는 소리와 함께 불길이 치솟았다."는 것이다. 이날 불은 때마침 부는 초속 8m의 강한 북동풍을 타고 번져 1층 사무실을 모두 태웠다. 불이 나자 1층 사무실에서 근무하던 문화원 직원 10여 명은 긴급 대피했고 3층에 있던 메그노아 씨(48·여) 등 2명은 고가 사다리차에 의해 구조되었다. 화재 현장에는 수천 명의 인파가 몰려 번화가인 광복동으로 들어가는 진입로는 한때 교통이 마비됐으며 문화원 옆 한국은행 부산지점은 업무를 중단하고 직원들이 대피하는 소동을 벌이기도 했다.

## 부산시경, 수사본부 설치

### 수사

경찰은 불이 난 시간을 전후해서 20대 여인 2명이 기름을 담은 등산용 플라스틱통을 들고 들어와 기름을 뿌리고 곧이어 청년 1명이 미국문화원에 들어와 방화한 후 달아난 사실이 있었음을 확인하고 목격자들의 진술에 따라 이들을 긴급수배했다. 경찰에 따르면 이날 하오 2시 1분쯤 20대 여인 2명이 노란색 플라스틱물통을 들고 미국문화원 1층의 현관으로 침입, 휘발유로 보이는 기름을 뿌려 미국문화원 경비원 문흥석 씨가 이를 제지하려 하자 갑자기 뒤따라 들어온 25세가량의 청년 1명이 문 씨를 밀어젖혔으며 곧이어 펑 소리와 함께 불길이 치솟았다는 것이다. 부산시경은 방화범들의 검거를 위해 이날 부산지방 일원의 고속버스터미널·철도역·여객선 터미널·각종 숙박업소·사찰 암자 등에 대한 검문검색을

2 삐라.

강화하라고 산하 경찰관서에 긴급 지시했다.

### 범인들

미국문화원 앞의 중앙아파트에 사는 박옥자 여인(54) 등 6명의 목격자들에 따르면 방화 용의 여자 2명 중 23세가량의 여인은 목에까지 늘어뜨린 긴 머리를 하고 흰 운동화에 감색 스웨터와 감색 치마를 입고 있었고 키는 157cm가량이며 같은 나이 또래 다른 1명은 160cm가량의 키에 역시 같은 감색 옷차림을 하고 있었다는 것. 청년은 26세가량의 보통 키이며 베이지색 잠바 차림이었다는 것이다.

한편 경찰은 화재 현장 건너편인 한일예식장 1층에 한기형 부산시경 부국장을 본부장으로 하는 수사본부를 설치했다.

### 불온 유인물

한편 경찰은 미문화원에 불이 나기 바로 직전에 미문화원을 폭파시키겠다는 내용의 불온 삐라가 문화원 주변에 뿌려진 사실을 밝혀내고 이번 화재가 좌경분자, 또는 불순 지하단체의 조직적인 방화 색채가 짙은 것으로 보고 있다.

경찰 소식통에 따르면 미문화원에 화재가 발생한 시간인 18일 하오 2시 2분쯤보다 10여 분 전인 이날 하오 1시 50분쯤 미문화원에서 1백여 미터 떨어진 유나백화점에 20장, 백화점 뒤 용두산 맨션 3층에 30여 장, 백화점에서 5백 미터 떨어진 국도극장 화장실에 2백여 장의 불온 삐라가 각각 살포돼 경찰이 이를 모두 수거했다는 것.

부산시경은 이날 하오 7시 부산 중부경찰서장실에서 대간첩대책본부 및 각급 수사기관의 긴급관계자회의를 열고, 수거한 이들 불온 삐라의 내용을 다각적으로 분석하는 한편, 화재 원인 규명에 나서고 있다.

경찰 소식통은 이 삐라의 내용이 좌경색이 짙은 것으로 보아 지하에서 암약중인 좌경불순분자들이 한미 관계를 이간시키려는 목적에서 계획적으로 주한미국 건물을 골라 방화한 혐의가 짙은 것으로 보고 있다.

## 문부식·김은숙 원주서 자수

1982. 4. 2.

### 은신처 부탁받은 신부의 권유로
### 지 주교 외유로 최기식 신부가 맡아
### 29일부터 원주 은신…어제 하오 1시 사건 14일 만에

부산 미문화원 방화 사건의 주범으로 전국에 지명수배됐던 문부식(24·고신대 4년)과 공범인 문의 애인 김은숙(25·부산시 북구 엄궁동 454) 등 2명이 사건 발생 14일 만인 1일 하오 1시쯤 강원도 원주에서 성직자의 권유로 자수, 모 수사기관에 검거돼 서울로 압송됐다. 경찰은 문 등을 국가보안법, 방화 살인 및 집회 및 시위에 관한 법률 위반 혐의로 긴급구속했다고 발표했다.

### 서울 압송 전모 추궁

치안본부 제3부장 송동섭 치안감은 1일 하오 발표를 통해 "문 등 2명을 1일 하오 1시 강원도 원주에서 검거했다."고 밝히고, "이들은 사건 이후 경찰 수사가 압축되자 부산을 떠나 도피 중 교회에 은신처를 구하다 담당 성직자를 통해 자수, 검거된 것"이라고 설명했다.

송 부장은 "경찰은 이들로부터 범행을 추궁 중에 있으며 상세한 조사 결과는 곧 발표할 것"이라고 말했다.

이로써 지난달 18일 발생한 방화 사건은 14일 만에 일단락된 셈인데 문과 김에 대한 조사가 진행되면 배후관계를 포함한 사건의 전모가 드러날 것으로 보인다.

문과 김은 그동안 수사망이 압축되자 부산을 탈출, 서울 수원을 전전한 끝에 지난달 29일 원주교구 지학순 주교를 만나 신상 문제를 상의하려고 성당에 들렀다가 원주교구 사목국장 최기식 신부(42)의 권유에 따라 자수한 것으로 알려졌다.

최 신부는 이들에게 자수를 권유하는 한편 30일 서울천주교 한강교회 함세웅 신부를 만나 협의하기도 했다.

문은 그동안 천주교 원주교구 교육원 등에 있다가 최 신부의 권유를 받고 수사기관에 전화로 자수한 것이다.

한편 이들이 찾아갔던 지학순 주교는 동남아 여행 중이라서 만나지 못했는데, 지 주교는 1일 하오 8시 11분 KAL기 편으로 귀국, 이날 밤 원주교구에 도착했다.

### 관련자 검거 일지

▲3월 25일: 광주시 미문화원 방화범 정순철(25)을 전남 영광군 백수면 원불교 교당에서 검거.

정은 "이 사건과 관련 없다."고 진술.

▲3월 30일: 부산 국도극장에서 불온 유인물을 살포했던 박원식(21·고신대 의예과 2년)을 검거.

주민 최선달 씨(25·가명)의 제보에 따라 이날 상오 5시쯤 부산시 중구 대청동 4가 3 자택에서.

▲〃: 방화조 이미옥(22·고신대 의예과 2년)을 집인 동래구 거제 3동 740에서 검거.

▲〃: 유인물 살포조 최충언(20·고신대 의예과 2년)과 자금책인 김화석(25·부산대 공대 2년 중퇴) 검거.

▲〃: 당초 이 사건 용의자로 수배됐던 부림 사건 주동자 이호철(25)을 서울 별셋주점에서 검거한 데 이어 하오에는 부산 B여대 낙서범인 이 대학 박정미 양(22)도 검거.

▲3월 31일: 이 사건 방화조 최인순(22·부산대 약대 3년) 검거.

▲4월 1일: 방화조 김지희(22·부산여대 국어교육학과 3년) 검거.

▲〃: 주범 문부식(24·고신대 4년)과 애인 김은숙(25·〃)을 강원도 원주교구 성당에서 검거.

文富軾·金恩淑 原州서自首

隱身處부탁받은 神父의 권유로

池主教 外遊로 崔基植神父가 맡아

29日부터 原州은신…어제下午1時 事件14日만에

서울압송 全貌추궁

原州에서 검거된 釜山 美문화원 방화주범 文富軾과 金恩淑

1982. 4. 2.

원주에서 검거된 부산
미문화원 방화 주범
문부식과 김은숙

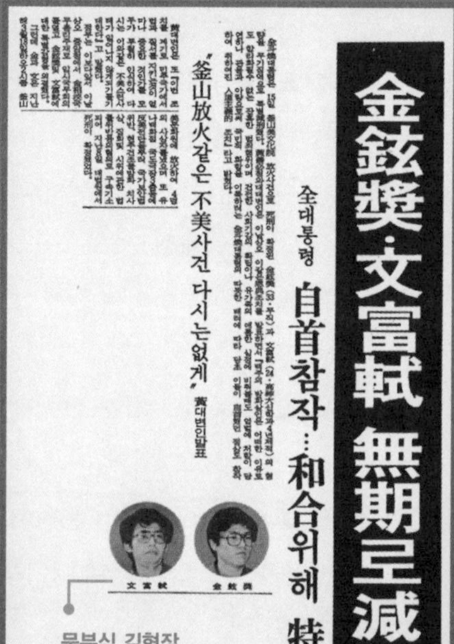

金鉉奬·文富軾 無期로減刑

全대통령 自首참작…和合위해 特別配慮

"釜山放火같은 不美사건 다시는없게" 黃대변인발표

文富軾　金鉉奬

문부식 김현장

1983. 3. 15.

## 김현장·문부식 무기로 감형

1983. 3. 15.

### 전 대통령, 자수 참작…화합 위해 특별 배려

전두환 대통령은 15일 부산 미문화원 방화 사건으로 사형이 확정된 김현장(33·무직)과 문부식(24·고신대 신학과 4년 제적)의 형량을 무기징역으로 특별 감형했다. 황선필 청와대 대변인은 이날 상오 이 같은 은전 조치를 발표하면서 "백주의 방화 살인은 어떠한 이유로도 합리화될 수 없는 잔혹한 범죄 행위이며 건전한 사회 기강의 확립이나 유가족의 애통한 심정에 비춰볼 때도 엄벌에 처함이 당연하나 관용과 아량으로써 국민적 화합을 이룩하려는 전두환 대통령의 따뜻한 배려에 따라 당초 이들이 자수했던 정상도 참작하여 취하여진 인도주의적 조치"라고 밝혔다.

### 황 대변인 발표, "부산 방화 같은 불미 사건 다시는 없게"

황 대변인은 또 "이번 조치를 계기로 민주국가에서 법과 질서를 지키는 것이 얼마나 중요한 것인가를 모두가 투철히 인식하여 다시는 이와 같은 불미스러운 사태가 일어나지 않게 되기를 기대한다."고 말했다.

정부는 이보다 앞서 이날 상오 중앙청에서 김상협 국무총리 주재로 임시국무회의를 열고 김현장 및 문부식에 대한 특별 감형을 의결했다.

그런데 김과 문은 지난해 3월 18일 하오 2시쯤 부산 미문화원에 방화하여 4명의 사상자를 냈으며 또 유나백화점, 국도극장 3층 등에 반미 전단을 뿌려 국가보안법 위반, 현주건조물방화 치사상, 집회 및 시위에 관한 법률 위반 등의 혐의로 구속기소되어 지난8일 대법원에서 사형이 확정됐었다.

013

# 고문 형사 이근안 사건

## 고문 혐의 이근안 경감 2년 전 재정신청 심리

1988. 12. 26.

### 납북 귀환 어부 고문

김근태 씨(전 민청련 의장) 등 시국·공안 사건 관련자들에 대해 고문을 한 혐의로 검찰 5공 특수부가 직접 수사에 나선 경기도경 공안분실장 이근안 경감(52)이 지난 86년 11월 다른 공안 사건에서 고문을 한 혐의로 이미 재정신청이 제기돼 서울고법 형사2부(재판장 유태현 부장판사)의 심리를 받고 있음이 26일 밝혀졌다.

이 경감에 대해 재정신청을 낸 김성학 씨(38·경기도 광주군 동부읍 신장2리 427의 66)는 "지난 85년 12월 2일 경기도경 대공분실에 연행돼 72일간 영장 없는 불법 구금 상태에서 이 경감 등으로부터 간첩 행위 자백을 강요받으며 물고문·전기고문 등을 당했다."고 주장했다.

납북 어부였던 김 씨는 고문에 못 이겨 허위자백을 했으나, 86년 7월 1심에서 무죄판결을 받고 석방된 직후 이 경감 등 16명의 경찰관을 독직 폭력 및 가혹 행위 등 혐의로 검찰에 고발했는데 기소유예 처분되자, 즉각 서울고법에 재정신청을 냈었다.

# 拷問혐의 李根安경감

## 2년전裁定신청 심리

拉北귀환어부 고문

金槿泰씨(전 민청련의장)등 시국·공안사건 관련자들에대해 고문을한 혐의로 검찰5[illegible]수부가 직접 수사에나선 경기도경 공안분실장李根安경감(52)이 지난85년11월 다른 공안사건에서 고문을한 혐의로 이미 재정신청이제기돼 서울고법 형사2부(재판장 鄭昌鉉부장판사)의 심리를 받고있음이 26일 밝혀졌다。

李경감에 대해 재정신청을 낸 金成鶴씨(38·경기도광주군광주읍 신장2리 427의66)는 지난 85년12월2일 경기도경 대공분실에 연행돼72일간 영장없는 불법구금상태에서 李경감등으로부터 간첩행위자백을 강요받으며 물고문·전기고문등을 당했다」고 주장했다。

납북어부였던 金씨는 고문에 못이겨 허위자백을했으나 86년 7월 1심에서 무죄판결을 받고 석방된후 李경감등 16명의 경찰관을 독직폭행및 가혹행위등 혐의로 검찰에 고발했는데 기소유예처분되자 즉각 서울고법에 재정신청을 냈었다。

1988. 12. 26.

## 北韓찬양 拉北어부
## 大法院서 無罪확정

대법원 형사3부 (주심 李在性대법관)는 29일 납북어부 金成鶴피고인(39·상업·경기도하남시)에대한 국가보안법위반(찬양고무)등 사건 상고심선고공판에서 검사의 상고를 기각, 무죄를 선고한 원심을 확정했다.

金피고인은 지난 71년8월 黑潮선적 제2성해호에 오징어잡이어부로 승선해 울릉도부근에서 조업중 같은달 30일 북한경비정에 피랍돼3백71일간 북한에 억류돼있다 72년9월7일 귀환한뒤 83년2월초 서울종로구 방산시장내 술집에서 金모씨와 얘기를나누던중 「이북에는 정부에서 직장을 마련해줘 실업자가없고 빈부의 차가없어 평등하게 살고있다」고 말하는등수차례에 걸쳐 북한을 찬양한 혐의로 구속기소됐으나 1、2심에서 모두 무죄를 선고받았었다.

1989. 9. 30.

## 북한 찬양 납북 어부
## 대법원서 무죄 확정

1989. 9. 30.

대법원 형사3부(주심 이재성 대법관)는 29일 납북 어부 김성학 피고인(39·상업·경기도 하남시)에 대한 국가보안법 위반(찬양 고무) 등 사건 상고심 선고공판에서 검사의 상고를 기각, 무죄를 선고한 원심을 확정했다.

김 피고인은 지난 71년 8월 묵호 선적 제2성해호에 오징어잡이 어부로 승선해 울릉도 부근에서 조업 중 같은 달 30일 북한경비정에 피랍돼 371일간 북한에 억류돼 있다 72년 9월 7일 귀환한 뒤 83년 2월 초 서울 중구 방산시장 내 술집에서 김 모 씨와 얘기를 나누던 중 "이북에는 정부에서 직장을 마련해 줘 실업자가 없고 빈부의 차가 없어 평등하게 살고 있다."고 말하는 등 수차례에 걸쳐 북한을 찬양한 혐의로 구속기소됐으나 1, 2심에서 모두 무죄를 선고받았었다.

014

# 문익환 목사 입북 사건

## 입북 문익환 목사 보안법 적용

1989. 3. 27.

**정부, '평양 밀행' 강경 대처**
**귀국 즉시 사법 조치, 정경모·황석영 씨 동행한 듯**

전민련[1] 고문인 문익환 목사의 일행이 정부와 사전 협의 없이 평양에 도착한 것으로 밝혀져 충격을 던져 주고 있다.

관계 당국에 의하면 문 목사와 함께 입북한 일행은 재일교포 정경모 씨 등 2명인 것으로 밝혀졌으며, 일부 관측통들은 정 씨 이외 나머지 1명이 소설가 황석영 씨일 것으로 추정하고 있으나 확인되지는 않고 있다.

정부는 문 목사의 입북 사실이 밝혀지자 일요일인 26일 긴급 공안 관계장관회의를 소집, 대응책을 협의한 끝에 문 목사의 행위가 국가보안법 등 실정법 위반이라는 결론을 내리고 단호히 대처키로 했다.

정부는 이 같은 방침에 따라 이날 하오 검찰의 사법 대응방침을 밝힌 데 이

1 전국민족민주운동연합. 1989년 1월 21일 출범한 재야 민족민주운동의 전국적 조직.

# 入北 文益煥목사 保安法적용

## 政府,「平壤밀행」강경對處

### 귀국즉시 司法조치

### 鄭敬謨·黃晳暎씨 同行한듯

文益煥목사

鄭敬謨씨

黃晳暎씨

李洪九 통일원장관이 27일상오 기자간담회를 갖고 文益煥목사의 入北에관한 정부입장을 설명하고있다. 〈金世九기자〉

문익환 목사

정경모 씨

황석영 씨

이홍구 통일원장관이 27일 상오 기자간담회를 갖고 문익환 목사의 입북에 관한 정부 입장을 설명하고 있다.

1989. 3. 27.

어 27일 상오 이홍구 국토통일원장관의 기자간담회를 통해 정부의 공식 입장을 밝혔다.

이 통일원장관은 이날 기자간담회에서 "문 목사가 국가의 법과 규정에 의하지 않고 사전 협의나 승인 없이 방북한 것은 대단히 유감스러운 일"이라며 "국민의 손으로 만들고 많은 희생을 치르면서 지켜 온 헌정 질서와 법을 무시한 행동은 대단히 바람직스럽지 못하다."고 말했다.

이 장관은 "남북 고위 당국자 제3차 예비회담이 오는 4월 12일로 예정되고 있는 상황에서 개인이나 단체가 김일성 신년사에서 제안한 정치 협상 회의에 독자적으로 임하는 것은 당국 간의 대화 노력을 저해하고 혼선을 가져올 수 있다는 점에서 남북대화에도 도움이 되지 않는다."고 강조했다.

이 장관은 "북한이 내외 정세를 나름대로 판단, 대한민국 정부 퇴진과 주한미군 철수 등 일련의 정치·심리적 공세를 취하고 있는 상황에서 문 목사가 평양에서 독재와 외세에 대한 싸움을 하겠다고 말한 것은 북한의 입장을 강화시킬 우려가 있다."고 지적했다.

이 장관은 이어 "통일 논의는 자유롭게 하되 남북 교류 협력과 정치적 대화는 정부 주관하에 이뤄져야 한다."고 강조, 남북대화가 정부를 중심으로 이뤄져야 한다는 기존 입장을 재확인했다.

이와 관련, 정부 고위 당국자는 이날 "문 목사의 입북은 국가보안법 등 실정법 위반이 확실하므로 돌아오는 대로 수사 당국에 의해 사법 처리될 것으로 안다."고 말하고, "정부로서는 앞으로도 국법 질서를 벗어난 어떠한 개별 차원의 대북 접촉이나 미수교국과의 회담 추진은 허용치 않을 방침이며 모든 대북 교섭이나 통일 관련 회담은 정부로 창구가 단일화돼 있음을 밝힌다."고 강조했다.

이 당국자는 "문 목사의 입북에 따른 사법 처리는 조사 결과에 따라 결정될 것이나 법적 측면에서 볼 때 국가보안법 제6, 7, 8조에 위배되므로 이에 상응하는 제재가 취해질 것으로 안다."고 말했다.

이 당국자는 "일부에서 문 목사의 입북이 정주영 씨나 김구 선생의 방북 문제와 관련해 긍정적으로 봐야 한다는 주장도 있으나, 정 씨의 경우 정부의 통일

및 북방정책에 입각, 사전 협의와 허가를 받았으며, 김구 선생의 경우는 정부 수립 전(48년 4월. 정부 수립 48년 8월)의 행위였으므로 문 목사의 경우와는 근본적으로 다르다."고 덧붙였다.

이 당국자는 또 "문 목사의 비밀 입북과 관련해 우리 정보기관이 사전에 이를 탐지하지 못한 데 대해 정부 내부에서 심각한 논의가 진행되고 있다면서, 앞으로 정보기관의 첩보 활동을 강화하는 방안이 적극 검토되고 있다."고 전했다.

당국자는 이어 이번 사건으로 인해 군 내부 또는 극우세력의 '변혁적 움직임'이 있을 수 있음을 부인하지 않으면서, 정부는 자유민주주의 체제가 위협받고 있는 차원에서 문 목사 입북 문제에 대처해 나갈 방침이라고 말했다.

정부는 이에 앞서 26일 박세직 안기부장, 이한동 내무, 허형구 법무, 이홍구 통일원장관 및 청와대 관계자들이 참석한 가운데 긴급대책회의를 열고 "어떠한 개인·단체를 불문하고 정부와 사전 협의 없이 자의로 입북하거나 북한 측과 접촉 또는 교류를 기도하는 행위는 명백한 실정법 위반"이라는 데 의견을 모으고 단호히 대처키로 했다.

이와 관련, 검찰은 26일 "문 목사의 입북은 정부의 사전 승인 없는 자의적인 행위이므로 국가보안법을 위반한 범법 행위"라고 지적, "문 목사 등이 귀국하는 대로 방문의 동기, 목적, 북한에서의 행적 등을 수사, 의법 조치할 방침"이라고 밝혔다.

검찰은 이날 하오 문 목사 등에 대한 입장을 공식으로 밝히고 이들의 입북은 국가보안법 제6조 1항의 '탈출·잠입죄'와 8조 1항의 '회합·통신 등' 죄에 해당된다고 밝혔다.

검찰은 문 목사 일행의 입북 사건을 서울지검 공안1부(안강민 부장검사)가 맡아서 수사토록 했다.

문 목사는 지난해 12월 정부의 사면 조치에 따라 복권돼 출국 금지 조치 등은 내려져 있지 않다.

## 문 목사 공항서 연행 구속

1989. 4. 13.

### 유원호 씨도 보안법 등 적용 사전 영장
### 수사관 10여 명 기내까지
### 경찰 봉쇄로 환영 대회 무산

문익환 목사(71)가 입북 19일 만인 13일 낮 12시 30분쯤 NWA061편으로 귀국했다.

문 목사는 지난달 20일 일본으로 출국, 북경을 거쳐 25일 평양에 입북, 김일성과의 면담을 마친 뒤 지난 5일 일본에 도착, 8일간 체류하다 이날 귀국했다.

문 목사는 이날 평양에 동행했던 유원호 씨(59)와 함께 귀국 즉시 김포공항에서 대기하고 있던 공안합동수사본부 요원들에 의해 곧바로 안기부로 연행돼 구속됐다.

문 목사는 이날 김포공항에 도착한 직후 유원호 씨와 함께 공항 계류장에 대기 중이던 공안 관계자들에 의해 번호판을 가린 2대의 검정색 승용차로 모처로 연행됐다.

문 목사는 NWA기가 계류한 직후 트랩을 통해 기내로 들어간 10여 명의 공안 관계자들에 의해 신병이 확보됐으며, 양팔이 잡힌 채 트랩을 내린 직후 승용차에 태워졌다.

문 목사는 남색 싱글 차림으로 상기된 표정이었으며 유 씨는 회색 줄무늬 양복 차림이었다.

합수부는 이날 문 목사 등에게 제시한 사전 구속영장에서 문 목사의 경우 국가보안법 제6조 2항(반국가단체 지령 수행 목적 잠입·탈출)과 제8조 1항(회합·통신), 제7조 1항(찬양·고무) 등을 적용했다.

유 씨의 경우는 제6조 1항(잠입·탈출), 제8조 1항 등이 적용됐다.

합수부는 문 씨 등에 대한 구속영장에서 "문 목사는 지난해 9월 정경모 씨

# 文목사 공항서連行 구속

## 劉元琥씨도 保安法등 적용 事前영장

## 수사관 10여명 機內까지

### 경찰봉쇄로 환영대회 霧散

요원들에 둘러싸여
13일 낮 12시 30분쯤 NWA 061편으로
귀국한 문익환 목사가 수사 요원들에
둘러싸인 채 곧바로 승용차에 태워지고 있다.

1989. 4. 13.

에게 입북 주선을 부탁, 정 씨가 북한조국통일민주주의전선 중앙위 의장 여연구에게 편지를 보내 문 목사 입북 의사를 전달하는 등 반국가단체 구성원과 연락(회합·통신)했으며 지난 1월 1일 김일성이 문 씨를 초청하자 이를 수락, 지난달 20일 출국, 25일 하오 평양에 들어갔다(지령 수행 목적·탈출)."고 밝혔다.

합수부는 또 "문 목사는 평양 도착 성명에서 '나는 오래전부터 한 번 평양을 방문해 존경하는 김일성 주석과 만나……'라는 등 김일성을 찬양하고 대한민국 정부를 독재·군사세력으로 표현(찬양·고무)했으며 북한의 대남전략 전술에도 동조했다."고 밝혔다.

안기부는 문 목사 등의 입북 경위, 북한에서의 행적·발언 내용과 사전 모의 등을 조사한 뒤, 오는 5월 초쯤 신병을 검찰로 송치할 것으로 알려졌다.

한편 경찰은 연세대 주변과 김포공항, 공항로 주변 등에 모두 95개 중대 1만 2천여 명의 경찰력을 투입, 문 목사 환영대회와 시위 등을 원천 봉쇄했다.

전민련 등 재야 단체와 학생들은 이날 경찰의 강력한 원천봉쇄로 당초 계획했던 김포공항 및 연세대 집회가 무산되자 곳곳에서 산발 시위를 벌여 공권력과 재야·운동권 학생 사이에 충돌이 잇달았다.

## 문익환 씨 징역 7년 확정

1990. 6. 8.

### 상고심 선고공판

대법원 형사3부(주심 김용준 대법관)는 8일 밀입북 사건과 관련, 국가보안법 위반 혐의로 항소심에서 징역 7년 자격정지 7년씩을 선고받은 문익환(72), 유원호 피고인(60) 등에 대한 상고심 선고공판에서 문 피고인 등과 검찰의 상고를 모두 기각, 원심을 확정했다. 이로써 문 목사 일행이 지난해 3월 북한을 방문한 이래 1년

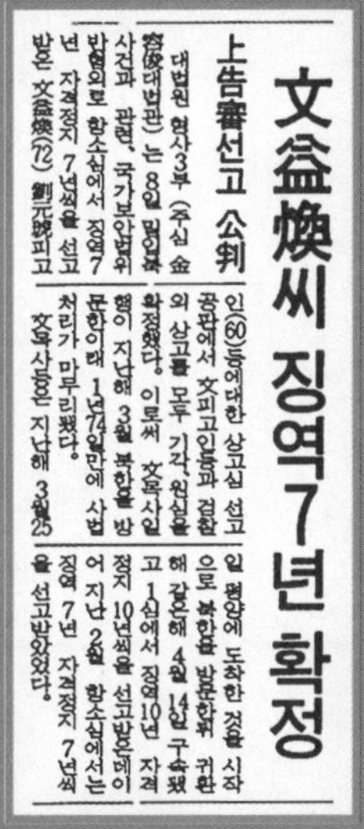

# 文益煥씨 징역7년 확정

上告審선고 公判

대법원 형사3부 (주심 金容俊대법관)는 8일 밀입북사건과 관련, 국가보안법위반혐의로 항소심에서 징역7년 자격정지 7년씩을 선고받은 文益煥(72) 劉元鎬피고인(60)등에대한 상고심 선고공판에서 文피고인등과 검찰의 상고를 모두 기각, 원심을 확정했다. 이로써 文목사일행이 지난해 3월 북한을 방문한이래 1년74일만에 사법처리가 마무리됐다.

文목사등은 지난해 3월25일 평양에 도착한 것을 시작으로 북한을 방문한뒤 귀환해 같은해 4월 14일 구속됐고 1심에서 징역10년 자격정지 10년씩을 선고받은데이어 지난 2월 항소심에서는 징역 7년 자격정지 7년씩을 선고받았었다.

1990. 6. 8.

74일 만에 사법 처리가 마무리됐다.

문 목사 등은 지난해 3월 25일 평양에 도착한 것을 시작으로 북한을 방문한 뒤 귀환해 같은 해 4월 14일 구속됐고, 1심에서 징역 10년 자격정지 10년씩을 선고받은 데 이어, 지난 2월 항소심에서는 징역 7년 자격정지 7년씩을 선고받았었다.

015

# 임수경 평양축전 참가 사건

## 전대협 평축대표 평양 도착

1989. 6. 30.

### 임종석 의장 발표
### 21일 출국…동경 체류 후 동베를린 경유

**외국어대 임수경 양… 북에 체류 중 협조 요청**

정부가 대학생의 평양축전 참가를 봉쇄한 가운데 전대협의 평양축전 대표가 북한 입국을 위해 출국한 사실이 뒤늦게 밝혀졌다.

전대협 임종석 의장(22·한양대 총학생회장)은 29일 하오 11시쯤 전대협 소속 외국어대생 임수경 양(21)이 평양축전에 참가하기 위해 전대협 대표 자격으로 출국, 현재 동베를린에 체류 중이며 30일 중 평양에 도착할 것이라고 발표했다.(관련기사 3·10·11면)

임 양은 29일(현지시간) 소련항공 일류신 62기 881호 편으로 동베를린 공항을 출발, 30일 낮 12시 40분쯤 평양 순안공항에 도착한 것으로 확인됐다.

이날 발표에 따르면 임 양은 지난 21일 서울을 출발, 동경에서 6박 7일을 머문 뒤 27일 동경을 떠나 29일 동베를린에 도착했음을 국제전화로 전대협 측에 알려왔다는 것이다.

# 全大協 平祝대표 平壤도착

任鍾晳의장 발표

## 21일 出國…東京체류후 東베를린 경유

### 外國語大 林秀卿양…北에 체류중협조 요청

회견을하고있는 任鍾晳 전대협의장.

임수경 양

회견을 하고 있는
임종석 전대협의장

1989. 6. 30.

전대협은 "임수경 학우의 평양행은 국가보안법에 위배되나 국민의 통일의 지와는 합치되는 애국적 행위이고 노태우 정권이 모든 대화와 교류 창구를 봉쇄한 상황에서 불가피한 일"이라며 "현 정권은 전대협 대표 파견을 좌경친북으로 매도하여 탄압하기 전에 말로는 통일을 외치며 통일운동 탄압을 자행하는 이율배반적 작태를 되돌아봐야 할 것"이라고 주장했다.

전대협 대표 자격으로 출국한 임 양은 외국어대 용인캠퍼스 불어과 4년에 재학 중이며 총학생회 운영부장을 맡고 있다.

임 양의 평양행은 임종석 의장과 전문환 위원장 등 전대협의 몇몇 핵심간부와의 협의를 거쳐 극비리에 진행, 다른 대부분의 간부들도 임 양의 출국을 감지하지 못한 것으로 알려졌다.

전대협은 임 양의 출국경위와 관련, 전대협의 경비 지원 외에 서울을 출발한 뒤 독자적인 판단으로 입북 경로를 택해 왔다고 밝혔다.

전대협 측은 또 당초 문 목사의 방북코스를 따라 임 양이 동경·북경을 거쳐 입북하려 했으나 AFP 보도 이후 감시가 심해진 것 같아 시간을 늦춘 뒤 동베를린으로 향했으며 30일 중 평양에 도착할 것이라고 밝히고 평양축전 참가 후 오는 7월 27일 판문점을 통해 귀환하는 문제를 검토 중이라고 덧붙였다.

## 임 양·문 신부 조사 착수

1989. 8. 16.

**임 양 서울대병원 입원, 안기부·서울시경서 분담**
**입북 경위·배후세력 중점**
**해외단체 연계 여부도, 문 신부는 구속 집행**

국가안전기획부와 서울시경은 15일 하오 유엔군사령부로부터 임수경 양과 문

# 林양·文신부 調査착수

林양 서울大병원 입원 **安企部·서울市警서 분담**

## 入北경위·背後세력 중점

해외단체 연계여부도

## 文신부는 拘束집행

압송 판문점에서 헬기편으로 서울 장충동 국립극장 헬기장에 압송된 林秀卿양이 서울대병원에 입원하기위해 수사요원들에 이끌려 가고 있다. <高錫元기자>

文奎鉉 신부

압송
판문점에서 헬기 편으로 서울 장충동
국립극장 헬기장에 압송된 임수경 양이
서울대병원에 입원하기 위해 수사 요원들에
이끌려 가고 있다.

문규현 신부

1989. 8. 16.

규현 신부의 신병을 넘겨받아 조사에 착수했다.

안기부는 임 양에 대해 일단 병원의 정밀검진이 끝난 뒤 국가보안법상 잠입 탈출, 이적 동조, 찬양 고무, 회합 통신죄 등을 적용, 구속영장을 신청할 방침이다.

안기부는 그러나 임 양이 국가보안법상 현행범이지만 일단 체포가 아닌 신병 요양 차원에서의 보호 형식으로 병원에 입원시킨 점을 감안, 임 양의 요양 상태가 호전될 때를 기다려 2~3일 이내에 구속영장을 신청키로 했다.

한편 문 신부를 조사하고 있는 서울시경 대공분실은 문 신부가 지난달 28일 국가보안법상 탈출 혐의로 사전 구속영장이 발부된 상태여서 신병 인수와 동시에 잠입 및 찬양 고무, 이적 동조 혐의 등을 추가 적용, 이날 하오 서울 성동경찰서에서 구속을 집행했다.

서울시경은 이날 하오 4시 15분부터 서울경찰병원 내과과장 이권전, 정의훈 의사 등을 서울 종로구 옥인동 대공분실로 불러 문 신부에 대해 검진한 결과 급성 인후염의 증세와 미열, 기침, 가래 등의 증상이 있으나 입원할 정도는 아니라고 밝혀 계속 대공분실에서 조사를 받도록 했다.

문 신부는 영장 기재 범죄 내용에 대해선 대체로 시인한 것으로 알려졌다.

안기부와 서울시경은 임 양과 문 신부를 상대로 ▲임 양 입북 경위와 배후 세력 ▲밀입북 과정에서 해외 반한 단체와의 연계 여부 ▲입북 자금 마련 경위 ▲임 양이 전대협 평양축전 참가 대표로 선발된 경위 ▲문 신부의 입북 경위 ▲북한에서의 이적 활동 내용 ▲귀환 전 북한 당국으로부터 지령을 받았는지 여부 등에 대해 집중수사할 방침이다.

안기부와 서울시경은 또 이들에 대한 조사 결과 입북 과정 및 입북 활동 중 북한으로부터의 지령에 따른 활동 상황이 드러날 경우 법정형이 최고 사형까지 가능한 국가보안법상 지령 수수 목적 잠입탈출죄를 적용키로 했다.

한편 검찰은 문 신부에 대해서는 서울지검 공안2부 문성우·김학의 검사에게, 임 양에게는 이종왕·황교안[1] 검사에게 수사를 지휘토록 해 안기부·경찰에서 20일간, 검찰에 송치된 후 30일간 등 모두 50일간의 수사를 펴 오는 10월 초쯤 기소할 방침이다.

지금까지 임 양의 입북 사건과 관련, 전민련 대외협력국 간사 고현주 씨(27), 전국여학생대표자협의회 평축[2]준비위원장 신현경 양(21·한양대 총여학생회장·국문과 4년), 민중미술운동전국연합 공동의장 홍성담 씨(34) 등 12명이 국가보안법 위반 혐의로 구속됐고, 전대협 의장 임종석 군(23), 전대협 평축준비위원장 전문환 군(23), 전대협 정책실장 박종렬 군 등 10여 명이 수배 중이다.

또 문 신부 파북과 관련, 천주교 정의구현전국사제단 상임위원장 남국현 신부(40·서울청량리성당 주임신부) 등 4명이 구속됐고, 정의구현사제단 대변인인 장용주 신부(43) 등 7명이 불구속 입건됐다.

임 양과 문 신부 밀입북 관련 구속자 및 수배자는 다음과 같다.

◇임 양 사건 관련 구속자 ▲문부식(30) ▲진병도(24·전 서총련 선전국장) ▲고현주(27·전민련 대외협력국 간사) ▲김윤태(24·전 고대 총학생회장) ▲김태원(24·고대 법학 4) ▲유소정(22·한양대 총여학생회 문화부장) ▲김지선(24·한양대 가정대 문화부장) ▲신현경(21·전국여학생대표자협의회 평축준비위원장) ▲홍성담(34·민미련 공동의장) ▲차일환(30·화가) ▲오영식(22·고대 법학 4) ▲정하수(민미련 공동의장)

◇임 양 사건 관련 수배자 ▲임종석(23·전대협 의장) ▲전문환(23·전대협 평축준비위원장) ▲박종렬(23·전대협 정책기획실장) ▲신경희(21·여·한양대 국문 4) ▲전국 20개 대 총학생회 평축참가준비위원장

◇문 신부 사건 관련 구속자 신부 ▲문규현 ▲남국현(40·정의구현전국사제단 상임위원장) ▲구일모(40·부여 홍산성당) ▲박병준(37·전주 평화동성당)

---

1 정치인, 자유한국당 대표.

2 평양축전. 제13회 세계청년학생축전으로, 1989년 7월 1~8일까지 평양에서 177개국 2만 2천여 명의 대표가 참석해 진행한 축전이다.

## "경희대 은신" 제보로 특공조 투입

1989. 12. 18.

### 수배 10개월 만에 잡힌 임종석[3] 군, 체포 순간 저항 없어
### "주로 실내 도피 변장 안 해"
### 운동권 진로에 중대 변수로

지난 2월 여의도 농민 시위의 배후조종 및 평양축전에 임수경 양을 대표로 파견하는 등 국가보안법 위반 등의 혐의로 경찰의 지명수배를 받아 온 전대협 의장 임종석 군(23·한양대 총학생회장)이 18일 상오 8시 15분 경희대 구내에서 경찰에 붙잡혔다.

임 군은 그동안 경찰의 철통같은 검문·검색망을 교묘히 피해 가며 각종 집회에 나타나 시위를 주동하고 기습 기자회견을 가져 경찰을 곤혹스럽게 했다.

임 군의 검거로 전대협 수뇌부는 개편이 불가피해졌으며 학생운동권에도 큰 영향을 미칠 전망이다.

#### 검거

경찰은 임 군이 18~20일 사이의 취약 시간을 이용, 경희대에서 '여야 타협에 의한 5공 청산 종결'과 관련한 성명 발표를 추진하고 있다는 첩보를 입수하고 경희대 주변에 잠복근무를 해 왔다.

이에 따라 관할 청량리경찰서는 '임 군 검거 전담특공조'를 편성·가동해 왔는데 18일 상오 8시쯤 임 군이 경희대 구내에 은신 중이라는 제보를 받고 특공조 및 대공과 직원 12명 등 22명의 사복경찰을 경희대에 투입, 상오 8시 15분쯤 호위 학생 5명과 함께 학생회관 건물 3층 계단을 내려오는 임 군을 검거했다.

---

3 제16대, 제17대 국회의원과 서울특별시 정무부시장, 문재인 정부의 초대 대통령 비서실장을 지냈다.

# "慶熙大은신" 제보로 特攻組 투입

수배10개월만에 잡힌 任鍾晳군 **체포순간 저항없어**

## "주로 室內도피 변장안해"

## 운동권진로에 중대變數로

지난 2월10일 여의도 농민시위집회이후 10개월여동안 경찰의 집요한 추적을 피해가며 평양축전참가 투쟁을 주도하는 등 신출귀몰의 도피행각을벌였던 전대협의장 任鍾晳군이 18일상오 검거됐다. <金錫九기자>

지난2월 여의도 농민시위의 배후조종및 평양축전에林秀卿양을 대표로 파견하는등 국가보안법 위반등의 혐의로 경찰의 지명수배를받아온 전대협의장 任鍾晳군(23·한양대총학생회장)이 18일상오8시15분경희대구내에서경찰에 붙잡혔다.

任군은 그동안 경찰의 철통같은 검문·검색망을 교묘히 피해가며 각종 집회에 나타나 시위를 주동하고 기습기자회견을 가져 경찰을 곤혹스럽게했다.

任군의 검거로 전대협수뇌부는 개편이 불가피해졌으며 학생운동권에도 큰영향을 미칠전망이다.

**검거** 경찰은任군이18~20일 사이의 취약시간을 이용, 경희대에서 「여야타협에 의한 5共청산 중단」과 관련한 성명발표를 추진하고있다는 첩보를 입수하고 경희대 주변에 잠복근무를 해왔다.

이에따라 관할 청량리경찰서는 「任군검거 전담특공조」를 편성, 가동해 왔는데 18일 상오8시쯤 任군이 경희대구내에 은신중이라는 제보를 받고 특공조및 대공과직원 12명등 22명의 사복경찰을 경희대에 투입, 상오8시15분쯤 호위학생 5명과 함께 학생회관 건물 3층계단을 내려오는 任군을 검거했다.

任군은 검거 당시 은회색 오리털파카, 감색 양복바지에 검은구두를 신고있었으며 만년필형 가스분사기 1개와 타인명의의 주민등록증, 현금 8만원을 갖고있었고 비교적 건강한 모습이었다.

任군은 경찰이 체포하자별다른 저항을 하지않았다.

任군은 이날 상오8시부터 KBS와 기자회견을 하던도중 경찰이 덮쳤다는 얘기를 듣고 달아나다 검거됐다.

**도피** 任군은 검거직후 도피 경로를 묻는 기자들에게 「주로 실내에서만 있었다」고 말했을뿐 구체적인 도피경로와 은신처등에 대해서는 함구했다.

경찰은 任군이 그동안 지방대 전대협 간부들이 앞선한 장소나 운동권 학생들의 하숙방, 각 대학구내등을 주요 은신처로 삼아온 것으로 보고 任군의 은신및 도피경위를 조사중이다.

한편 任군은 지금까지 알려진것과는 달리 가발등으로 변장을 한적은 없으며 가끔 안경을 꼈던적은 있다고 밝혔으며 지금까지 단 한번도 경찰에 의해 신분증 제시를 요구받은적은 없었다고 주장했다.

**수사** 경찰은 任군이최초로 지명수배된 지난2월의 여의도농민시위 배후조종혐의및 평양축전 대표파견에 따른 북한측의 지령수수, 자금수령,북한 공작원과의 접선여부등을 중점적으로 수사하고 있다.

경찰은 또 任군에게 은신처를 제공한 각 대학 전대협 간부들이 밝혀지는대로 범인은닉혐의로도 수사하기로했다.

任군의 신병은 이날 상오10시쯤 서울시경 대공분실 요원들에게 인계됐다.

지난 2월 10일 여의도 농민 시위 집회 이후 10개월여 동안 경찰의 집요한 추적을 피해 가며 평양축전 참가 투쟁을 주도하는 등 신출귀몰의 도피행각을 벌였던 전대협 의장 임종석 군이 18일 상오 검거됐다.

1989. 12. 18.

임 군은 검거 당시 은회색 오리털 파카, 감색 양복바지에 검은 구두를 신고 있었으며 만년필형 가스 분사기 1개와 타인 명의의 주민등록증, 현금 8만 원을 갖고 있었고 비교적 건강한 모습이었다.

임 군은 경찰이 체포하자 별다른 저항을 하지 않았다.

임 군은 이날 상오 8시부터 KBS와 기자회견을 하던 도중 경찰이 덮친다는 얘기를 듣고 달아나다 검거됐다.

**도피**

임 군은 검거 직후 도피 경로를 묻는 기자들에게 "주로 실내에서만 있었다."고 말할 뿐, 구체적인 도피 경로와 은신처 등에 대해서는 함구했다.

경찰은 임 군이 그동안 지방대 전대협 간부들이 알선한 장소나 운동권 학생들의 하숙방, 각 대학 구내 등을 주요 은신처로 삼아 온 것으로 보고 임 군의 은신 및 도피 경위를 조사 중이다.

한편 임 군은 지금까지 알려진 것과는 달리 가발 등으로 변장을 한 적은 없으며 가끔 안경을 낀 적은 있다고 밝혔으며 지금까지 단 한 번도 경찰에 의해 신분증 제시를 요구받은 적은 없다고 주장했다.

**수사**

경찰은 임 군이 최초로 지명수배된 지난 2월의 여의도 농민 시위 배후조종 경위 및 평양축전 대표 파견에 따른 북한 측의 지령 수수, 자금 수령, 북한 공작원과의 접선 여부 등을 중점적으로 수사하고 있다.

경찰은 또 임 군에게 은신처를 제공한 각 대학 전대협 간부들이 밝혀지는 대로 범인 은닉 혐의도 수사하기로 했다.

임 군의 신병은 이날 상오 10시쯤 서울시경 대공분실 요원들에게 인계됐다.

## 임종석 군 10년 선고

1990. 5. 24.

임수경 양 평양축전 참가 등과 관련, 구속기소돼 징역 12년 자격정지 12년이 구형된 전 전대협 의장 임종석 피고인(23)에게 징역 10년 자격정지 10년이 선고됐다.

서울형사지법 합의30부(재판장 정상학 부장판사)는 24일 상오 10시 임 피고인에 대한 국가보안법 등 사건 선고공판에서 "정부가 국민적 합의에 바탕을 둔 통일정책 수행에 있어 어느 집단이나 개인이 비판을 넘어서 이를 부정하고 나아가 직접적인 대북 접촉을 자행함은 국론 분열과 사회질서 혼란을 야기하여 북한 공산집단을 이롭게 하는 결과만을 초래할 뿐"이라면서 "다시는 피고인과 같은 무책임한 소영웅주의적 범법 행위자가 있어서는 안 된다는 판단 아래 엄중히 다스리기로 했다."고 판시, 이같이 선고했다.

이날 임 피고인에게는 국가보안법, 집시법 등 8개 법률이 적용됐다.

이날 법정에는 임 피고인의 학교인 한양대 학생들을 비롯, 가족 등이 나와 선고를 지켜봤고 재판장이 판결문을 낭독하는 동안 기침과 야유 등을 보냈으며 징역 10년이 선고되자 거세게 항의하기도 했다.

임 피고인은 전대협 정책위원장 정은철 군 등과 함께 임 양을 평양축전에 파견한 혐의 등으로 구속기소됐었다.

# 任鍾晳군 10年선고

林秀卿양 평양축전 참가등과 관련, 구속기소돼 징역12년 자격정지12년이 구형된 전 전대협의장 任鍾晳피고인(23)에게 징역10년 자격정지10년이 선고됐다.

서울형사지법합의30부 (재판장 鄭相學부장판사)는 24일 상오10시 任피고인에 대한 국가보안법등 사건 선고공판에서 『정부가 국민적 합의에 바탕을 둔 통일정책수행에 있어 어느정도 개인이 비판을 넘어서 이를 부정하고 나아가 적대적인 대북정책을 자행함은 국론분열과 사회질서혼란을 야기하여 북한공산집단을 이롭게하는 결과만을 초래할뿐』이라면서 『다시는 피고인과같은 무책임한 소영웅주의적 범법행위자가 있어서는 안된다는판단아래 엄중히 다스리기로했다』고 판시, 이같이 선고했다.

이날 任피고인에게는 국가보안법, 집시법등 8개 법률이 적용됐다.

이날 법정에는 任피고인의 학교인 한양대학생들을 비롯, 가족들이 나와 선고를 지켜봤고 재판장이 판결문을 낭독하는동안 기침과 야유등을 보냈으며 징역10년이 선고되자 거세게 항의하기도했다.

任피고인은 전대협 정책위원장 黃暻哲군등과 함께 林양을 평양축전에 파견한 혐의등으로 구속기소됐었다.

1990. 5. 24.

---

大學生등 소란 10분만에 끝내

# 林秀卿양 5년선고

## 항소심서 5년 감형

평양축전참가와 관련, 구속기소돼 1심에서 징역10년 자격정지10년, 징역8년 자격정지 8년을 각각선고받고 항소한 林秀卿(23) 文奎鉉(41)피고인에게 항소심에서 징역5년 자격정지 5년씩이 각각 선고됐다.

서울고법 형사3부(재판장 宋啓泰부장판사)는 林피고인등에 대한 국가보안법위반사건 항소심 선고공판에서 『林피고인의 입북은 전대협정책위원장 朴鍾烈군의 치밀한 계획과 교사에따라 기계적으로 이루어졌으며 文피고인의 경우는 林피고인을 보조하는 지위에서 입북한것으로 판단된다』고 판시, 이같이 선고했다.

재판부는 『그러나 피고인들의 행위에대한 국민의 시각이 여러가지로 존재함에도 불구하고 피고인들이 자신들만이 옳다는 독선에빠져 정치·외교·사회적으로 가장 민감한 부분에 관해 오해받을 소지가 있는 행위를 감행한 것으로 인정된다』며 『이같은 피고인들의 행위는 대한민국의 안전을 위태롭게하고 자유민주주의적 기본질서를 위해했기때문에 비난받아 마땅하다』고 밝혔다.

이날 재판정에는 전대협소속 학생등 1백50여명의 방청객이 나와 전대협가등 노래와 구호를 외쳐 재판진행에 어려움을 겪었고 선고할때도 소란이 계속되자 재판장은 판결이유를 낭독하다가 형량만을 선고하고 10분만에 퇴정했다.

1990. 6. 11.

# 임수경 양 5년 선고

1990. 6. 11.

## 항소심서 5년 감형
## 대학생 등 소란 10분 만에 끝내

평양축전 참가와 관련, 구속기소돼 1심에서 징역 10년 자격정지 10년, 징역 8년 자격정지 8년을 각각 선고받고 항소한 임수경(23)·문규현(41) 피고인에게 항소심에서 징역 5년 자격정지 5년씩이 각각 선고됐다.

서울고법 형사3부(재판장 송재헌 부장판사)는 임 피고인 등에 대한 국가보안법 위반 사건 항소심 선고공판에서 "임 피고인의 입북은 전대협 전 정책위 의장 박종렬 등의 치밀한 계획과 교사에 따라 기계적으로 이루어졌으며 문 피고인의 경우는 임 피고인을 보조하는 지위에서 입북한 것으로 판단된다."고 판시, 이같이 선고했다.

재판부는 그러나 "피고인들의 행위에 대한 국민의 시각이 여러 가지로 존재했음에도 불구하고 피고인들이 자신들만이 옳다는 독선에 빠져 정치·외교·사회적으로 가장 민감한 부분에 관해 오해받을 소지가 있는 행위를 감행한 것으로 인정된다."며, "이 같은 피고인들의 행위는 대한민국의 안전을 위태롭게 하고 자유민주주의적 기본 질서를 위해했기 때문에 비난받아 마땅하다."고 밝혔다.

이날 재판정에는 전대협 소속 학생 등 150여 명의 방청객이 나와 「전대협가」 등 노래와 구호를 외쳐 재판 진행에 어려움을 겪었고 선고할 때도 소란이 계속되자 재판장은 판결 이유를 낭독하다가 형량만을 선고하고 10분 만에 퇴정했다.

016

# 인민노련 사건

## '인민노련' 15명 구속

1989. 10. 19.

**분규 배후조종 20여 회**
**국가보안법 적용, 연공(聯共) 통일 의식화 혐의**

치안본부는 19일 인천·부천 지역에서 대학 운동권 출신 위장 취업 근로자들을 중심으로 '인천지역민주노동자연맹'을 결성한 뒤 경인 지역 10여 개 업체의 근로자들을 상대로 의식화 교육을 시켜 온 인민노련 중앙상임집행위원장 오동렬 씨(29·서울대 철학 졸) 등 조직 핵심원 15명을 국가보안법 위반(이적단체 구성, 이적문건 제작·배포·소지) 혐의로 구속했다.

경찰은 또 이 단체의 현장 지도책으로 알려진 최병국 씨(27)와 이현영 씨(28·여) 등 2명을 같은 혐의로 구속영장을 신청했다.

경찰에 따르면 서울대, 고려대 등 명문대 운동권 출신인 이들은 지난 87년 6월 동료 30여 명과 함께 '인민노련'을 결성, 노동법 개정 전국노동자대회(88년 11월), 경동산업 파업(89년 9월) 등 모두 20여 차례의 각종 파업과 시위 집회를 주도하거나 배후조종하면서 근로자들을 대상으로 사회주의 국가 건설과 북한과의 연공(聯共) 통일노선을 의식화시켜 온 혐의다.

# 「仁民勞聯」15명구속

## 紛糾배후조종 20여회

### 국가保安法 적용 聯共통일 의식화 협의

치안본부는 19일인천·부천지역에서 대학운동권출신위장취업근로자들을 중심으로 「인천지역민주·노동자연맹」을 결성한뒤 京仁지역10여개 업체의 근로자들을 상대로 의식화교육을 시켜온 仁民勞聯 중앙상임집행위원장 吳東烈씨(29·서울대철학과졸)등 조직핵심원15명을 국가보안법위반(이적단체구성·이적문건제작·배포·소지)혐의로 구속했다.

경찰은 또 이단체의 현장지도책으로 알려진 [illegible]씨(27)와 李炫[illegible]씨(28·여)등 2명을 같은혐의로 구속영장을 신청했다.

경찰에따르면 서울대, 고려대등 명문대 운동권출신인이들은 지난87년6월 동료30여명과함께「仁民노련」을 결성, 노동법개정 전국 노동자대회(88년11월)경동산업파업(89년9월)등 모두 20여차례의 각종 파업과 시위 집회를 주도하거나 배후조종하면서 근로자들을 대상으로 사회주의 국가건설과 북한과의 연공(聯共)통일노선을 의식화 시켜온 혐의다.

이들은 또「反帝반독점민주해방민중민주주의」노선을 바탕으로 한 기관지「사회주의자」「노동자의 길」등을제작, 울산·마산등 공단지역에 배포한는 한편「기독교 민중교육연구소」「새날상담소」「노동자의 집」등의 공개조직을 통해 사회주의 의식화작업을 벌여왔다는 것.

구속된 15명의 명단은 다음과같다.

▲吳東烈 ▲[illegible](37·서울대상대졸) ▲尹[illegible](28·서울대 철학과졸) ▲[illegible](29·고려대경영학과졸)▲金惠仁(25·여·인하대행정학과졸)▲金珍姬(27·여·고려대국문과졸)▲申東洙(26·서울대국사학과졸)▲[illegible](27·서울대법대1년제적)▲李[illegible](28·서울대정치학과졸)▲鄭鍾桂(26·서울대법대졸)▲申眞和(29·여·서울대독문과졸)▲張仁[illegible](25·서울대국문학과졸)▲李[illegible](24·고려대영문학과3년제적)▲金[illegible](26·여·방송통신대가정학과중퇴)▲沈[illegible]男(25·여·인하대행정학과졸)

1989. 10. 19.

이들은 또 반제반독점 민족해방민중민주주의 노선을 바탕으로 한 기관지 『사회주의자』, 『노동자의 길』 등을 제작, 울산·마산 등 공단 지역에 배포하는 한편, 기독교 민중교육연구소, 새날상담소, 노동자의 집 등의 공개 조직을 통해 사회주의 의식화 작업[1]을 벌여 왔다는 것.

구속된 15명의 명단은 다음과 같다.

▲오동렬 ▲노병직(37·서울대 상대 졸) ▲윤철호(28·서울대 철학과 졸) ▲최남기(29·고려대 경영학과 졸) ▲김혜인(25·여·인하대 행정학과 졸) ▲김진희(27·여·고려대 국문과 졸) ▲신동수(26·서울대 국사학과 졸) ▲최건섭(27·서울대 법대 1년 제적) ▲이면재(28·서울대 정치학과 졸) ▲정종주(26·서울대 법대 졸) ▲신진화(29·여·서울대 독문과 졸) ▲장인성(25·서울대 국문학과 졸) ▲이태주(24·고려대 영문학과 3년 제적) ▲김용숙(26·여·방송통신대 가정학과 중퇴 )▲심은남(25·여·인하대 행정학과 졸)

## 인노련 10명 1년 6월~3년 선고

1990. 4. 14.

### 서울형사지법

서울형사지법 합의21부(재판장 김권택 부장판사)와 합의23부(재판장 박재윤 부장판사)는 14일 국가보안법 위반(이적단체 가입 등) 혐의로 구속기소된 인천지역민주노동자연맹(인민노련) 중앙상위 집행위원장 오동렬 피고인(30) 등 10명에게 징역

1 의식화라는 말은 브라질 교육가인 프레이리(P. Freire)에서 비롯된다. 의식화는 더 나은 사회를 위해 현실적 모순을 인식하고 이에 맞서고 극복하려는 사람의 의식적 자각이다. 이러한 자각을 위해, 지식인이 대중에게 사회가 지닌 역사적·현실적 모순을 제대로 파악하도록 책을 통해 교육하는 활동이다. 이것을 의식화 작업이라고 한다. 예를 들면 일제 식민지 시기 농촌 계몽 운동, 1970~1980년대 대학생이 농촌이나 공장으로 들어가 대중을 대상으로 한 활동 등이 있다.

3년 자격정지 3년~징역 1년 6월 자격정지 2년씩을 각각 선고했다.

재판부는 판결문에서 "피고인들이 가입한 인민노련은 민중민주주의론에 입각해 자유민주주의 체제를 전복하고 계급주의 국가 건설을 목표로 정권타도 투쟁을 벌여 온 단체로 해석되므로 공소사실이 모두 유죄로 인정된다." 고 실형 선고 이유를 밝혔다.

오 피고인 등은 지난 87년 인민노련을 결성, 인천·부천 지역 공장 근로자들을 상대로 사회주의 의식화 교육을 실시하고 인천 경동산업 노사분규를 배후조종하는 등 이 지역 공장 근로자들의 노조 결성 및 파업을 주도한 혐의로 구속기소됐었다.

한편 이 사건과 관련, 구속자 가족들은 재판이 끝난 뒤 성명을 발표, "노동자의 사상을 대변하고 노동자의 정치활동을 주장했다는 이유로 유죄판결을 내린 데 대해 분노를 금할 수 없다."고 밝혔다.

# 仁勞聯10명 1年6月~3年 선고

## 서울刑事地法

서울형사지법 합의21부(재판장[illegible]부장판사)와 합의23부(재판장[illegible]부장판사)는 14일 국가보안법위반(이적단체가입등)혐의로 구속기소된 인천지역 민주노동자연맹(인민노련)중앙위원회 위원장 [illegible]피고인(30) 등 10명에게 징역3년 자격정지 3년~징역1년6월 자격정지 2년씩을 각각 선고했다.

재판부는 판결문에서「피고인들이 가입한 인민노련은 민중민주주의론에 입각해 자유민주주의 체제를 전복하고 계급주의국가건설을 목표로 정권타도투쟁을 벌여온 단체로 해석되므로 공소사실이 모두 유죄로 인정된다」고 실형선고 이유를 밝혔다.

吳피고인등은 지난87년 인민노련을 결성, 인천 부천지역 공장근로자들을 상대로 사회주의의식화교육을 실시하고 인천경동산업노사 분규를 배후조종하는등 이지역 공장근로자들의 노조결성및 파업을 주도한 혐의로 구속기소됐었다.

한편 이사건과 관련, 구속자가족들은 재판이 끝난뒤 성명을 발표,「노동자의 사상을 대변하고 노동자의 정치활동을 주장했다는 이유로 유죄판결을 내린데 대해 분노를 금할수 없다」고 밝혔다.

1990. 4. 14.

017

# 사노맹 사건

## 무장봉기 획책 '사노맹' 적발

1990. 10. 30.

**안기부 발표, 핵심 간부 40명 검찰 송치**
**노동 투쟁·폭력 시위 주도**
**지하 조직원 천6백여 명**
**업체 등 침투… 암호·가명 사용 점조직화**

국가안전기획부는 30일 전국의 노동 현장과 대학가 등지에서 노동 투쟁·폭력 시위를 배후조종해 온 남한사회주의노동자동맹(사노맹) 조직을 적발, 반국가단체로 규정짓고 중앙위원 남진현(27·서울대 무기재료 3 제적), 연락국장 현정덕(27·성대 화학3 휴학) 등 핵심 간부 40명을 국가보안법 위반(반국가단체 구성, 이적표현물 제작 등) 혐의로 구속, 검찰에 송치했다고 발표했다.

안기부는 또 조직 총책인 백태웅[1](27·서울대 공법 4 제적·가명 이정로), 중앙위원 박기평(32·가명 박노해)[2], 김진주 씨(35·이대 약대 졸·박 씨의 부인) 등 조직원

1 법학자. 미국 하와이대 로스쿨 교수.
2 시인, 사진가, 노동운동가, 평화운동가.

# 武裝봉기 획책「社勞盟」적발

## 安企部 발표 핵심간부 40명 檢察송치

## 勞動투쟁·폭력시위 주도

## 지하 組織員 千6百여명

### 업체등 침투…암호·가명사용 점조직화

국가안전기획부는30일전국의 노동현장과 대학가등지에서 노동투쟁·폭력시위를 배후조종해온 남한사회주의 노동자 동맹(사노맹) 조직을 적발, 반국가단체로 규정짓고 중앙위원 南晋鉉(27·서울대 무기재료3 제적)연락국장 玄廷德(27·성대화학3휴학)등 핵심간부 40명을 국가보안법위반(반국가단체구성, 이적 표현물 제작등)혐의로 구속, 검찰에 송치했다고 발표했다.

안기부는 또 조직총책인 白泰雄(27·서울대공법4제적·가명 이정은) 중앙위원 朴基平(32·가명 박노해)、金眞珠(35·이대약대졸·朴씨의 부인)씨등 조직원 1백50여명을 수배중이며 조직체계도가 수록된 워드프로세서및 컴퓨터디스켓, 가스총, 유인물배포용 등사기 1대, 음어표, 정부한 금괴 4개등 3백50종 7천여점을 증거물로 압수했다고 밝혔다. <발표요지 4면>

안기부발표에 따르면 白씨와 朴씨등은 지난 88년 사회주의혁명투쟁을 주도했던 제헌의회그룹, 노동자해방투쟁동맹등이 와해되자 「무장봉기」를 표방한 사회주의혁명투쟁노선인 민족민주혁명론을 추종하는 이념조직의 핵심원1백40여명을 규합해 89년11월 서울대에서 열었던 「전국노동자대회」를 계기로 출범선언문을 발표, 사노맹결성을 공개선언했다는 것.

이때부터 사노맹은 92년까지 「노동자계급 전위당」건설을 목표로 포철·지하철공사·선경화학·풍산금속등 전국50여개 공장에 2백30여명의 소조원을 만들어 근로자들의 혁명의식화와 폭력투쟁을 배후조종해왔으며 학생운동세력 장악을위해 전국40개 대학에 민주주의학생연맹(민학련)을 결성했다는 것.

사노맹은 또 민중당과 합법전선구축과 관련, 민중당에조직원 金원태씨(가명·서울대82학번)를 침투시켜 당정강정책위원장 崔기표씨등을 견제토록하는등 성동·구로을·인천남동·대구북·태백등 7개지구당에 조직원을 침투시켜 세력장악을 기도해왔다고 안기부는 밝혔다.

안기부는 또 수배중인 朴基平씨등이 「혁명이념의 대중적 확산을 위해 지난해 1월 월간지 「노동해방문학」을 문화공보부에 정식등록해 창간한뒤 혁명이론에 뛰어난 金사인씨(34·서울대국문졸) 등 6명의 공개편집진을구성, 「이정로」「박노해」란는 가명으로 「노동해방과 민족민주변혁단계」등의 기고문을 실어 「민족민주혁명론」을 확산시켜왔다고 밝혔다.

안기부는 현재까지의 조사결과 사노맹이 전국에 1천6백여명의 조직원이로 거대한 지하조직망을 구축했으며 조직원은 점조직형태로 가명·음어·무인포스트를 사용하고 자살용 독극물까지 개발하려하는 등 최대규모의 사회주의혁명지하조직이라고 밝혔다.

또 사노맹은 平양사태가 실패한것은 민중이 무장력을 갖추지 못한때문이라고 분석, 자체폭발물개발과 무장봉기시 무기고탈취계획까지 수립한 것으로 발표됐다.

◇구속자 ▲南晋鉉▲玄廷德▲李秀演(23·외대서반어4중퇴) ▲金貴鉉(24·숭실대전산4)▲李啟洙 (27)▲權鍾吉(25·고대 영문4 휴학)▲李明哲 (27·연대사업국장)▲鄭英花(22·여·대구국교교사)▲申武政 (27)▲金玉頭(28·민중당대구지역간사) ▲張晉永▲李明俊▲鄭恩喜 (26·여·경희대사학졸)▲徐尙德(20·고대 국문3)▲金海龍(25·선경화학공원)▲張海淑(23·여·경북대조경졸) ▲孔仁鉉(23·경남대유아교육4) ▲金銀美(22·여·한대사회사업졸)▲尹鈴煥(20·성대국문2 휴학) ▲韓政錫(27·한대경제4) ▲尹京守(27·경북대도서4제적) ▲劉勁鍾(28·민중당정선지구당원) ▲崔炳圭(25·성민전자사원) ▲朴燦泰(24·한성대 경제졸)▲金東均(27·지하철공사역무원)▲李德基(23·경남대 신방2)▲李貴英(23·여·한대국문2중퇴) ▲鄭銀英(20·여·성대 한국철학3) ▲金錦淑(23·여·성대 가정관리졸)▲李東基(29·영남대 무역3제적) ▲趙正來(22·한대도시공4) ▲鄭鍾赫(22·한대무역3) ▲西順錄(21·한대독문2) ▲沈在東(20·한대경제2) ▲全光哲(22·외대독어4) ▲崔榮峻(24·경희의대2) ▲鄭賢敏(20·한대신방2) ▲李週哲(24·외대태국어4) ▲朴炯琨(19·〃)▲林楠(20·〃)

1990. 10. 30.

150여 명을 수배 중이며 조직 체계도가 수록된 워드프로세서 및 컴퓨터디스켓, 가스총, 유인물 배포용 봉고차 1대, 음어표[3], 절취한 금괴 4개 등 350종 7천여 점을 증거물로 압수했다고 밝혔다.

안기부 발표에 따르면 백 씨와 박 씨 등은 지난 86년 사회주의 혁명투쟁을 주도했던 제헌의회 그룹, 노동자해방투쟁동맹 등이 와해되자 무장봉기를 통한 사회주의 혁명투쟁 노선인 민족민주혁명론을 추종하는 이들 조직의 핵심원 140여 명을 규합해 89년 11월 서울대에서 열렸던 '전국노동자대회'를 계기로 출범선언문을 발표, 사노맹 결성을 공개 선언했다는 것.

이때부터 사노맹은 92년까지 '노동자계급 전위당' 건설을 목표로 포철·지하철공사·선경화학·풍산금속 등 전국 50여 개 공장에 230여 명의 소조원을 만들어 근로자들의 혁명 의식화와 폭력 투쟁을 배후조종해 왔으며 학생 운동세력 장악을 위해 전국 40개 대학에 민주주의학생연맹(민학련)을 결성했다는 것.

사노맹은 또 민중통일전선 구축과 관련, 민중당에 조직원 김원태 씨(가명·서울대 82학번)를 침투시켜 당 정강정책위원장 장기표 씨 등을 견제토록 하는 등 성동·구로을·인천 남동·대구 북·태백 등 7개 지구당에 조직원을 침투시켜 세력장악을 기도해 왔다고 안기부는 밝혔다.

안기부는 또 수배 중인 박기평 씨 등이 '혁명 이념의 대중적 확산'을 위해 지난해 1월 월간지 『노동해방문학』을 문공부에 정식 등록해 창간한 뒤 혁명 이론에 뛰어난 김사인 씨(34·서울대 국문 졸) 등 6명의 공개 편집진을 구성, '이정로', '박노해'라는 가명으로 「노동해방과 민족민주 변혁단계」 등의 기고문을 실어 '민족민주혁명론'을 확산시켜 왔다고 덧붙였다.

안기부는 현재까지의 조사 결과 사노맹이 전국에 1,100여 명의 조직원으로 거대한 지하조직망을 구축했으며 조직원은 점조직 형태로 가명·음어·무인포스트를 사용하고 자살용 독극물까지 개발하려 하는 등 최대 규모의 사회주의혁명 지하조직이라고 말했다.

3 암호해독문.

또 사노맹은 광주사태가 실패한 것은 민중이 무장력을 갖추지 못한 때문이라고 분석, 자체 폭발물 개발과 무장봉기 시 무기고 탈취 계획까지 수립한 것으로 발표됐다.

◇구속자 ▲남진현 ▲현정덕 ▲이수한(23·외대 서반어 4 중퇴) ▲전인현(24·숭실대 건축 4) ▲이성수(27) ▲권종길(25·고대 영문 4 휴학) ▲이성철(27·연대사업국장) ▲정미화(22·여·대구 국교 교사) ▲차무정(27) ▲김옥현(28·민중당 대구 지역 간사) ▲장오영 ▲이명애 ▲정은희(26·여·경희대 사학 졸) ▲서상덕(20·고대 국문 3) ▲전해룡(25·선경화학 공원) ▲장해숙(23·여·경북대 조경 졸) ▲공인현(23·경남대 음악교육 4) ▲김은미(22·여·한대 사회사업 졸) ▲윤진환(20·성대 국문 2 휴학) ▲한두석(27·한대 경제 4) ▲윤경수(27·경북대 도서 4 제적) ▲유경종(28·민중당 정선지구당원) ▲최병규(25·성민전자 사원) ▲박강태(24·한성대 경제 졸) ▲김동균(27·지하철공사 역무원) ▲이덕기(23·경남대 신방 2) ▲이귀영(23·여·한대 국문 2 중퇴) ▲정은미(20·여·성대 한국철학 3) ▲전금숙(23·여·성대 가정관리 졸) ▲이동기(29·영남대 무역 3 제적) ▲조정래(22·한대 도시공 4) ▲정종혁(22·한대 무역 3) ▲황성록(21·한대 독문 2) ▲심재섭(20·한대 경제 2) ▲전광철(22·외대 불어 4) ▲최영준(24·경희 의대 2) ▲정현민(20·한대 신방 2) ▲이우철(24·외대 태국어 4) ▲박형민(19·〃) ▲임준(20·〃)

## 사노맹 반국가단체,<br>6공 들어 처음 인정

1991. 2. 6.

남한사회주의노동자동맹(사노맹)이 6공 들어 국내 운동단체 중 처음으로 법원에서 반국가단체로 인정됐다.

서울형사지법 합의23부(재판장 박재윤 부장판사)는 6일 사노맹에 가입한 혐의 등으로 구속기소된 이덕기 피고인(24·경남대 신방 2)에 대한 국가보안법 위반(반국가단체 가입 등) 사건 선고공판에서 공소사실을 모두 인정, 이 피고인에게 징역 2년 자격정지 2년 집행유예 3년을 선고했다.

## 박노해 씨 검거

1991. 3. 12.

### 얼굴 없는 시인,
### 사노맹 결성 주도 혐의
### 트럭 타고 가다 안기부 수사관과 몸싸움 끝에

안기부는 12일 반국가단체로 규정된 남한사회주의노동자동맹(사노맹)의 핵심인물로 수배 중이던 시인 박노해 씨(33·본명 박기평)를 검거, 조사 중이라고 밝혔다.

안기부에 따르면 박 씨는 지난 10일 하오 5시쯤 서울 강동구 둔촌동 보훈병원 앞길에서 서울 8로 1877호 1톤 트럭의 운전석 옆자리에 타고 가다 안기부 수사관 3명에게 목격돼 검거됐다는 것.

박 씨는 붙잡힐 당시 수사관들과 심한 몸싸움을 벌여 운전석 앞 유리창이 깨졌으며 주위에 몰려든 시민들에게 "내가 박노해다. 안기부에 잡혀가니 언론에 알려 달라."고 고함을 친 것으로 알려졌다.

박 씨는 지난 89년 11월 백태웅 씨(28·전 서울대 총학생회장) 등과 함께 사노맹을 결성한 뒤 중앙위원 겸 기관지 편집책으로 활동해 온 혐의를 받고 있다.

안기부는 또 이날 박 씨를 태우고 트럭을 몰던 최성철 씨(25)와 서울 송파구 가락동의 한 지하 인쇄소에서 유인물을 인쇄 중이던 이영자(27·여), 정주용(25) 씨 등 사노맹 조직원 5명을 붙잡아 조사 중이다.

안기부는 박 씨 등 6명에 대해 12일 상오 구속영장을 신청했다.

시집 『노동의 새벽』과 『노동해방문학』 기고문을 통해 '얼굴 없는 지하 노동

**社勞盟 反國家단체**
**6共들어 처음認定**

남한사회주의노동자동맹(사노맹)이 6共들어 국내운동 단체중 처음으로 법원에서 반국가단체로 인정됐다.

서울형사지법 합의23부(재판장朴在允부장판사)는 6일 사노맹에 가입한 혐의등으로 구속기소된 李德赫피고인(24·경남대 신방2)에 대한 국가보안법위반(반국가단체가입등)사건 선고공판에서 공소사실을 모두 인정, 李피고인에게 징역2년 자격정지2년 집행유예3년을 선고했다.

1991. 2. 6.

---

박노해 씨

# 박노해씨 검거

## 얼굴없는 詩人 社勞盟결성 주도협의

## 트럭 타고가다 안기부 수사관과 몸싸움끝에

朴노해씨

안기부는 12일 반국가단체로 규정된 남한사회주의노동자동맹(社勞盟)의 핵심인물로 수배중이던 시인 朴노해씨(33·본명朴基平)를 검거, 조사중이라고 밝혔다.

안기부에 따르면 朴씨는 지난10일 하오5시쯤 서울 강동구 둔촌동 보훈병원앞길에서 서울8로1877호 1t트럭의 운전석 옆자리에 타고가다 안기부수사관3명에게 목격돼 검거됐다는것.

朴씨는 붙잡힐당시 수사관과 심한 몸싸움을벌여 운전석앞 유리창이 깨졌으며 주위에 몰려든 시민들에게「내가 朴노해다. 안기부에 잡혀가니 언론에 알려달라」고 고함을 친 것으로 알려졌다.

朴씨는 지난89년11월 白泰雄씨(28·前서울대총학생회장)등과 함께 사노맹을 결성한뒤 중앙위원겸 기관지 편집책으로 활동해온혐의를 받고 있다.

안기부는 또 이날 朴씨를 태우고 트럭을몰던 崔성철씨(25)와 서울 송파구가락동의 한 지하인쇄소에서유인물을 인쇄중이던 李영자(27·여)·정주용(25)씨등 사노맹조직원 5명을 붙잡아 조사중이다.

안기부는 12일 朴씨등 6명에 대해 구속영장을 신청했다.

시집「노동의 새벽」과「노동해방문학」기고문을 통해「얼굴없는 지하노동시인」으로 노동계에 널리알려진 朴씨는 89년4월15일「박노해시인의 긴급호소」,「북조선과 金日成은 남한민중의 벗인가, 적인가」라는 유인물에서「존경하는 金日成주석」이란 찬양시를 게재해 국가보안법 위반혐의로 처음 수배됐었다.

안기부는 지난해 10월30일 社勞盟 중앙위원 南晋鉉씨(28·서울대무기재료3제적)등 社勞盟핵심조직원 40명을 국가보안법위반(반국가단체구성·가입, 목적수행 금품수수, 이적표현물소지·반포)혐의로 검찰에 구속송치했으며 朴씨의 부인이자 社勞盟중앙위원인 金眞珠씨(36)도 지난달 27일 검거했다.

1991. 3. 12.

시인'으로 노동계에 널리 알려진 박 씨는 89년 4월 15일 「박노해 시인의 긴급호소, 북조선과 김일성은 남한 민중의 벗인가, 적인가」라는 유인물에서 「존경하는 김일성 주석」이란 찬양 시를 게재해 국가보안법 위반 혐의로 처음 수배됐다.

안기부는 지난해 10월 30일 사노맹 중앙위원 남진현 씨(28·서울대 무기재료 3제적) 등 사노맹 핵심 조직원 40명을 국가보안법 위반(반국가단체 구성·가입, 목적수행 금품수수, 이적표현물 소지·반포) 혐의로 검찰에 구속 송치했으며, 박 씨의 부인이자 사노맹 중앙위원인 김진주 씨(36)도 지난달 27일 검거했다.

## 박노해 씨 무기 선고

1991. 9. 10.

### 서울형사지법 "체제 부정·무장봉기 획책"

서울형사지법 합의23부(재판장 김동건 부장판사)는 9일 남한사회주의노동자동맹(사노맹) 결성과 관련, 국가보안법 위반 혐의로 구속기소돼 사형을 구형받은 이 단체 상임 중앙위원 박노해 피고인(33·본명 박기평)에게 무기징역을 선고했다.

재판부는 판결문에서 "사노맹은 조직원 3천여 명이 활동해 온 남로당 이후 최대의 혁명조직"이라며 "박 피고인은 이 단체 중앙위원으로 사유재산제 및 자본주의 경제체제를 부정하고 무장봉기를 추구해 온 점이 인정된다."고 밝혔다.

재판부는 이어 "그러나 우리 사회는 여러모로 발전을 거듭해 왔으며 사회변혁 운동에 대해서도 수용과 관용의 폭을 넓혀 왔다."며 "사회 변화와 피고인이 그동안 재판에 성실하게 임해 온 태도 등을 고려할 때 사형을 받아들이기는 어렵다."고 밝혔다.

박 피고인은 이날 재판부의 무기징역 선고가 있은 뒤 법정을 나서며 "재판부의 선고 형량이 예상보다 장기형이기는 하나 앞으로 계속 성실하게 투쟁하겠

박노해 씨

# 朴노해씨 無期선고

## 서울刑事地法 "체제부정 무장봉기 획책"

朴노해씨

서울형사지법 합의23부(재판장 金東建부장판사)는 9일 남한사회주의노동자동맹(사노맹)결성과 관련, 국가보안법위반혐의로 구속기소돼 사형을 구형받은 이단체 상임중앙위원 朴노해피고인(33·본명 朴基平)에게 무기징역을 선고했다.

재판부는 판결문에서『사노맹은 조직원 3천여명이 활동해 온 남로당이후 최대의 혁명조직』이라며『朴피고인은 이단체 중앙위원으로 사유재산제및 자본주의경제체제를 부정하고 무장봉기를 추구해 온 점이 인정된다』고 밝혔다.

재판부는 이어『그러나우리사회는 여러모로 발전을 거듭해 왔으며 사회변혁운동에 대해서도 수용과 관용의 폭을 넓혀왔다』며『사회변화와 피고인이 그동안 재판에 성실하게 임해온 태도등을 고려할때 사형을 받아들이기는 어렵다』고밝혔다.

朴피고인은 이날 재판부의 무기징역 선고가 있은뒤 법정을 나서며『재판부의 선고형량이 예상보다 장기형이기는하나 앞으로 계속 성실하게 투쟁하겠다』고 말했다.

이날 공판에는 가족·친지등 방청객 1백50여명이 재판을 지켜보았으나 朴피고인이 출·퇴정할때 박수를 친것이외에 별다른 법정소란은 없었다.

1991. 9. 10.

다."고 말했다.

이날 공판에는 가족·친지 등 방청객 150여 명이 재판을 지켜보았으나 박 피고인이 출·퇴정할 때 박수를 친 것 이외에 별다른 법정 소란은 없었다.

## 사노맹 핵심 39명 검거

1992. 4. 30.

### 극비회동 덮쳐
### 위원장 백태웅 씨도

국가안전기획부는 29일 반국가단체로 규정돼 공안 당국의 수사를 받아 오던 남한사회주의노동자동맹(사노맹) 총책 백태웅 씨(29·필명 이정로) 등 중앙위원 8명과 조직원 등 39명을 검거, 조사 중이라고 밝혔다.

백 씨는 이날 상오 8시 30분쯤 경기도 양평군의 양평 플라자 리조텔에서 다른 중앙위원 7명과 함께 비밀회동을 갖던 중 현장을 덮친 70여 명의 수사관에 의해 모두 붙잡혔다.

안기부는 또 이날 상오 서울 송파구 석촌동 등 사노맹 중앙 조직 4개 아지트를 급습, 조직원 13명과 광주에서 5명, 대구에서 7명, 대전에서 6명 등 18명을 검거하고 관련 서류와 장비 등을 압수했다.

사노맹 사건으로 지금까지 기소된 사람은 모두 127명으로 이 중 116명이 구속기소되고 11명이 불구속기소됐다.

이날 백 씨가 검거됨으로써 사노맹의 핵심 주도 인물들은 모두 붙잡혀 6공 들어 최대의 반국가단체인 사노맹 조직은 실질적으로 와해됐다.

### 백태웅 씨는 누구인가
### 서울대 총학생장 출신 87년 수배
### 가명 '이정로'…조직 재건 활동

백 씨는 남한사회주의노동자동맹(사노맹)의 창설 멤버이자 중앙위원장으로 박기평 씨(필명 박노해)와 함께 이 조직을 실질적으로 이끌어 온 핵심 인물.

특히 그는 박노해 씨 등 주요 조직원들이 대거 구속된 지난해 3월 이후 조직

# 社勞盟핵심 39명 검거

## 극비회동 덮쳐 위원장 白泰雄씨도

국가안전기획부는 29일 반국가단체로 규정돼 공안당국의 수사를받아오던 남한사회주의노동자동맹 (사노맹)중앙위원회 白泰雄씨(29·필명 李정로)등 중앙위원 8명과 조직원등 39명을 검거,조사중이라고 밝혔다.

白씨는 이날 상오8시30분쯤 경기도 양평군의 양평플라자 리조텔에서 다른 중앙위원7명과 함께 비밀회합을 갖던중 현장을 덮친 70여명의 수사관에 의해 모두 붙잡혔다.

안기부는 또 이날 상오 서울송파구 석촌동등 사노맹중앙조직 4개 아지트를 급습, 조직원 13명과 광주에서 5명, 대구에서7명, 대전에서 6명등 18명을검거하고 관련서류와 장비등을 압수했다.

사노맹사건으로 지금까지 기소된 사람은 모두 1백27명으로 이중 1백16명이 구속기소되고 11명이 불구속기소됐다.

이날 白씨가 검거됨으로써 사노맹의 핵심부도인물들은 모두 붙잡혀 6共들어 최대의 반국가단체인 사노맹조직은 실질적으로 와해됐다.

### 白泰雄씨는 누구인가

白씨는 남한사회주의 노동자동맹(社勞盟)의 창설멤버이자 중앙위원장으로

朴基平씨(필명 박노해)와 함께 이조직을 실질적으로 이끌어온 핵심인물.

특히 그는 朴노해씨 등 주요 조직원들이 대거 구속된 지난해3월이후 조직이 거의 와해된 상태에서도 전국에 11개 비밀아지트를 두고 조직재건작업을 벌여왔었다.

경남 거창 출신인 白씨

#### 서울大총학생장 출신 87년手配
#### 가명「이정로」…조직재건 활동

는 부산동성고를 거쳐 81년 서울법대공법과에 입학했다.

대학4학년때인 84년서울대총학생회장에 선출됐으며 그해 11월 이른바 프락치사건과 관련,1년간복역했고 87년6월「노동자해방투쟁동맹」을 결성,구로공단내 노사분규를 배후조종한 혐의로 수배되자 잠적했다.

노동운동계 최고의 사회주의 이론가로 알려진그는 「이것이 정통 정치노선이다」라는 뜻의「이정로」라는 가명으로 활동하면서 朴노해씨와함께 88년11월 社勞盟을 조직,중앙위원으로 일해 왔다.

1992. 4. 30.

이 거의 와해된 상태에서도 전국에 11개 비밀 아지트를 두고 조직 재건 작업을 벌여 왔었다.

경남 거창 출신인 백 씨는 부산 동성고를 거쳐 81년 서울 법대 공법과에 입학했다.

대학 4학년 때인 84년 서울대 총학생회장에 선출됐으며 그해 11월 이른바 프락치 사건과 관련 1년간 복역했고, 87년 6월 '노동자해방투쟁동맹'을 결성, 구로공단 내 노사분규를 배후조종한 혐의로 수배되자 잠적했다. 노동운동계 최고의 사회주의 이론가로 알려진 그는 '이것이 정통 정치노선이다'라는 뜻의 '이정로'라는 가명으로 활동하면서 박노해 씨와 함께 88년 11월 사노맹을 조직, 총책으로 일해 왔다.

## 백태웅 씨 15년 선고

1993. 2. 21.

### '혁명 포기', 1심보다 낮춰

#### 사노맹 항소심 공판

서울고법 형사6부(재판장 강봉수 부장판사)는 20일 남한사회주의노동자동맹(사노맹) 사건으로 구속기소돼 1심에서 무기징역을 선고받은 이 단체 중앙위원장 백태웅 피고인(30)에 대해 국가보안법 위반죄(반국가단체 구성 등)를 적용, 징역 15년에 자격정지 15년을 선고했다. 재판부는 판결문에서 "백 피고인이 사노맹을 결성, 폭력혁명을 기도한 것은 인정된다."면서도 "사노맹이 북한의 지령을 받지 않은 자생적 사회주의자 단체였던 데다 그 활동이나 조직 규모가 그다지 크지 않았고 백 피고인이 무장봉기 노선을 포기하겠다고 하는 등 사실상 반성의 기미가 보여 형을 감형한다."고 밝혔다.

# 白泰雄씨 15년선고

## "革命포기" 1심보다 낮춰

**社勞盟 항소심공판**

서울고법 형사6부(재판장 康[illegible]부장판사)는 20일 남한사회주의노동자동맹(사노맹)사건으로 구속기소돼 1심에서 무기징역을 선고받은 이 단체 중앙위원장 白泰雄피고인(30)에 대해 국가보안법위반죄(반국가단체구성등)를 적용, 징역15년에 자격정지 15년을 선고했다.

재판부는 판결문에서 「白피고인이 사노맹을 결성, 폭력혁명을 기도한 것은 인정된다」면서도 「사노맹이 북한의 지령을 받지 않은 자생적 사회주의자 단체였던 데다 그 활동이나 조직규모가 그다지 크지않았고 白피고인이 무장봉기노선을 포기하겠다고 하는 등 사실상 반성의 기미가 보여 형을 감형한다」고 밝혔다.

20일 열린 사노맹사건 항소심에서 이례적으로 징역15년(1심 무기징역)으로 감형선고된 白泰雄피고인. <金世九기자>

1993. 2. 21.

20일 열린 사노맹 사건 항소심에서
이례적으로 징역 15년(1심 무기징역)으로
감형 선고된 백태웅 피고인

018

# 민추위 사건

## 용공 지하조직 '민추위' 적발

1985. 10. 29.

**서울지검 발표, 모두 26명 구속 17명 수배**
**노·학 연계 폭력혁명 기도**
**김근태 등 일부 재야 수사**
**삼민투 조직·투쟁 배후조종**

서울지검은 29일 대학생과 노동자들의 폭력 소요를 배후조종·선동해 온 '민주화추진위원회(민추위)' 조직을 적발, 위원장 문용식 씨(26·서울대 국사학과 3년 휴학) 등 서울대 졸업생과 재학생 26명(깃발 사건 관련자 포함)을 국가보안법 위반(이적단체 구성 및 동조) 등 혐의로 구속하고 3명을 불구속 입건했으며 17명을 수배했다고 발표했다.

서울지검 최환 공안부장은 "민추위는 노동자·농민·도시 빈민층에 의한 사회주의 혁명을 목표로 하는 용공·이적단체로서 학생과 노동자에게 이 같은 이념을 전파하고 대학에 삼민투위를 조직, 서울 미문화원 사건 등 좌경폭력 소요를 배후조종해 왔다."면서 "이들은 민주화운동청년연합(민청련) 등 재야 세력의 지원을 받아 재야 불순 세력과 운동권 학생을 연결시켜 온 사실도 드러났다."고 밝

# "容共지하조직「民推委」적발"

서울地檢 발표 **모두 26명 拘束 17명 手配**

## 勞·學연계 폭력혁명企圖

## 金槿泰등 일부在野 수사

三民鬪 조직·투쟁 背後조종

서울지검은 29일 대학생과 노동자들의 폭력소요를 배후 조종·선동해온「民主化推進委員會(民推委)」조직을 적발, 위원장 文龍植씨(26·서울대국사학과3년휴학) 등 서울대 졸업생과 재학생26명(지방사건관련자포함)을 국가보안법위반(이적단체구성및동조) 등 혐의로구속하고 3명을불구속입건했으며 17명을 수배했다고 발표했다.

서울지검 [illegible]공안부장은 「민추위는 노동자·농민·도시빈민층에 의한 사회주의혁명을 목표로하는 용공·이적단체로서 학생과 노동자에게 이같은 이념을 전파하고 대학에 삼민투위를 조직, 서울미문화원사건등 좌경폭력소요를 배후조종해 왔다」면서「이들은 민주화운동 청년연합(民靑聯)등 재야세력의 지원을받아 재야불순세력과 운동권학생을 연결시켜온 사실도 드러났다」고 밝혔다. <관련기사 3·6면>

이에따라 검찰은「민족 민주혁명론」이라는 사회주의 혁명이론을 만들고 민추위조직구성과 활동사항을 조종해온 민청련정의장 金槿泰씨(38·서울대경제학과졸) 등 민청련관련 재야인사 8명도 국가보안법 위반혐의로구속, 수사하고 있다.

검찰에따르면 민추위는 지난84년10월7일 위원장文씨가 서울대후배인 安秉龍(23·서울대국사4·휴학) 黃仁相(24·서울대무역과졸업) 尹聖柱(24·서울대동양사3·휴학)군등과함께 서울동작구 흑석동 원불교회관 지하다방에서「민족민주혁명론」을강령으로 채택하며 구성됐다.

민추위는 산하에 선도적정치투쟁을 담당하는「민주학투쟁위원회」(民鬪)와 노동운동을 지원하는「노동문제투쟁위원회」(勞鬪), 불온유인물을 발간하는「홍보위원회」, 각대학의 연대·연합투쟁을 위한「學聯연락책」등 기구를 점조직형태로 구성, 그동안의거의모든 학원사태와 노사분규를 배후조종하거나 주도한것으로 밝혀졌다.

특히「민투」는 서울미문화원사건과民正黨당사농성사건등을 배후조종했으며「노투」는대우어패럴농조시위사건과 노동부 남부사무소방화사건등을주도했던것으로밝혀졌다.

이들은 또「깃발」등 좌경유인물을 만들어 배포함으로써 학생운동을 좌경·폭력화하도록 유도했다는 것이다.

민청련 정의장金씨는 지난 2월 민추위조직을 만든 위원장 文씨와만나 좌경운동권학생의 폭력혁명[illegible]에 대한 광범위한 좌경의식화 敎育을 시키는한편 '이념의 전파방법과 구체적인 투쟁방법을 제시하는등 민추위활동을 고무·격려·조종해왔다.

또 구속된 朴文植씨(27)는 노동현장에침투,「仁川지역노동운동탄압저지투쟁위원회」를 조직, 불법노사분규를 주도하는등 민추위와 연대투쟁을 벌여왔다.

「민족민주혁명」이란 이름으로 위장된 용공폭력혁명의 방법론과 선동책략이 담긴 민추위관련 불온서적들.

'민족민주혁명'이란 이름으로 위장된 용공폭력혁명의 방법론과 선동책략이 담긴 민추위 관련 불온서적들

1985. 10. 29.

혔다.

이에 따라 검찰은 '민족민주혁명론'이라는 사회주의혁명 이론을 만들고 민추위 조직 구성과 활동 사항을 조종해 온 민청련 전 의장 김근태 씨(38·서울대 경제학과 졸) 등 민청련 관련 재야 인사 8명도 국가보안법 위반 혐의로 구속, 수사하고 있다.

검찰에 따르면 민추위는 지난 84년 10월 7일 위원장 문 씨가 서울대 후배들인 안병용(23·서울대 국사 4·휴학), 황인상(24·서울대 무역과 졸업), 윤성주(24·서울대 동양사 3·휴학) 군 등과 함께 서울 동작구 흑석동 원불교회관 지하다방에서 '민족민주혁명론'을 강령으로 채택하며 구성됐다.

민추위는 산하에 선도적 정치투쟁을 담당하는 '민주화투쟁위원회(민투)'와 노동운동을 지원하는 '노동문제투쟁위원회(노투)', 불온 유인물을 발간하는 '홍보위원회', 각 대학의 연대·연합 투쟁을 위한 '학 간 연락책' 등 기구를 점조직 형태로 구성, 그동안의 거의 모든 학원 사태와 노사분규를 배후조종하거나 주도한 것으로 밝혀졌다.

특히 '민투'는 서울 미문화원 사건과 민정당 당사 농성 사건 등을 배후조종했으며 '노투'는 대우어패럴 동조 시위 사건과 노동부 남부사무소 방화 사건 등을 주도해 온 것으로 밝혀졌다.

이들은 또 「깃발」 등 좌경 유인물을 만들어 배포함으로써 학생운동을 좌경·폭력화하도록 유도했다는 것이다.

민청련 전 의장 김 씨는 지난 2월 민추위 조직을 끝낸 위원장 문 씨와 만나 좌경 운동권 학생의 폭력혁명 방법론 등에 대한 광범위한 좌경 의식화 학습을 시키는 한편 이념의 전파 방법과 구체적인 투쟁 방법을 제시하는 등 민추위 활동을 고무·격려·조종해 왔다.

또 구속된 박문식 씨(27)는 노동 현장에 침투, '인천지역노동운동탄압저지투쟁위원회'를 조직, 불법 노사분규를 주도하는 등 민추위와 연대 투쟁을 벌여 왔다.

019

# 김대중 내란음모 사건

## 김대중 등 37명 내란음모 혐의

1980. 7. 4.

**계엄사 발표, 현 정부 전복 과정(過政) 수립 기도**
**보안법·반공법·포고령 등 위반 … 군 검찰에 송치**

계엄사령부는 4일 김대중과 그의 추종 세력의 내란음모 사건과 관련, 지난 5월 17일 연행돼 수사를 받아 온 김대중(55) 등 37명을 내란음모, 국가보안법, 반공법, 외국환관리법 및 계엄포고령 위반 등 혐의로 계엄 보통군법회의 검찰부에 구속 송치할 방침이라고 발표했다. 발표에 따르면 김대중과 추종 분자들은 이른바 '국민연합'을 주축·전위 세력으로 하여 막대한 사조직을 형성하고 주로 복학생들을 행동대원으로 내세워 대중선동에 의한 학원소요 사태를 일으키고 이를 폭력화, 전국 일제히 민중봉기를 통한 유혈혁명 사태를 유발, 현 정부를 타도한 후 김대중을 수반으로 하는 과도정권을 세우려 했다는 것이다.

**사조직 등 통해 민중봉기 획책**
**학원 소요·광주사태 배후조종**
**반국가단체 '한민통'과 연계 자금 받아**

# 金大中등 37명 內亂陰謀 혐의

戒嚴司발표

## 現政府전복 過政수립企圖

保安法·反共法·布告令등 위반…軍檢察에 送致

## 私組織등통해 民衆蜂起획책

## 學園소요·光州사태背後조종

反國家단체 「韓民統」과연계 資金받아

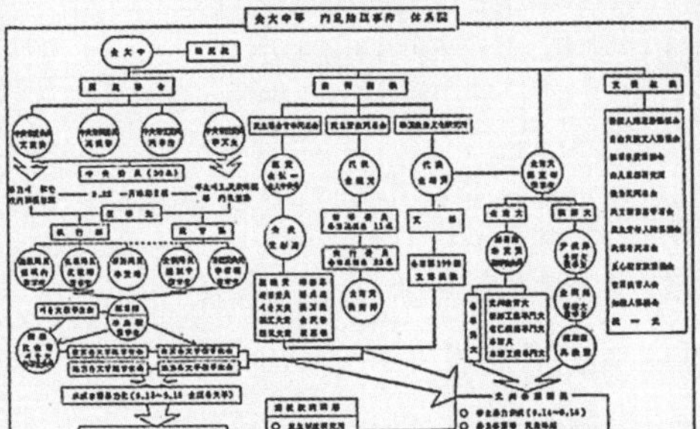

1980. 7. 4.

학생선동→대중규합→민중봉기→정부전복을 투쟁 목표로 삼아 온 김대중은 이 같은 목표 달성을 위해 정치인, 실업인, 정치 지망생 들로부터 무려 12억 원이 넘는 막대한 자금을 거두어들여 이 중 3억 원을 학원 소요 조직 및 선동, 광주사태 야기 등에 사용해 왔다고 계엄 당국은 밝혔다.

김대중은 또 문익환(목사), 고은태, 예춘호(국회의원), 이문영(교수) 등을 위원장 또는 위원으로 한 '국민연합'을 중추로 그 밑에 전위 조직으로 '민주연합청년동지회'(총책 김홍일·김대중 장남), '민주헌정동지회'(대표 김종완), '한국정치문화연구소'(대표 김상현) 등을 두어 각 대학과 지방에 조직의 뿌리를 내려 학생 시위의 폭력화, 민중봉기, 광주사태 유발, 과도정부 구상 등을 꾀해 왔음도 이번 계엄사 수사 결과 드러났다.

계엄 당국은 이 같은 김대중과 그 추종자 일당의 송치와 함께 이용희 씨(신민당 국회의원), 장을병 씨(성균관대 교수), 송창달 씨, 김재위 씨(민주헌정동지회), 이현배 씨(전 대원관광 차장), 김승훈 씨, 함세웅 씨(신부), 김동길 씨(연세대 부총장), 이영희 씨(한양대 교수) 등 자수했거나 죄과를 뉘우치고 수사에 협조한 사람 또는 범죄 사실이 경미한 부화뇌동자 등은 개과천선의 기회를 주어 국민적 화합에 기여케 하기 위해 경고 또는 훈방 등의 조치를 취했다고 밝혔다.

김대중 등의 내란음모 사건의 ▲동기 및 목표 ▲투쟁 방법 ▲내란음모 활동 개요 ▲구체적 투쟁 활동 사실 ▲김대중의 사상 성분 및 배경 ▲당부의 말씀 등 6개 항으로 된 47페이지에 달하는 이 수사 결과 발표문에 따르면 김대중은 1단계인 복권 투쟁 단계, 2단계인 당권 투쟁 단계, 3·4단계인 탈권 및 집권 투쟁 단계를 거치는 과정에서 5월 22일 정오를 기해 서울에선 장충공원, 지방에선 시청 앞 광장에서 '민주화촉진국민대회'를 일제히 개최하고 이를 계기로 민중봉기를 야기, 정부를 전복, 집권한다는 음모를 꾸몄다는 것이다.

김대중은 또 광주사태 발단의 배후를 조종, 전남대 복학생인 정동년에게 5백만 원의 데모 자금과 선전 책자 등을 주어 광주사태의 발단이 된 5월 18일의 전남대 가두시위를 일으키게 했고 '민주제도연구소'를 설립, 정부 전복 시 각 분야별로 과도정부를 담당할 심복 추종자들을 배치까지 했으며 정부 요직으로의 등용, 국회의원 또는 지방의회 의원 공천 등의 미끼로 학생들과 그의 추종자들을 포섭, 그의 사조직을 확대해 나갔다는 것이다. 이 밖에 김대중은 ▲반국가단체인 재일 한민통을 발기 구성하여 수괴(의장)로 있으면서 북괴 노선을 지지, 동조하는 등 반국가적 행위를 했고 ▲8·15 해방 직후부터 좌익활동에 가담한 열성 공산주의자였으며 ▲외국으로부터 불법 반입한 외화(外貨)를 소지, 사용했고 ▲계엄포고령을 공공연히 위반한 사실도 이번 수사 결과 밝혀졌다고 계엄 당국은 밝혔다.

계엄사가 발표한 김대중 등에 대한 내란음모 사건 수사 결과 전모의 구체적 개요는 다음과 같다.

### 동기 및 목표

▲김대중은 10·26 사태가 자신의 집권을 위한 기회와 여건의 내도(來到)로 확신, 신민당 복당을 통한 합법적 집권투쟁과 사조직을 통한 대중선동으로 정권을 탈취하는 비합법적 투쟁의 양면 전략을 추진했으나 신민당 내의 당권 투쟁에서 열세로 몰리자 신민당과 결별하고 사조직의 확대와 선동 조종에 의한 폭력적 극한 상황을 유발해 현 정부를 전복시키는 것만이 집권에의 길이라고 확신함.

▲이 같은 동기에 따라 학생선동→대중규합→민중봉기→정부전복을 투쟁 목표로 삼아 비합법적 투쟁을 촉구, 내란선동과 음모에 이름.

### 투쟁 방법

▲ 국민연합 등 재야 세력을 사조직화하는 등 지지 기반 확대.

▲학생·근로자 등의 선동을 위해 허위 날조된 유언비어와 선동술로 대정부 투쟁의식을 고취, 불신 풍조 심화시킴.

▲학원 소요를 대정부 투쟁으로 민중봉기로 유도 유혈 폭력화, 사회 혼란을 극대화시켜 전국 일제히 민중봉기를 일으키도록 배후조종.

▲유혈혁명 사태로 발전시켜 정부 기능을 마비시킨 후, 자신이 대통령에 추대되고 추종 분자로 구성된 과도정권 수립, 집권 꾀함.

**내란음모 활동 개요**

▲제1단계 투쟁인 복권(復權) 투쟁에 있어 김대중은 지난 2월 초 신민당 내의 추종 분자인 박영록·조윤형·이용희 씨 등에게 신민당 안에 복권투쟁위원회를 결성, 정부에 압력을 가하고 국민 여론을 환기시킬 것을 지시, 신민당복권투쟁위원회를 구성케 했고 정부에 복권조치를 요구하는 성명을 발표케 함.

▲당권 투쟁 단계(2단계)로 김대중은 2월 29일 복권 후 신민당이 수권 정당임을 내세워 국민호응을 유도하는 데 편승, 그의 계열인 예춘호·송원영·노승환·정대철·이용희·조세형 등으로 전국지구당 위원장 포섭을 추진케 하고, 원내 포섭을 위해 예춘호에게 1천만 원, 원외 세력 포섭을 위해 이용희에게 1천1백만 원을 지급. 그러나 당권파에 비해 열세에 몰리자 3월 27일 27명의 추종 국회의원과 측근 참모를 그의 집에 소집, 사조직 중심 집권투쟁 전략을 추진키로 방향 전환.

▲3단계인 탈권 및 집권투쟁을 위해 김대중은 79년 12월 8일 연금 해제와 동시 4월 초까지 각 대학 전·현직 학생회장단과 석방 학생 등으로 '민주연합청년동지회'를 그의 장남 김홍일로 하여금 구성케 해 회원 4백 명을 확보, 전직 국회의원·공무원·교수·재야 법조인을 포섭, 외곽 전위대로 활용키 위해 민주헌정동지회를 조직, 전국에 2만 회원 확보. 20~40대 청·장년 정치 지망생들을 전국 시·군 단위로 포섭, 추종 분자로 양성, '한국정치문화연구소'를 만들어 회원 5천 명을 다양하게 분산 조직, 학생과 대중선동 전개.

김은 3월 17일 성균관대, 서강대, 연세대, 서울대 등서 병영집체교육 거부 시위 확산을 보고 학원 시위를 소요 사태로 유도, 정부전복 목적으로 이용할 것을 결심, 집권투쟁과 병합 추진키로 전략 세움. 5월 7일 이른바 '민주화 촉진 국민선언'을 발표케 해 학원 소요 사태를 정치 이슈로 선회시켰고, 이에 따라 5월 14·15일 서울 일원에 극한적 폭력시위 사태를 초래, 5월 8일 강남터미널 옆 경양식집 '애천'에서 김의 추종 세력인 조성우와 이신범(서울대 복학생) 등 각 대학 복학생회 대표를 소집, 김을 대통령으로 옹립하기 위해선 학생들이 폭력시위를 격화, 유혈사태로 발전시켜야 하며 각목, 화염병 등 흉기를 준비, 정부청사를 공격할 것을 모의, 이를 김에게 보고 실행하라는 격려를 받음.

김은 5월 19일까지 비상계엄 해제, 특정인 퇴진 등이 관철되지 않을 경우 5월 20일 정오를 기해 일제히 민중봉기 등을 획책했으나 김재규 사형 확정 등으로 5월 22일로 변경함. 5월 22일 정오를 기해 서울에선 장충공원, 지방에선 시청 앞 광장에서 '민주화촉진선언국민대회'를 갖고 정부를 전복, 집권한다는 음모 꾸밈.

▲김은 광주사태 발단의 배후를 조종, 4월 12일 그의 집을 방문한 전남대 복학생 정동년에게 광주 지역 대학생들의 투쟁을 격려했고 5월 5일 다시 방문했을 때 1차로 3백만 원, 5월 8일 2백만 원 등 모두 5백만 원의 데모 자금을 지원하고 '김대중납치사건 범행자' 리스트를 비롯, 자신의 저서와 선전 책자, 선동 문건 등을 전남대와 조선대에 살포하라고 지시.

정동년은 이 자금 중 전남대 총학생회장 박관현에게 270만 원, 조선대 총학생회장 윤한봉에게 170만 원을 데모 자금조로 주어 5월 18일 광주사태 발단이 된 전남대 가두시위 배후조종을 했고 이어 조선대학생도 전남대 가두시위에 합세, 광주사태를 일으키는 도화선이 됐음.

광주사태 때 김대중의 광주 현지 사조직인 폭력 전과자 김봉수(전남 영암)와 김유곤(전남 해남) 등 10명은 복면 폭도로 활약했고 최덕길(해남)은 데모 군중 속에 잠입, 지역감정을 유발하는 유언비어를 날조, 데모 군중을 흥분시켰다.

5·17 조치로 전국 일제 민중봉기가 좌절되자 민청협 회장 조성우와 이신범(서울대 법대 4년) 등 10여 명은 김대중의 지시에 따라 5월 19일~6월 12일까지 16차례나 모여 서울에서 제2광주사태 유발을 기도하다가 일망타진됨.

### 구체적 투쟁 활동 사실

▲김은 4월 7일 신민당 결별 선언을 계기로 사조직 중심의 비합법 투쟁을 통해 정권을 탈취하기 위해 '국민연합'을 자신의 지배하에 둠.

5월 1일 밤 6시~10시 사이 문익환, 이문영, 고은태, 김종완, 예춘호, 이현배, 장기표, 심재권 등 국민연합 중추 멤버를 그의 집으로 불러 각 대학에서 일어나고 있는 민주화대행진 시위 등을 학내 문제 아닌 교외 시위로 유도, 시민이 합세하게 선동하도록 지시.

▲김은 학원 사태의 폭력화로 민중봉기의 가능성이 성숙되었다고 판단, 5월 1일 자택에서 문익환·이문영·예춘호 등 참모들을 소집, 민주제도연구소를 설립하는 등 과도정부를 구상. 그 멤버를 보면 민족 재생 담당에 박형규, 역사문화 백낙청, 종교교육 서남동, 언론사회 송건호, 여성 이효재, 민주정치 장을병, 노동 탁희준, 농업정책 유인호, 경제 임재경, 안보외교 양호민, 통일 문익환, 도의정치 안병무, 교육 한완상, 행정 이문영을 임명, 취임 승낙을 받고 충성을 다짐.

▲김은 학원 침투와 배후조종 선동 등을 계획적으로 추진하기 위해 김의 장남 김홍일이 총책, 회장에 송창원, 조직책 권혁충으로 하는 '민주연합청년동지회'를 조직, 전국 각 대학 복학생으로 대학책과 지방책 등을 두었고 3월 초 고대 박계동과 복학생 박일남에게 학원 데모 자금으로 15만 원 전달, 80년 4월 숭전대 총학생회장 윤여연에게 데모 자금 50만 원, 5월 11일 서울대 총학생회장 심재철에게 과도 내각이 구성, 집권하면 문교부 요직을 준다고 약속, 데모 자금 50만 원 전달.

▲김은 정치인·실업인·정치 지망생 등으로부터 무려 12억 원을 거둬들여 이 중 3억 원을 예춘호·김홍일 등 25명에게 주어 학원소요 조직 및 선동, 광주사태 야기 목적에 사용케 했고, 나머지는 아들 김홍일에게 한신공영아파트 1동을 사주는 데 3천만 원, 마포 혜성아파트 전세 임차에 9백만 원, 2남 김홍업에게 여의도 수정아파트 1동을 3천만 원에 구입해 주는 데 사용.

▲김은 대중선동을 위해 심복 김상현으로 하여금 한국정치문화연구소를 설립케 해 정치선동 책자를 발간하는 등 외곽 사조직으로 활용. 6백만 원의 자금을 김으로부터 받아 김상현은 전국 시·군 단위로 5천여 명의 회원 확보. 또 김으로부터 1천2백만 원의 자금을 받은 법률 담당 한승헌은 출판사를 설립, 김의 선동 책자 등 출판.

▲김은 전언론인 송건호, 대학교수 유인호로 하여금 지식인협의회를 구성, 지식인 134명을 포섭, 자신의 선동 노선에 따를 것을 촉구.

▲김은 지난 2월 언론인 출신 국회의원 조세형(신민)과 이영희(교수)에게 언론인을 포섭토록 지시, 4월경 조세형은 문화방송·경향신문 조사국장 서동구를

포섭했고, 김은 이들에게 집권 후 신문사 설립을 약속했다. 서는 김의 격려를 받고 자신이 근무하는 경향신문 외신부장 이경일, 문화방송 보도부 국장 노성대 등 간부와 사회부 기자 오효진 등 6명의 기자를 포섭, 신문 제작 거부를 선동했고, 역시 동조분자인 동아일보 심송무, 동아방송 박종렬 등도 김을 추종하면서 북괴 노선을 지지, 동조케 했음.

#### 김대중의 사상 성분 및 배경

▲김은 8·15 해방 後 좌익활동에 가담한 공산주의자이며 근래엔 북괴 노선에 동조하는 반국가단체를 만들고 불순분자와 접촉하는 등 반민족적·반국가적 행동을 자행.

▲김은 72년 10월 11일 신병 치료차 도일, 미국과 일본을 5차례 왕래하면서 반국가 활동을 전개. 1단계로 북괴 동조자인 이근팔·노광욱 등과 망명 정부 성격인 한국민주회복통일촉진국민회의를 결성, 준비위원장에 취임했고, 반국가단체인 재일 한민통을 발기 조직.

## 김대중 무기로 감형

1981. 1. 23.

### 각의 의결, 본인의 뉘우침과 탄원을 참작
### 새 역사 서장 밝게…다른 11명도
### 이 문공 발표, 전 대통령 지시·국내외 선처 의견도 반영

정부는 전두환 대통령의 지시에 따라 23일 하오 2시 국무회의에서 이날 대법원에서 사형이 확정된 김대중에게 감형 조치를 결정, 무기로 형량을 경감키로 의결했다. 정부 대변인 이광표 문공부 장관은 이날 국무회의가 끝난 후 이 같은 사

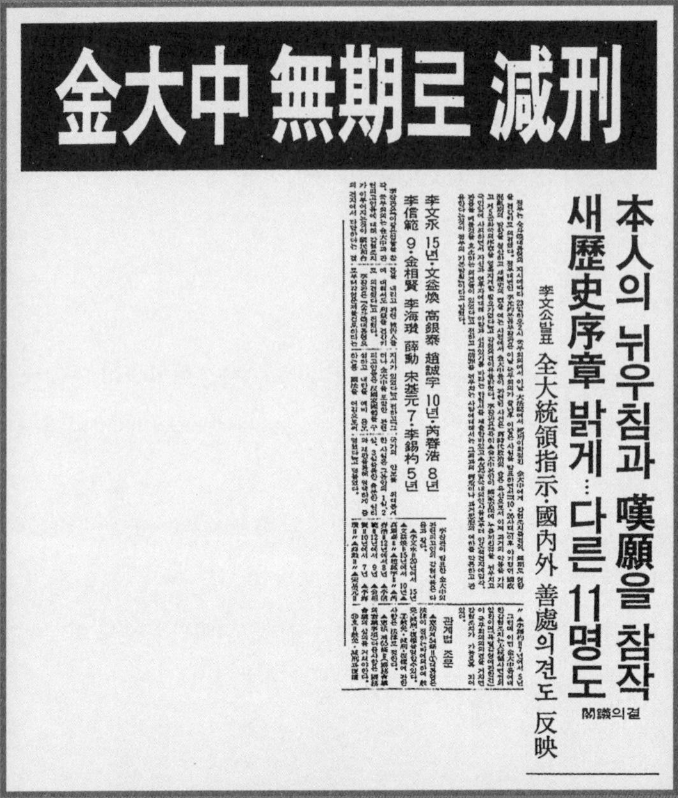
金大中 無期로 減刑

本人의 뉘우침과 嘆願을 참작

새歷史序章 밝게… 다른 11명도

閣議의결

李文公발표 全大統領指示·國內外 善處의견도 反映

李文永 15년·文益煥 高銀泰 趙誠宇 10년·芮春浩 8년

李信範 9·金相賢 李海瓚 薛勳 宋基元 7·李錫杓 5년

1981. 1. 23.

실을 발표하면서 "10·26 사태 이후 야기됐던 국정 혼란기의 방황을 청산하고 새 역사의 장을 여는 시점에서 김대중 등이 관련된 사건은 구시대 정치의 슬픈 유산으로서 이제 과거의 악몽을 가지고 제5공화국의 서장을 얼룩지게 할 필요가 없다."고 감형 의결 이유를 밝혔다. 이 장관은 "특히 ▲김대중 본인이 국가안보에 누를 끼친 점을 뉘우치고 국민 앞에 사죄하면서 자신과 연루자에 대해 아량과 선처 있기를 바라는 탄원서를 제출한 바 있고 ▲우방 및 국내외 인사들로부터 인도적 견지에 입각, 관용을 베풀 것을 호소하는 의견들이 있었다."고 전하고 "전죄를 뉘우치는 사람에 대해서는 그 죄과의 경중이나 과거 사상의 여하를 막론하고 관용한다는 것이 정부의 기본 방침"이라고 말했다.

## 이문영 15년, 문익환·고은태·조성우 10년, 예춘호 8년
## 이신범 9년, 김상현·이해찬·설훈·송기원 7년, 이석표 5년

이 장관은 "이 같은 점들을 참작, 국무회의는 김대중과 관련 피고인들에 대해 감형 조치가 이루어지는 것이 국민화합의 견지에서 타당하다는 결론을 내리고 관련 피고인들에 대해서도 형량을 경감키로 의결했다."고 전했다.

이 장관은 "전두환 대통령으로부터 감형 문제를 검토하라는 지시가 있었다."고 전하고, "그러나 김대중을 포함한 관련 피고인들이 반국가단체를 구성하고 내란을 예비음모하는 등 국법을 어김으로써 국가의 안보를 위태롭게 한 사실은 그동안의 1심, 2심, 3심을 통한 충분한 심리와 재판을 통해 명백하게 증명됐다."고 덧붙였다.

이 장관이 발표한 김대중 외 관련 피고인의 감형 내용은 다음과 같다.

▲이문영: 20년에서 15년 ▲문익환: 15년에서 10년 ▲고은태: 〃 ▲조성우: 〃 ▲예춘호: 12년에서 8년 ▲이신범: 12년에서 9년 ▲김상현: 10년에서 7년 ▲이해찬: 〃 ▲설훈: 〃 ▲송기원: 〃 ▲이석표: 7년에서 5년

그런데 이번 김대중 등에 대한 감형 조치는 대통령사면권의 일환이며 '특별감형에 관한 건'이 국무회의의 의결을 거치면 감형 조치가 가능토록 되어 있다.

**관계법 조문**

▲헌법 제54조: ① 대통령은 법률이 정하는 바에 의하여 사면·감형·복권을 명할 수 있다.

② 사면·감형·복권에 관한 사항은 법률로 정한다.

▲헌법 제65조: (국무회의의 심의사항) 다음 사항은 국무회의의 심의를 거쳐야 한다.

⑩호: 사면·감형과 복권.

020

# 민교투 사건

## '민교투' 교사 등 7명 구속

1986. 9. 24.

### 서울시경, 중·고생에 의식화 교육…보안법 위반

서울시경은 24일 '민족민주교육쟁취투쟁위원회(약칭 민교투)'와 관련, 연행된 윤병선 씨(27·서울 관악고교 영어 교사) 등 서울 시내 중고교 현직 교사 6명과 유인물 등 자료 공급책 지영근 씨(28·서울대 체육교육과 4년 제적) 등 모두 7명을 국가보안법 위반(이적단체 구성 예비음모, 찬양 고무, 문서·도서·기타 표현물 운반·배포·소지 등) 혐의로 구속했다.

이들은 지난해 9월 10일 하오 7시쯤 서울 동작구 대방동 윤 씨 집에서 중고교 교사들의 의식화 모임인 '민교투'를 결성, 세미나 등을 통해 구성 요원 간의 좌경의식화 활동을 벌이고 불온 유인물을 제작 배포하거나 중고교생들을 대상으로 의식화 교육을 기도해 온 혐의이다.

경찰에 따르면 이들은 지난해 11월부터 지금까지 윤 씨 집에서 일어판 『일본교원노조사』 등을 교재로 10여 차례에 걸쳐 의식화 세미나를 했으며, 지난 1월엔 교사·학생·근로자 들을 의식화시키기 위해 『계급투쟁과 교육』, 『볼셰비키와 러시아 혁명』 등 용공 서적으로 세미나를 실시, 의식화 활동을 해 왔다는 것이다.

경찰은 북괴 노동당을 찬양하는 내용의 불온 유인물 6종, 『계급투쟁과 교육』, 『볼셰비키와 러시아 혁명』 등 용공 서적 15종 등을 증거물로 압수했다.

한편 서울시교위는 24일 경찰에 구속된 민족민주교육쟁취투쟁위원회 관련 교사 6명에 대한 징계위를 곧 열어 파면 조치키로 했다.

◇구속자 ▲윤병선 ▲노현설(28·양화중·체육) ▲이상대(28·당산중·생물) ▲송원제(29·당곡고·세계사) ▲이장원(26·봉화중·국어) ▲한상훈(27·생물) ▲지영근(28·무직)

# 「民教鬪」教師등 7명구속

## 서울市警 中·高生에 意識化교육…保安法위반

서울시경은 24일「민족민주교육쟁취 투쟁위원회」(약칭 民教鬪)와 관련, 연행된 尹炳善씨(27·서울관악고교영어교사)등 서울시내 중고교 현직교사6명과 유인물등 자료공급책池英根씨(28·서울대 체육교육과4년제적)등모두 7명을 국가보안법위반(이적단체구성 예비음모, 찬양 고무, 문서·도서·기타표현물 운반·배포·소지등) 혐의로 구속했다.

이들은 지난해 9월10일 하오 7시쯤 서울동작구대방동 尹씨집에서 중고교 교사들의 의식화모임인「민교투」를 결성, 세미나등을 통해 구성요원간의 좌경의식화 활동을 벌이고 불온유인물을 제작배포하거나 중고교생들을 대상으로 의식화교육을 기도해온 혐의이다.

경찰에따르면 이들은 지난해11월부터 지금까지 尹씨집에서 일어판「일본교원노조사」등을 교재로 10여차례에 걸쳐 의식화세미나를 했으며 지난 1월엔 교사 학생 근로자들을 의식화시키기위해「계급투쟁과 교육」「볼셰비키와 러시아혁명」등 용공서적으로 세미나를 실시, 의식화활동을 해왔다는 것이다.

경찰은 북괴 노동당을 찬양하는내용의 불온유인물6종과「계급투쟁과교육」「볼셰비키와러시아혁명」등용공서적 15종등을 증거물로압수했다.

한편 서울시교위는 24일 경찰에 구속된 민족민주교육쟁취투쟁위원회 관련교사 6명에 대한 징계위를 곧 열어 파면조치키로했다.

◇구속자▲尹炳善▲盧賢卨(28·양화중·체육)▲李相大(28·당산중·생물)▲宋源齊(29·당곡고·세계사)▲李壯遠(26·봉화중·국어)▲韓尙勳(27·생물)▲池英根(28·무직)

1986. 9. 24.

021

# 안기부 북풍 공작 사건

## 북풍(北風) 관련 김정일 반응도 기록

1998. 3.18.

### '안기부 극비문서' 무얼 담았나

안기부의 북풍 공작 관련 극비문서를 입수, 청와대와 안기부에 전달한 국민회의[1] 정대철 부총재는 17일 기자들과 만나 "국기를 흔들 수 있는 엄청난 내용이 포함돼 있다."고 밝혔다. 정부총재는 특히 "내용대로라면 대선 당시 여당인사가 베이징 등지에서 북한 측과 접촉, 북풍을 요구했다."며 이 문서의 엄청난 잠재력을 소개했다. 정치권에 새로운 파장을 몰고 올 것으로 예상되는 이 문서는 지난 8일 타워호텔 커피숍에서 이대성 전 안기부 해외조사실장에 의해 전달됐다. 당시 북풍의 주범으로 지목돼 구속을 눈앞에 둔 이 전 실장은 "억울하다. 우리는 고위층에서 하라는 대로 했을 뿐이다."는 하소연을 늘어놓으며 문서를 내놓았다. 당초 이 문서는 안기부가 대선 직후 파기를 지시, 영원히 사라질 뻔했다. 그러나 이 전 실장은 자신이 누명을 뒤집어쓰게 되는 사태에 대비, 이를 보관해 온

1 1995년 9월 정식 등록된 정당으로 1997년 12월 18일에 실시된 제15대 대통령선거에서 김대중 후보가 당선됨으로써 여당이 되었다. 2000년 1월 새천년민주당이 창당되면서 해산하였다.

# 北風관련 김정일 반응도 기록

**'안기부 극비문서' 무얼담았나**

안기부의 북풍공작관련 극비문서를 입수, 청와대와 안기부에 전달한 국민회의 정대철(鄭大哲)부총재는 17일 기자들과 만나 「국기를 흔들 수 있는 엄청난 내용이 포함돼 있다」고 밝혔다. 정부총재는 특히 「내용대로라면 대선당시 여당인사가 베이징 등지에서 북한측과 접촉, 북풍을 요구했다」며 이 문서의 엄청난 잠재력을 소개했다. 정치권에 새로운 파장을 몰고올 것으로 예상되는 이 문서는 지난 8일 타워호텔 커피숍에서 이대성 전안기부 해외조사실장에 의해 전달됐다. 당시 북풍의 주범으로 지목돼 구속을 눈앞에 둔 이전실장은 「억울하다. 우리는 고위층에서 하라는대로 했을 뿐이다」는 하소연을 늘어놓으며 문서를 내놓았다. 당초 이 문서는 안기부가 대선직후 파기를 지시, 영원히 사라질 뻔했다. 그러나 이전실장은 자신이 누명을 뒤집어쓰게 되는 사태에 대비, 이를 보관해 온 것으로 보인다.

## '여야인사 北과 접촉' 상부보고 형식
## 200쪽 분량에 장소·대화 내용까지
## 李실장 누명쓸까 '파기'어기고 보관

이 문서는 여야인사들이 북한측과 접촉한 활동을 안기부가 「감지」, 정보 및 첩보 차원에서 상부에 보고하는 형식으로 기술돼있다. 당시 여당인사는 북풍을 일으키기 위해, 야당인사는 이를 막기 위해 각각 접촉했다는 것이다.

정부총재도 「지난 96년부터 지난 2월까지 북풍과 관련된 보고서들을 한데 모은 것으로 분량은 200쪽 정도」라면서 「당시 베이징에서 북측관계자와 만난 구여권인사의 이름은 물론 만난 장소와 대화내용까지 기록돼있다」고 설명했다.

정부총재는 「대선당시 (국민회의가) 거론했던 여당의원들의 이름과 비슷비슷하다」고 말해 한나라당 정재문(鄭在文)의원 등이 포함돼있음을 강력히 시사했다. 특히 이 문건에는 정의원이 지난해 11월 하순 중국 베이징의 한 호텔에서 안병수 조평통 부위원장 대리를 만난 것으로 돼있다.

안기부 공작원의 첩보에 따르면 정의원이 11월 달러가 가득 들어있는 돈가방을 전달했는데 눈대중으로 살펴본 바로는 3백60만달러는 되는 것으로 판단된다는 것.

정의원은 또 다른 인사에게 「어떤 방법으로든지 김대중을 쳐주면 돈으로 보답하겠다」면서 「북에서 직접 북풍을 일으켜달라」고 요구한 것으로 기록돼 있다. 그러나 이에 대해 북측은 확답을 하지 않은 것으로 보인다. 보고서에는 김정일(金正日)총비서가 「확실한 답은 주지 말라」고 지시했다고까지 설명하고 있다.

이 문건은 또 「안기부가 지난해 대선당시 특수공작원을 김대중 국민회의·이인제 국민신당 후보에게 침투시켜 북한접촉을 유도했다는 대목도 있다」고 전했다.

안기부는 북한에 위장포섭돼있는 특수공작원 「흑금성」을 당시 야당후보들에게 접근, 침투시키려했다는 것이다. 흑금성은 국민회의 모인사와 접촉, 북풍방지를 위한 정보를 흘려준 뒤 중국 베이징에 사람을 보내거나 김대중후보의 친필 메모를 주도록 요구한 것으로 돼있다. 그러나 이같은 공작은 국민회의측이 거절, 무산된 것으로 확인됐다.

반면 김대중후보측의 한 인사가 중국에서 북측인사와 접촉, 「북측이 북풍을 일으키지 않은 상태에서 당선되면 집권기간중 북한이 원하는 원조를 제공하겠다」는 뜻을 전달한 것으로 기술돼있기도 하다.

이 보고서는 또 북측이 국민신당측의 ㅈ씨와도 지난해 베이징과 서울에서 수시로 접촉, 연결고리를 확보하려 했던 것으로 지적하고 있다.

**•김정일 대선후보 평가**

### "DJ 노회…다루기 어렵다"
### "이인제후보 다루기 좋다"

정부총재가 입수한 문서에는 김정일이 대선후보에 대해 평가한 대목도 있는 것으로 알려졌다. 김은 이인제후보에대해 「다루기가 좋다」고 평가한 반면, 김대중후보는 「노회해서 다루기가 어렵다」고 평가한 것으로 전해진다. 이처럼 문서에는 김총비서가 대선당시 각 후보진영에 대한 관심과 김대통령 당선이후 반응까지 기술돼있어 향후 남북관계에도 영향을 미칠 전망이다.

정부총재도 이와 관련, 「이 문서의 내용이 공개되면 남북관계 전반에 엄청난 문제를 일으킬 것」이라면서 「이 문제는 통치권 차원에서 다뤄져야 한다는 판단 때문에 김대통령에게 전달했다」고 설명했다.

한편 이 문서의 작성경위와 관련, 정부총재는 「대통령과 안기부장 등 4~7명 정도만 보고받은 극비문건일 것」이라고 추측했다.

김근철기자

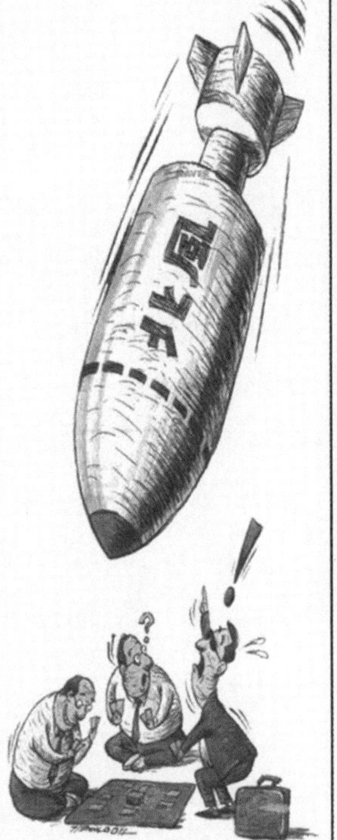

일러스트 / 김용민기자

1998. 3. 18.

것으로 보인다.

### '여야 인사 북과 접촉' 상부 보고 형식
### 200쪽 분량에 장소·대화·내용까지
### 이 실장 누명쓸까 '파기' 어기고 보관

이 문서는 여야인사들이 북한 측과 접촉한 활동을 안기부가 감지, 정보 및 첩보 차원에서 상부에 보고하는 형식으로 기술돼 있다. 당시 여당 인사는 북풍을 일으키기 위해, 야당 인사는 이를 막기 위해 각각 접촉했다는 것이다.

정 부총재도 "지난 96년부터 지난 2월[2]까지 북풍과 관련된 보고서들을 한데 모은 것으로 분량은 200쪽 정도"라면서 "당시 베이징에서 북측 관계자와 만난 구 여권인사의 이름은 물론 만난 장소와 대화 내용까지 기록돼 있다."고 설명했다.

정 부총재는 "대선 당시 (국민회의가) 거론했던 여당의원들의 이름과 비슷비슷하다."고 말해 한나라당 정재문 의원 등이 포함돼 있음을 강력히 시사했다. 특히 이 문건에는 정 의원이 지난해 11월 하순 중국 베이징의 한 호텔에서 안병수 조평통 부위원장대리를 만난 것으로 돼 있다.

안기부 공작원의 첩보에 따르면 정 의원이 11월 달러가 가득 들어 있는 돈 가방을 전달했는데, 눈대중으로 살펴본 바로는 3백60만 달러는 되는 것으로 판단된다는 것.

정 의원은 또 다른 인사에게 "어떤 방법으로든지 김대중을 쳐주면 돈으로 보답하겠다."면서 "북에서 직접 북풍을 일으켜 달라."고 요구한 것으로 기록돼 있다. 그러나 이에 대해 북측은 확답을 하지 않은 것으로 보인다. 보고서에는 김정일 총비서가 "확실한 답은 주지 말라."고 지시했다고까지 설명하고 있다.

이 문건은 또 "안기부가 지난해 대선 당시 특수공작원을 김대중 국민회의·

---

**2** 1998년 2월. 이때는 우리나라 최초로 여야 간 정권교체가 이루어져 김대중 대통령이 취임한 후이다.

이인제 국민신당 후보에게 침투시켜 북한 접촉을 유도했다는 대목도 있다."고 전했다.

안기부는 북한에 위장 포섭돼 있는 특수공작원 '흑금성'을 당시 야당후보들에게 접근, 침투시키려 했다는 것이다. 흑금성은 국민회의 모 인사와 접촉, 북풍 방지를 위한 정보를 흘려준 뒤 중국 베이징에 사람을 보내거나 김대중 후보의 친필 메모를 주도록 요구한 것으로 돼 있다. 그러나 이 같은 공작은 국민회의 측이 거절, 무산된 것으로 확인됐다.

반면 김대중 후보 측의 한 인사가 중국에서 북측 인사와 접촉, "북측이 북풍을 일으키지 않은 상태에서 당선되면 집권기간 중 북한이 원하는 원조를 제공하겠다."는 뜻을 전달한 것으로 기술돼 있기도 하다.

이 보고서는 또 북측이 국민신당 측의 ㅈ씨와도 지난해 베이징과 서울에서 수시로 접촉, 연결고리를 확보하려 했던 것으로 지적하고 있다.

**● 김정일 대선후보 평가**

**"DJ 노회...다루기 어렵다"**

**"이인제 후보 다루기 좋다"**

정 부총재가 입수한 문서에는 김정일이 대선후보에 대해 평가한 대목도 있는 것으로 알려졌다. 김은 이인제 후보에 대해 "다루기가 좋다."고 평가한 반면, 김대중 후보는 "노회해서 다루기가 어렵다."고 평가한 것으로 전해진다. 이처럼 문서에는 김 총비서가 대선 당시 각 후보 진영에 대한 관심과 김 대통령 당선 이후 반응까지 기술돼 있어 향후 남북관계에도 영향을 미칠 전망이다.

정 부총재도 이와 관련, "이 문서의 내용이 공개되면 남북관계 전반에 엄청난 문제를 일으킬 것"이라면서 "이 문제는 통치권 차원에서 다뤄져야 한다는 판단 때문에 김 대통령에게 전달했다."고 설명했다.

한편 이 문서의 작성 경위와 관련, 정부총재는 "대통령과 안기부장 등 4~7명 정도만 보고받은 극비문건일 것"이라고 추측했다.

## 권영해 씨 '총격 요청' 사건 묵인

1998. 10. 27.

**직무유기 혐의 추가 기소… 이회성 씨 개입 여부 규명 못 해**
**검찰 수사 결과 발표**
**이회창 후보 당선 위해 구속 3인, 북 유인 공모**
**오정은 씨 7천만 원 받아, 공무원법 위반 추가 기소**

판문점 총격 요청 사건은 지난해 대선 기간 중 오정은(46) 전 청와대 행정관과 한성기(39) 전 포스데이터 고문, 장석중(48·이상 구속 중) 씨 등 3명이 한나라당 이회창 후보의 당선을 돕기 위해 북한 측을 끌어들이려 공모한 사건으로 검찰 수사 결과 밝혀졌다.

검찰은 그러나 이들의 배후에 한나라당이나 이 후보의 동생 회성(53·전 에너지경제연구소장) 씨가 개입했는지에 대해선 밝혀내지 못해 계속 수사키로 했다.

서울지검은 26일 중간 수사 결과를 통해 이같이 발표하고 오 씨 등 3명을 국가보안법(회합 및 통신) 혐의로 구속기소했다.

검찰은 또 권영해 전 안기부장이 이들의 범행을 인지하고도 수사를 지시하지 않는 등 사건을 묵인한 사실을 적발, 국가보안법상의 특수직무유기 혐의로 추가 기소했다.

검찰은 "오 씨가 이 후보의 선거운동을 위해 다른 청와대 행정관 등과 비선 참모조직 '전국 규모 청년홍보단'을 운영키로 하고 장진호 진로 그룹 회장으로부터 활동자금으로 7천만 원을 받은 사실이 드러나 국가공무원법 위반 혐의를 추가했다."고 덧붙였다.

검찰 수사 결과 한·장 씨는 지난해 12월 10일부터 중국 베이징 켐핀스키호텔에서 북한 대외협력위원회 이철운(44), 아·태위원회 참사 박충(50) 등과 3차례 만나 "12월 14, 15일쯤 판문점 공동경비구역에서 무력시위를 하거나 김대중 후보의 친북 활동 자료를 제공하면 대선 이후 식량과 비료 등을 지원하겠다."고

# 권영해씨 '총격요청'사건 묵인

## 직무유기혐의 추가기소…이회성씨 개입여부 규명못해

검찰 수사결과 발표

### 이회창후보 당선 위해 구속3인, 北유인 공모

### 오정은씨 7천만원 받아 공무원법 위반 추가기소

판문점 총격요청사건은 지난해 대선기간중 오정은(吳靜恩·46) 전청와대 행정관과 한성기(韓成基·39) 전포스데이터 고문, 장석중(張錫重·48·이상 구속중)씨 등 3명이 한나라당 이회창(李會昌)후보의 당선을 돕기 위해 북한측을 끌어들이려 공모한 사건으로 검찰수사 결과 밝혀졌다.

검찰은 그러나 이들의 배후에 한나라당이나 이후보의 동생 회성(會晟·53·전에너지경제연구소장)씨가 개입했는지에 대해선 밝혀내지 못해 계속 수사키로 했다. /관련기사 3면

서울지검은 26일 중간수사 결과를 통해 이같이 발표하고 오씨 등 3명을 국가보안법(회합및 통신) 혐의로 구속기소했다.

검찰은 또 권영해(權寧海) 전 안기부장이 이들의 범행을 인지하고도 수사를 지시하지 않는 등 사건을 묵인한 사실을 적발, 국가보안법상의 특수직무유기 혐의로 추가 기소했다.

검찰은 『오씨가 이후보의 선거운동을 위해 다른 청와대행정관 등과 「비선참모조직」「전국규모 청년홍보단」을 운영키로 하고 장진호(張震浩) 진로그룹 회장으로부터 활동자금으로 7천만원을 받은 사실이 드러나 국가공무원법위반 혐의를 추가했다』고 덧붙였다.

검찰수사 결과 한·장씨는 지난해 12월10일부터 중국 베이징 캠핀스키호텔에서 북한 대외협력위원회 이철운(44), 아·태위원회 참사 박충(50) 등과 3차례 만나 『12월 14, 15일쯤 판문점 공동경비구역에서 무력시위를 하거나 김대중(金大中)후보의 친북활동 자료를 제공하면 대선 이후 식량과 비료 등을 지원하겠다』고 제의한 것으로 드러났다.

검찰은 한씨가 ▲안기부 조사에서 회성씨에게 무력시위 요청계획을 사전보고한 뒤 베이징 여비조로 5백만원을 받았다고 진술하고 ▲베이징 출국을 전후해 회성씨와 수차례 접촉한 사실을 밝혀냈으나 그가 검찰에서는 「고문에 의한 허위자백」이라며 진술을 번복한 데다 회성씨도 개입의혹을 강력히 부인해 배후를 밝혀내지 못했다고 설명했다. 강호식기자

1998. 10. 27.

제의한 것으로 드러났다.

검찰은 한 씨가 ▲안기부 조사에서 회성 씨에게 무력시위 요청 계획을 사전보고한 뒤 베이징 여비조로 5백만 원을 받았다고 진술하고 ▲베이징 출국을 전후해 회성 씨와 수차례 접촉한 사실을 밝혀냈으나 그가 검찰에서는 '고문에 의한 허위자백'이라며 진술을 번복한 데다 회성 씨도 개입 의혹을 강력히 부인해 배후를 밝혀내지 못했다고 설명했다.

022

# 사회주의노동자연합(사노련) 사건

## '보안법 위반' 무더기 체포

2008. 8. 27.

### 오세철 교수 등 '사노련' 7명 촛불집회 이적물 배포 혐의
### 학계·시민단체 "사상 탄압·표적 수사" 비난

경찰이 저명한 진보 좌파학자 오세철 연세대 명예교수(65·경영학·사진)를 이적단체 구성 혐의로 전격 체포했다. 학계와 시민사회에서는 이명박 정부 이후 조성된 신공안 정국이 일선 경찰에서 현실화한 것 아니냐는 우려와 비판이 제기되고 있다.

서울 남대문경찰서는 26일 오 교수와 '사회주의노동자연합(사노련)'의 활동가 정원현·남궁원·오민규 씨 등 7명을 국가보안법 위반(이적단체 구성 및 이적표현물 제작·배포) 혐의로 긴급체포했다. 경찰은 이 단체 활동가 1명을 같은 혐의로 추적 중이라고 밝혔다.

경찰에 따르면 오 교수 등은 지난 2월 23일 사노련을 결성하고 '사회주의노동자당' 건설을 위해 「사회주의자」라는 인쇄물을 만들어 시위 현장 등에서 배포한 혐의를 받고 있다. 사노련은 비정규직 철폐, 국가 기간산업의 국유화, 노동자 정부 등을 대중 행동강령으로 정해 활동을 벌여 왔다. 경찰은 이날 오전 용산

# ‘보안법 위반’ 무더기 체포

## 오세철 교수 등 ‘사노련’ 7명 촛불집회 이적물 배포 혐의

### 학계·시민단체 “사상 탄압·표적수사” 비난

경찰이 저명한 진보좌파학자 오세철 연세대 명예교수(65·경영학·사진)를 이적단체 구성 혐의로 전격 체포했다. 학계와 시민사회에서는 이명박 정부 이후 조성된 신공안 정국이 일선 경찰에서 현실화한 것 아니냐는 우려와 비판이 제기되고 있다.

서울 남대문경찰서는 26일 오 교수와 ‘사회주의 노동자 연합’(사노련)의 활동가 정원현·남궁원·오민규씨 등 7명을 국가보안법 위반(이적단체 구성 및 이적표현물 제작 배포) 혐의로 긴급체포했다. 경찰은 이 단체 활동가 1명을 같은 혐의로 추적 중이라고 밝혔다.

경찰에 따르면 오 교수 등은 지난 2월23일 사노련을 결성하고 ‘사회주의 노동자당’ 건설을 위해 ‘사회주의자’라는 인쇄물을 만들어 시위현장 등에서 배포한 혐의를 받고 있다. 사노련은 비정규직 철폐, 국가 기간산업의 국유화, 노동자 정부 등을 대중 행동 강령으로 정해 활동을 벌여왔다.

경찰은 이날 오전 용산 사노련 사무실에서 컴퓨터와 CD 및 각종 서적 등을 압수했다. 경찰은 향후 진행상황에 따라 수사 대상이 확대될 수 있다고 밝혔다.

사노련 운영위원장인 오 교수는 민중정치연합 대표·한국경영학회 회장·연세대 상경대학장 등을 지냈으며 그동안 자본주의와 신자유주의의 폐해를 비판하는 진보진영의 대표적 원로학자 중 한 명으로 꼽힌다.

경찰 관계자는 “사노련 결성 시점부터 지속적으로 추적 수사를 벌여왔다”며 “이들은 그동안 사노련 깃발을 들고 촛불집회에도 수차례 참가했다”고 밝혔다.

이에 대해 학계에서는 공안 탄압이란 지적을 제기하고 있다. 사노련 강령은 “부르주아적 국유화를 사회주의로 위장한 동유럽·북한·중국의 공산당들”을 강하게 비판하고 있어 보안법상 이적행위 혐의 적용이 타당한지가 논란거리다. 현재 국내에는 ‘자본주의 체제를 넘어’(민주노동당) ‘사회적 공화주의’(사회당) 등 표현을 강령에 담은 제도권 정당도 존재한다. 중앙대 강내희 교수는 “보안법의 이적행위란 북한 정권을 돕는 것이지만 오 교수는 북한 정권을 강하게 비판해왔다”며 “자유민주주의 국가에서 학자적 신념에 따른 원론적 사회주의 운동을 탄압하는 것은 그 어떤 사상 운동도 하지 말라는 것”이라고 말했다. 연세대 김호기 교수는 “헌법에 보장된 사상과 결사의 자유가 구시대 악법인 보안법으로 제한당하는 현실이 개선되지 않은 게 통탄스럽다”며 “보안법 망령이 지난 20년 민주화의 성과를 물거품으로 만들까 우려된다”고 말했다.

참여연대 관계자는 “사노련은 지독한 반북 성향 때문에 통일운동 단체들과도 사이가 좋지 않을 정도였다”며 “이번 수사는 촛불집회에 참가한 모든 단체의 씨를 말리려는 정권의 폭압으로 읽힌다”고 밝혔다.

장관순기자 quansoon@kyunghyang.com

2008. 8. 27.

사노련 사무실에서 컴퓨터와 CD 및 각종 서적 등을 압수했다. 경찰은 향후 진행 상황에 따라 수사 대상이 확대될 수 있다고 밝혔다. 사노련 운영위원장인 오 교수는 민중정치연합 대표, 한국경영학회 회장, 연세대 상경대학장 등을 지냈으며 그동안 자본주의와 신자유주의의 폐해를 비판하는 진보 진영의 대표적 원로학자 중 한 명으로 꼽힌다.

경찰 관계자는 "사노련 결성 시점부터 지속적으로 추적 수사를 벌여 왔다."며 "이들은 그동안 사노련 깃발을 들고 촛불집회에도 수차례 참가했다." 고 밝혔다.

이에 대해 학계에서는 공안 탄압이란 지적을 제기하고 있다. 사노련 강령은 "부르주아적 국유화를 사회주의로 위장한 동유럽·북한·중국의 공산당들"을 강하게 비판하고 있어 보안법상 이적행위 혐의 적용이 타당한지가 논란거리다. 현재 국내에는 '자본주의 체제를 넘어'(민주노동당), '사회적 공화주의'(사회당) 등 표현을 강령에 담은 제도권 정당도 존재한다. 중앙대 강내희 교수는 "보안법의 이적행위란 북한 정권을 돕는 것이지만 오 교수는 북한 정권을 강하게 비판해 왔다."며 "자유민주주의 국가에서 학자적 신념에 따른 원론적 사회주의 운동을 탄압하는 것은 그 어떤 사상운동도 하지 말라는 것"이라고 말했다. 연세대 김호기 교수는 "헌법에 보장된 사상과 결사의 자유가 구시대 악법인 보안법으로 제한당하는 현실이 개선되지 않은 게 통탄스럽다."며 "보안법 망령이 지난 20년 민주화의 성

'끈질긴 경찰'

## 오세철 교수 영장 재신청

지난 8월 국가보안법 위반 혐의로 구속영장이 청구됐다 기각된 오세철 연세대 명예교수(65) 등 사회주의노동자연합 간부 5명에 대해 구속영장이 재신청됐다.

서울 남대문경찰서 관계자는 14일 "영장기각 때 법원에서 위험성에 대한 소명이 부족하다는 지적을 했기 때문에 압수물 4만9000여점을 다시 분석했다"며 "최근 강연 등 조직 활동의 위험성을 입증할 내용을 보강했다"고 말했다. 검찰 관계자는 "북한 체제를 편드는 측면에서의 이적단체는 아니지만 대한민국 체제를 정면에서 부정한다는 점에서 국가보안법에서 규정한 '국가변란 선전선동목적단체'에 해당한다"고 말했다.

오 교수는 민중정치연합 대표, 한국경영학회 회장, 연세대 상경대학학장 등을 지낸 진보진영 원로학자로 사노련 운영위원장을 맡고 있다.

앞서 경찰은 지난 8월 오 교수 등 7명에 대해 구속영장을 신청했으나 법원은 "사노련 활동이 국가의 존립 및 안전이나 자유민주적 기본질서에 실질적 해악을 끼칠 위험성을 가지고 있는 점에 대한 소명이 부족하다"며 기각했다. 오 교수 등에 대한 영장실질심사는 17일 서울중앙지법에서 열릴 예정이다.

홍진수·구교형기자

2008. 11. 15.

과를 물거품으로 만들까 우려된다."고 말했다.

참여연대 관계자는 "사노련은 지독한 반북 성향 때문에 통일 운동 단체들과도 사이가 좋지 않을 정도였다."며 "이번 수사는 촛불집회에 참가한 모든 단체의 씨를 말리려는 정권의 폭압으로 읽힌다."고 밝혔다.

## 오세철 교수 영장 재신청

2008. 11. 15.

### 끈질긴 경찰

지난 8월 국가보안법 위반 혐의로 구속영장이 청구됐다 기각된 오세철 연세대 명예교수(65) 등 사회주의노동자연합 간부 5명에 대해 구속영장이 재신청됐다.

서울 남대문경찰서 관계자는 14일 "영장기각 때 법원에서 위험성에 대한 소명이 부족하다는 지적을 했기 때문에 압수물 4만 9,000여 점을 다시 분석했다."며 "최근 강연 등 조직 활동의 위험성을 입증할 내용을 보강했다."고 말했다. 검찰 관계자는 "북한 체제를 편드는 측면에서의 이적단체는 아니지만 대한민국 체제를 정면에서 부정한다는 점에서 국가보안법에서 규정한 '국가변란선전선동목적단체'에 해당한다."고 말했다.

오 교수는 민중정치연합 대표, 한국경영학회 회장, 연세대 상경대학 학장 등을 지낸 진보 진영 원로학자로 사노련 운영위원장을 맡고 있다.

앞서 경찰은 지난 8월 오 교수 등 7명에 대해 구속영장을 신청했으나 법원은 "사노련 활동이 국가의 존립 및 안전이나 자유민주적 기본 질서에 실질적 해악을 끼칠 위험성을 가지고 있는 점에 대한 소명이 부족하다."며 기각했다. 오 교수 등에 대한 영장 실질심사는 17일 서울중앙지법에서 열릴 예정이다.

023

# 서울시 공무원 간첩 사건

## "검찰, 서울시 공무원 간첩 사건 세 가지 증거 조작"

2014. 1. 8.

### 변호인단, "사진 파일, 통화 기록 조작 재판 증거 제출"
### 허위 '출입경 기록' 검찰에 넘겨준 '성명불상자' 고소

지난해 국가보안법 위반 혐의로 기소돼 1심에서 전부 무죄를 받은 탈북자 출신 서울시 공무원 유우성 씨(33·사진) 측 변호인단은 7일 서울민주사회를위한변호사회 대회의실에서 기자회견을 열어 "검찰이 1심 재판에 이어 항소심 재판에서도 조작된 증거를 제출했다."고 주장했다.

변호인단은 이날 허위 '출입경 기록'을 검찰에 넘긴 '성명불상자'에 대해 국가보안법상 무고 및 날조죄로 경찰청에 고소장을 제출했다. 유 씨는 지난해 2월 북한 보위부에 회유돼 탈북자 200여 명의 정보를 비롯해 남한의 기밀을 북한에 빼돌린 혐의(국가보안법상 간첩 등)로 기소됐지만 검찰의 증거 조작 논란 및 동생 유가려 씨(26)의 진술 번복 등으로 1심에서 무죄가 선고됐다.

변호인단이 주장한 증거 조작은 크게 세 가지다. 유 씨의 휴대전화에서 나온 사진 파일 조작과 유 씨의 통화 기록 은닉, 유 씨의 출입국 기록 위조 등이다.

검찰은 1심 재판에서 유 씨의 휴대전화에서 나온 일부 사진의 촬영 장소가

# "검찰, 서울시 공무원 간첩사건 세 가지 증거 조작"

## 변호인단 "사진 파일·통화 기록 조작 재판 증거 제출"
## 허위 '출입경기록' 검찰에 넘겨 준 '성명불상자' 고소

지난해 국가보안법위반 혐의로 기소돼 1심에서 전부 무죄를 받은 탈북자 출신 서울시공무원 유우성씨(33·사진) 측 변호인단은 7일 서울 민주사회를위한변호사회 대회의실에서 기자회견을 열어 "검찰이 1심 재판에 이어 항소심 재판에서도 조작된 증거를 제출했다"고 주장했다.

변호인단은 이날 허위 '출입경기록'을 검찰에 넘긴 '성명불상자'에 대해 국가보안법상 무고 및 날조죄로 경찰청에 고소장을 제출했다. 유씨는 지난해 2월 북한 보위부에 회유돼 탈북자 200여명의 정보를 비롯해 남한의 기밀을 북한에 빼돌린 혐의(국가보안법상간첩 등)로 기소됐지만 검찰의 증거조작논란 및 동생 유가려씨(26)의 진술번복 등으로 1심에서 무죄가 선고됐다.

변호인단이 주장한 증거조작은 크게 세가지다. 유씨의 휴대전화에서 나온 사진파일 조작과 유씨의 통화기록 은닉, 유씨의 출입국기록 위조 등이다.

검찰은 1심 재판에서 유씨의 휴대전화에서 나온 일부 사진의 촬영 장소가 중국임에도 북한에서 찍은 것이라며 유죄 증거로 제출한 바 있다. 검찰은 사진 조작 외에도 유씨를 기소하기 전인 2012년 12월4일 통신사실조회를 통해 유씨가 2012년 1월 22~23일에 중국 옌지에 있었다는 사실을 확인하고도 이 자료를 숨긴 채 공소사실에 유씨가 2012년 1월 22~23일 북한에 있었다고 명시했다. 그러나 재판과정에서 유씨가 그 기간 중국에 있었다는 통신기록 조회서가 제출되자 검찰은 날짜를 바꿔 공소장변경을 신청했다.

변호인단은 1심에 이어 항소심 재판에서도 검찰이 위조된 증거를 제출했다는 의혹을 제기했다. 변호인단은 중국과 북한을 오간 내용을 기록한 문건인 유씨의 '출입경기록'이 위조됐다는 의혹을 새롭게 제기했다. 만약 검찰이 '출입경기록'을 조작했다면 이는 국가간의 문제로도 번질 수 있는 중대한 사안에 해당한다.

검찰이 제출한 '출입경기록'에는 유씨가 2006년 5월27일 오전 10시24분쯤 북한에서 중국으로 들어갔다가 50여분 뒤인 11시16분쯤 다시 중국에서 북한으로 들어갔고, 이후 계속 북한에 머물다 다음달인 6월10일 15시17분에 중국으로 나온 것으로 명시돼 있다.

그러나 유씨가 중국 연변 조선족자치주 공안국에서 공식적으로 재발급 받은 '출입경기록'은 검찰이 제출한 문건과 형식 및 도장직인 방식 등이 달랐다.

변호인단은 기자회견에서 "중국 현지에서 중국 변호사를 통해 해당 기관에 확인한 결과 '화룡시 공안국은 출입경기록에 대한 공식발급기관이 아니고, 공민의 출입경기록은 상급기관인 연변조선족자치주공안국에서 일괄관리하고 있으며, 실제 중국 화룡시 공안국에서는 이 같은 출입경기록 공문을 발급해준 사실이 없다'는 답변을 받아냈다"고 밝혔다. 변호인단은 또 검찰이 제출한 '출입경기록'에 찍혀있는 공증도장 역시 화룡시 공증처에서 사용하는 공증도장이 아니라고 주장했다.

이날 기자회견에 나온 유씨는 "1년여의 세월을 허비했다"며 "나는 지극히 평범한 사람이고 간첩도, 종북도 아니고, 그냥 자그마한 꿈을 지키고자 하는 사람"이라고 말했다. 유씨에 대한 항소심 다음 공판은 오는 17일 오후 3시에 열린다.

2014. 1. 8.

중국임에도 북한에서 찍은 것이라며 유죄 증거로 제출한 바 있다. 검찰은 사진 조작 외에도 유 씨를 기소하기 전인 2012년 12월 4일 통신 사실 조회를 통해 유 씨가 2012년 1월 22~23일에 중국 옌지에 있었다는 사실을 확인하고도 이 자료를 숨긴 채 공소사실에 유 씨가 2012년 1월 22~23일 북한에 있었다고 명시했다. 그러나 재판 과정에서 유 씨가 그 기간 중국에 있었다는 통신 기록 조회서가 제출되자 검찰은 날짜를 바꿔 공소장 변경을 신청했다.

변호인단은 1심에 이어 항소심 재판에서도 검찰이 위조된 증거를 제출했다는 의혹을 제기했다. 변호인단은 중국과 북한을 오간 내용을 기록한 문건인 유 씨의 '출입경 기록'이 위조됐다는 의혹을 새롭게 제기했다. 만약 검찰이 '출입경 기록'을 조작했다면 이는 국가 간의 문제로도 번질 수 있는 중대한 사안에 해당한다.

검찰이 제출한 '출입경 기록'에는 유 씨가 2006년 5월 27일 오전 10시 24분쯤 북한에서 중국으로 들어갔다가 50여 분 뒤인 11시 16분쯤 다시 중국에서 북한으로 들어갔고, 이후 계속 북한에 머물다 다음 달인 6월 10일 15시 17분에 중국으로 나온 것으로 명시돼 있다.

그러나 유 씨가 중국 연변 조선족자치주 공안국에서 공식적으로 재발급받은 '출입경 기록'은 검찰이 제출한 문건과 형식 및 도장 직인 방식 등이 달랐다.

변호인단은 기자회견에서 "중국 현지에서 중국 변호사를 통해 해당 기관에 확인한 결과 '화룡시 공안국은 출입경 기록에 대한 공식 발급 기관이 아니고, 공민의 출입경 기록은 상급 기관인 연변 조선족자치주 공안국에서 일괄 관리하고 있으며, 실제 중국 화룡시 공안국에서는 이 같은 출입경 기록 공문을 발급해 준 사실이 없다'는 답변을 받아냈다."고 밝혔다. 변호인단은 또 검찰이 제출한 '출입경 기록'에 찍혀 있는 공증도장 역시 화룡시 공증처에서 사용하는 공증도장이 아니라고 주장했다.

이날 기자회견에 나온 유 씨는 "1년여의 세월을 허비했다."며 "나는 지극히 평범한 사람이고 간첩도, 종북도 아니고, 그냥 자그마한 꿈을 지키고자 하는 사람"이라고 말했다. 유 씨에 대한 항소심 다음 공판은 오는 17일 오후 3시에 열린다.

## 유우성 씨 간첩 혐의 대법원서 무죄 확정

2015. 10. 30.

간첩 증거 조작 사건의 피해자 유우성 씨(35)의 간첩 혐의에 대한 무죄가 최종 확정됐다. 대법원 1부(주심 김소영 대법관)는 29일 유 씨 상고심에서 국가보안법 위반 혐의는 무죄, 북한이탈주민보호법 위반·사기 혐의는 유죄로 판단해 징역 1년에 집행유예 2년, 추징금 2,565만 원을 선고한 원심을 확정했다.

1·2심 재판부는 간첩 혐의의 핵심 증거인 유 씨 여동생 진술에 증거능력이 없다며 간첩 혐의에 대해 무죄를 선고했다. 여동생은 국가정보원 중앙합동신문센터에서 조사받을 당시 사실상 구금된 피의자 신분이었는데도 진술거부권을 고지받지 못해 그의 진술이 위법하게 수집된 증거라는 취지였다. 대법원도 "원심 판단은 정당하다."고 밝혔다.

대법원 3부(주심 박보영 대법관)는 이날 유 씨 사건에서 증거 문서를 조작한 혐의로 기소된 국정원 김 모 과장(49)에게 징역 4년을 선고한 원심을 확정했다.

### 유우성씨 간첩 혐의 대법원서 무죄 확정

간첩 증거 조작 사건의 피해자 유우성씨(35)의 간첩 혐의에 대한 무죄가 최종 확정됐다. 대법원 1부(주심 김소영 대법관)는 29일 유씨 상고심에서 국가보안법 위반 혐의는 무죄, 북한이탈주민보호법 위반·사기 혐의는 유죄로 판단해 징역 1년에 집행유예 2년, 추징금 2565만원을 선고한 원심을 확정했다.

1·2심 재판부는 간첩 혐의의 핵심 증거인 유씨 여동생 진술에 증거능력이 없다며 간첩 혐의에 대해 무죄를 선고했다. 여동생은 국가정보원 중앙합동신문센터에서 조사받을 당시 사실상 구금된 피의자 신분이었는데도 진술거부권을 고지받지 못해 그의 진술이 위법하게 수집된 증거라는 취지였다. 대법원도 "원심 판단은 정당하다"고 밝혔다.

대법원 3부(주심 박보영 대법관)는 이날 유씨 사건에서 증거문서를 조작한 혐의로 기소된 국정원 김모 과장(49)에게 징역 4년을 선고한 원심을 확정했다.

김경학 기자 gomgom@kyunghyang.com

2015. 10. 30.

024

# 이석기 강제구인 사건

## 국정원, 이석기 강제구인…체포안 통과

2013. 9. 5.

**진보당 측과 격렬 충돌**
**이 의원, 경찰서에 유치**
**오늘 영장 실질심사**

국가정보원은 4일 내란음모 혐의로 국회에서 체포동의안이 통과된 통합진보당 이석기 의원을 강제구인했다.

체포동의안이 통과된 지 4시간여 만이다. 구인영장 집행 과정에서 국정원과 진보당 관계자들은 몸싸움을 벌이며 물리적 충돌도 빚었다. 이 의원은 이날 밤 수원남부경찰서 유치장으로 호송됐다. 이 의원은 5일 오전 영장 실질심사를 거쳐 밤늦게 구속 여부가 결정된다.

국정원 직원 30여 명은 이날 오후 7시 20분쯤 국회 의원회관 내 520호 이 의원실에 도착해, 이 의원에 대한 구인영장 집행을 시도했다.

국정원은 "도주 우려가 있어 구인영장을 집행해야 한다."고 밝혔다. 진보당은 "현역 의원을 강제구인하겠다는 것은 이해하기 힘든 처사"라며 반발했다.

국정원은 구인영장 집행을 시도한 지 50여 분 만인 오후 8시 15분쯤 의원실

# 국정원, 이석기 강제구인… 체포안 통과

## 진보당 측과 격렬 충돌
## 이 의원, 경찰서에 유치
## 오늘 영장실질심사

4일 국회 체포동의안 통과 직후 국가정보원에 의해 강제구인된 이석기 의원(가운데)이 승용차에 태워져 수원지방법원으로 호송되고 있다. 정지윤 기자 color@kyunghyang.com

국가정보원은 4일 내란음모 혐의로 국회에서 체포동의안이 통과된 통합진보당 이석기 의원을 강제구인했다.

| 관련기사 2·3·4·5·6면

체포동의안이 통과된 지 4시간여 만이다. 구인영장 집행 과정에서 국정원과 진보당 관계자들은 몸싸움을 벌이며 물리적 충돌도 빚었다. 이 의원은 이날 밤 수원남부경찰서 유치장으로 호송됐다. 이 의원은 5일 오전 영장실질심사를 거쳐 밤늦게 구속 여부가 결정된다.

국정원 직원 30여명은 이날 오후 7시20분쯤 국회 의원회관 내 520호 이 의원실에 도착해, 이 의원에 대한 구인영장 집행을 시도했다.

국정원은 "도주 우려가 있어 구인영장을 집행해야 한다"고 밝혔다. 진보당은 "현역 의원을 강제구인하겠다는 것은 이해하기 힘든 처사"라며 반발했다.

국정원은 구인영장 집행을 시도한 지 50여분 만인 오후 8시15분쯤 의원실에 있던 이 의원의 신병을 확보했다. 이 의원은 의원실을 나서면서 "진실과 정의는 반드시 성공한다. 무죄를 확신한다"고 밝혔다.

앞서 여야는 이날 오후 본회의를 열고 재석의원 289명 가운데 찬성 258명, 반대 14명, 기권 11명, 무효 6명으로 이 의원 체포동의안을 가결 처리했다. 현역 의원을 대상으로 한 체포동의안 중 내란음모 혐의로 국회 본회의를 통과한 경우는 이번이 처음이다.

이 의원은 체포동의안이 통과된 뒤 국회 본회의장 앞에서 "대한민국 국회의원이 왜 내란음모를 하느냐"며 "국민을 믿고 민주주의 수호를 위해 당당하게 싸워나가겠다"고 밝혔다.

황교안 법무부 장관은 본회의에서 "(이 의원이 총책으로 지목된 'RO'의 최종 목표가) 한반도를 북한식 사회주의 체제로 바꾸는 것이라고 보고받았다"고 말했다.

이 의원 체포동의안이 국회 문턱을 넘었지만 파문은 쉽게 가라앉지 않을 것으로 보인다.

새누리당은 지난해 19대 총선에서 민주당과 진보당의 야권연대로 이 의원이 원내에 진입할 수 있었다는 '정치적 책임론'을 제기하며 민주당을 압박하고 있다.

민주당은 새누리당의 정쟁 시도에 반발하며 향후 국정원 개혁을 고리로 대여 투쟁을 강화하기로 했다.

국회 윤리특위는 오는 16일 전체회의를 열어 지난 3월 여야가 제출한 이 의원의 자격심사안을 논의한다.

구혜영 기자 koohy@kyunghyang.com

2013. 9. 5.

4일 국회 체포동의안 통과 직후
국가정보원에 의해 강제구인된 이석기
의원(가운데)이 승용차에 태워져
수원지방법원으로 호송되고 있다.

에 있던 이 의원의 신병을 확보했다. 이 의원은 의원실을 나서면서 "진실과 정의는 반드시 성공한다. 무죄를 확신한다."고 밝혔다.

앞서 여야는 이날 오후 본회의를 열고 재석 의원 289명 가운데 찬성 258명, 반대 14명, 기권 11명, 무효 6명으로 이 의원 체포동의안을 가결 처리했다. 현역 의원을 대상으로 한 체포동의안 중 내란음모 혐의로 국회 본회의를 통과한 경우는 이번이 처음이다.

이 의원은 체포동의안이 통과된 뒤 국회 본회의장 앞에서 "대한민국 국회의원이 왜 내란음모를 하느냐."며 "국민을 믿고 민주주의 수호를 위해 당당하게 싸워 나가겠다."고 밝혔다.

황교안 법무부 장관은 본회의에서 "(이 의원이 총책으로 지목된 'RO'의 최종 목표가) 한반도를 북한식 사회주의 체제로 바꾸는 것이라고 보고받았다."고 말했다.

이 의원 체포동의안이 국회 문턱을 넘었지만 파문은 쉽게 가라앉지 않을 것으로 보인다.

새누리당은 지난해 19대 총선에서 민주당과 진보당의 야권 연대로 이 의원이 원내에 진입할 수 있었다는 '정치적 책임론'을 제기하며 민주당을 압박하고 있다.

민주당은 새누리당의 정쟁 시도에 반발하며 향후 국정원 개혁을 고리로 대여 투쟁을 강화하기로 했다.

국회 윤리특위는 오는 16일 전체회의를 열어 지난 3월 여야가 제출한 이 의원의 자격심사안을 논의한다.

## "RO(혁명조직)는 제보자 추측에 불과"

2015. 1. 23.

### 헌재 '진보당 해산' 근거 약해져
### "실제 위험한 내란 합의 있어야 내란음모죄 성립"
### 전문가들, "대법 판결 나온 후에 헌재 결정했어야"

대법원이 이석기 전 통합진보당 의원의 내란음모와 그가 주도했다는 모임 'RO(혁명조직)'의 실체를 인정하지 않으면서 헌법재판소의 진보당 해산 결정이 다시 도마에 오르고 있다. 대법원은 이 사건을 형사소송법으로 다뤘고 헌재는 정당해산심판을 민사소송법을 준용해 접근했기에 하나의 잣대로 비교하기는 어렵다. 그러나 특정 혐의나 사실관계에 대한 양측 판결이 엇갈린 것도 사실이다. 전문가들은 "사실관계를 다루는 대법원의 판단 후에 헌재가 진보당 해산 문제를 결정했어야 한다."는 지적이 잇따랐다.

#### 대법·헌재 판단 상충

대법원은 이 전 의원 등의 내란음모 혐의를 무죄로 판단하면서 "내란음모죄가 성립하려면 폭동의 대상과 목표 등에 대한 합의, 실질적 위험성이 인정돼야 하는데 피고인들이 내란을 사전에 모의하거나 준비 행위를 했다고 인정할 자료가 부족하다."고 밝혔다.

재판부는 "강령, 목적, 지휘 통솔 체계 등을 갖춘 조직이 존재하고 회합 참석

〈이석기 전 통합진보당 의원 사건 관련 대법·헌재 판단 비교〉

| 대법원 | | 헌법재판소 |
|---|---|---|
| 형사적 증거주의 | 접근방식 | 민사적 규범 판단 |
| 조직 실체 증명 부족 | 'RO'의 실체' | 주도세력이 회합(RO 판단은 없음) |
| 사전모의 등 자료 부족 | 내란음모 | 내란을 논의, 시설 파괴 등 실행 노려 |
| 이석기 징역 9년 등 | 판결·결정 | 진보당 해산, 전원 의원직 상실 |

# "RO는 제보자 추측에 불과"… 헌재 '진보당 해산' 근거 약해져

〈혁명조직〉

### "실제 위험한 내란 합의 있어야 내란음모죄 성립"

### 전문가들 "대법 판결 나온 후에 헌재 결정했어야"

대법원이 이석기 전 통합진보당 의원의 내란음모와 그가 주도했다는 모임 'RO(혁명조직)'의 실체를 인정하지 않으면서 헌법재판소의 진보당 해산 결정이 다시 도마에 오르고 있다. 대법원은 이 사건을 형사소송법으로 다뤘고 헌재는 정당해산심판을 민사소송법을 준용해 접근했기에 하나의 잣대로 비교하기는 어렵다. 그러나 특정 혐의나 사실관계에 대한 양측 판단이 엇갈린 것도 사실이다. 전문가들은 "사실관계를 다투는 대법원의 판단 후에 헌재가 진보당 해산 문제를 결정했어야 한다"는 지적이 잇따랐다.

■ 대법·헌재 판단 상충

대법원은 이 전 의원 등의 내란음모 혐의를 무죄로 판단하면서 "내란음모죄가 성립하려면 폭동의 대상과 목표 등에 대한 합의, 실질적 위험성이 인정돼야 하는데 피고인들이 내란을 사전에 모의하거나 준비행위를 했다고 인정할 자료가 부족하다"고 밝혔다.

재판부는 "강령, 목적, 지휘 통솔 체계 등을 갖춘 조직이 존재하고 회합 참석자들이 그 구성원이라는 점이 충분히 증명되지 않았다"면서 "RO는 사건 제보자의 추측에 불과하다"고 밝혔다.

대법원의 이러한 판단은 헌재의 판단과 충돌한다. 헌재는 표면적으로는 RO에 대해 구체적으로 언급하지 않았고 판단 자체를 하지 않았다. 그러나 "이석기 주도 아래 전쟁 발발 시 북한에 동조해 국가기간시설 파괴, 무기 제조 및 탈취, 통신 교란 등 폭력수단을 실행하고자 회합을 개최했다"면서 참석자들을 "경기동부연합과 이석기 등 주도세력"이라고 표현했다. RO라는 용어는 나오지 않았지만 '주도세력'이 '회합'을 통해 '시설 파괴' 등 폭력을 실행하려 했다고 본 것이다.

임지봉 서강대 법학전문대학원 교수는 "헌재는 '주도세력' 등의 표현으로 사실상 RO의 실체적 위험을 판단했지만 대법원은 이 조직의 실체를 뒷받침할 증거가 부족하다고 판단한 것이어서 다소 상충하는 측면이 있다"고 말했다. 임 교수는 "사실관계 인정을 다투는 대법원 판결이 나온 뒤 헌재가 이를 감안해 본연의 규범적 판단을 내렸어야 맞다"고 말했다. 민병로 전남대 법학전문대학원 교수는 "이번 대법원 판결을 보면 헌재가 정치적 판단을 했다는 의심을 피하기 어렵다"고 말했다.

진보당 해산심판에서 진보당 측을 대리했던 이광철 변호사는 "한국 최고 법원에서 하나의 사실관계를 두고 서로 다른 판단이 나왔다는 자체가 모순"이라며 "헌재가 성급했다. 막연한 편견을 갖고 내린 판단 탓에 (해산 결정이란) 참사를 빚었다"고 말했다.

■ 내란음모·선동 성립기준 첫 설정

대법원의 이번 판결은 내란음모나 내란선동의 구체적 성립기준을 세운 대법원 최초의 판결이다. 대법원은 내란선동은 내란실행을 목표로 내란행위를 결의하고 실행하도록 자극하는 모든 행위를 말한다고 밝혔다. 반면 내란음모는 2인 이상 모임에서 범죄실행을 합의한 상태를 뜻한다고 규정했다.

대법관 다수는 이 전 의원의 내란선동 혐의를 유죄로 판결하면서 "비록 이 전 의원 등의 발언이 '한반도에서 전쟁이 발발하는 상황'을 전제로 한 것이었다고 해도, 회합 참석자들에게 특정 정세를 전쟁 상황으로 인식하고 가까운 장래에 구체적 내란의 결의를 유발하거나 증대시킬 '위험성'이 충분하다"고 밝혔다.

반면 3명의 대법관은 "선동 내용이 너무 추상적이고 전쟁 상황을 전제로 한 극단적, 산발적 파괴행위일 뿐 한 지방의 평온을 해할 정도의 위력 있는 폭동이라고 볼 수 없다"고 반대했다.

다수 대법관은 내란음모 혐의를 무죄로 판단하면서 "1회 토론의 정도를 넘어 내란의 '실행행위'로 나아가겠다는 확정적인 의사의 합치에 이르렀다고 보긴 어렵다"고 판시했다.

반면 4명의 대법관은 "확정적인 의사의 합치에 이르지 못하고 논의를 하는 데 그쳐 합의의 구체성이 다소 떨어지는 경우라도 실질적 위험성이 있는 내란실행에 관한 합의"라는 견해를 밝혔다.

홍재원·곽희양·이효상·김한솔 기자 jwhong@kyunghyang.com

이석기 전 통합진보당 의원 사건 관련 대법·헌재 판단 비교

| 대법원 | | 헌법재판소 |
|---|---|---|
| 형사적 증거주의 | 접근방식 | 민사적 규범 판단 |
| 조직 실체 증명 부족 | 'RO'의 실체 | '주도세력'의 회합 RO 판단은 않음 |
| 사전모의 등 지시 부족 | 내란음모 | 내란을 논의, 시설파괴 등 실행 논의 |
| 이석기 징역 9년 등 | 판결·결정 | 진보당 해산, 의원 의원직 상실 |

"사법정의는 죽었다" 이석기 전 통합진보당 의원이 22일 서울 서초동 대법원 대법정에 들어서고 있다. 이 전 의원은 대법원이 항소심과 마찬가지로 징역 9년에 자격정지 7년을 선고하자 방청석을 향해 "사법정의는 죽었다"고 외치기도 했다. 정지윤 기자

사건 일지

| | | |
|---|---|---|
| 2013년 8월 28일 | | 국정원, 통합진보당 이석기 의원 등 11명 압수수색 |
| | 8월 29일 | 국정원, 이 의원 등 4명 내란음모 및 국가보안법 위반 혐의 사전 구속영장 |
| | 9월 4일 | 국회, 이 의원 체포동의안 가결. 국정원 이 의원 강제구인 |
| 2014년 2월 17일 | | 수원지검, 이 의원에게 징역 12년 자격정지 10년 선고 |
| | 8월 11일 | 서울고법, 이 의원에게 징역 9년 자격정지 7년 선고 |
| | 12월 19일 | 헌법재판소, 재판관 8 대 1 의견으로 통합진보당 해산 결정 |
| 2015년 1월 22일 | | 대법원 상고 기각 선고 |

"사법 정의는 죽었다"

이석기 전 통합진보당 의원이 22일 서울 서초동 대법원 내 법정에 들어서고 있다. 이 전 의원은 항소심과 마찬가지로 징역 9년에 자격정지 7년을 선고하자 방청석을 향해 "사법 정의는 죽었다."고 외치기도 했다.

2015. 1. 23.

자들이 그 구성원이라는 점이 충분히 증명되지 않았다."면서 "RO는 사건 제보자의 추측에 불과하다."고 밝혔다.

대법원의 이러한 판단은 헌재의 판단과 충돌한다. 헌재는 표면적으로는 RO에 대해 구체적으로 언급하지 않았고 판단 자체를 하지 않았다. 그러나 "이석기 주도 아래 전쟁 발발 시 북한에 동조해 국가 기간시설 파괴, 무기 제조 및 탈취, 통신 교란 등 폭력 수단을 실행하고자 회합을 개최했다."면서 참석자들을 '경기동부연합과 이석기 등 주도세력'이라고 표현했다. RO라는 용어는 나오지 않았지만 '주도세력'이 '회합'을 통해 '시설 파괴' 등 목적을 실행하려 했다고 본 것이다.

임지봉 서강대 법학전문대학원 교수는 "헌재는 '주도세력' 등의 표현으로 사실상 RO의 실체적 위험을 판단했지만 대법원은 이 조직의 실체를 뒷받침할 증거가 부족하다고 판단한 것이어서 다소 상충하는 측면이 있다."고 말했다. 임 교수는 "사실관계 인정을 다루는 대법원 판결이 나온 뒤 헌재가 이를 감안해 본연의 규범적 판단을 내렸어야 맞다."고 말했다. 민병로 전남대 법학전문대학원 교수는 "이번 대법원 판결을 보면 헌재가 정치적 판단을 했다는 의심을 피하기 어렵다."고 말했다.

진보당 해산 심판에서 진보당 측을 대리했던 이광철 변호사는 "한국 최고 법원에서 하나의 사실관계를 두고 서로 다른 판단이 나왔다는 자체가 모순"이라며 "헌재가 성급했다. 막연한 편견을 갖고 내린 판단 탓에 (해산 결정이란) 참사를 빚었다."고 말했다.

### 내란음모·선동 성립기준 첫 설정

대법원의 이번 판결은 내란음모나 내란선동의 구체적 성립 기준을 세운 대법원 최초의 판결이다. 대법원은 내란선동은 내란 실행을 목표로 내란 행위를 결의하고 실행하도록 격려하는 모든 행위를 말한다고 밝혔다. 반면 내란음모는 2인 이상 모임에서 범죄 실행을 합의한 상태를 뜻한다고 규정했다.

대법관 다수는 이 전 의원의 내란선동 혐의를 유죄로 판결하면서 "비록 이

전 의원 등의 발언이 '한반도에서 전쟁이 발발하는 상황'을 전제로 한 것이었다고 해도, 회합 참석자들에게 특정 정세를 전쟁 상황으로 인식하고 가까운 장래에 구체적 내란의 결의를 유발하거나 증대시킬 '위험성'이 충분하다."고 밝혔다.

반면 3명의 대법관은 "선동 내용이 너무 추상적이고 전쟁 상황을 전제로 한 국지적, 산발적 파괴 행위일 뿐 한 지방의 평온을 해할 정도의 위력 있는 폭동이라고 볼 수 없다."고 반대했다.

다수 대법관은 내란음모 혐의를 무죄로 판단하면서 "1회 토론의 정도를 넘어 내란의 '실행 행위'로 나아가겠다는 확정적인 의사의 합치에 이르렀다고 보긴 어렵다."고 판시했다.

반면 4명의 대법관은 "확정적인 의사의 합치에 이르지 못하고 논의를 하는데 그쳐 합의의 구체성이 다소 떨어지는 경우라도 실질적 위험성이 있는 내란 실행에 관한 합의"라는 견해를 밝혔다.

# 황당한 국가보안법

## 2부

025

# 동아방송 「앵무새」[1] 사건

## 군검에 구속 송치

1964. 6. 17.

### 동아방송 부장 등 6명도

경찰은 지난 15일 동아방송 방송부장 최창봉(40) 씨 등 직원 6명을 반공법 제4조 1항(반국가단체의 활동 찬양, 고무), 형법 90조 2항(내란의 선동) 특정범죄 처벌에 관한 임시특례법 3조 3항(허위사실 유포, 정부 비방), 집회 및 시위에 관한 법률 3조 2항(불법 집회의 방조) 위반 혐의로 6관구 계엄보통군법회의 검찰부에 구속 송치했다고 17일 계엄 당국이 발표했다.

이들의 명단은 다음과 같다.

▲최창봉(방송부장) ▲고재언(뉴스실장) ▲이종구(「앵무새」 프로 제작자) ▲조동화(제작과장) ▲이윤하(편성과장) ▲김영효(제작과원)

1 사회현상을 희화적으로 비평한 사회만평 프로그램.

# 軍檢에 拘束送致

## 東亞放送部長등 6名도

경찰은 지난15일 동아방송방송부장 崔彰鳳(40)씨등 직원6명을 반공법제4조1항(반국가단체의활동찬양、고무) 형법90조2항(내란의선동) 특정범죄처벌에관한 임시특례법 3조3항(허위사실유포、정부비방) 집회및시위에관한법률 3조2항(불법집회의방조) 위반혐의로 6관구계엄보통군법회의검찰부에구속송치했다고 17일계엄당국이 발표했다.

이들의명단은 다음과 같다.

▲崔彰鳳(방송부장) ▲高在彦(뉴스실장) ▲李鐘求(앵무새프로제작자) ▲趙東華(제작과장) ▲李潤夏(편성과장) ▲金榮孝(제작과원)

1964. 6. 17.

## 동아방송 사건 공소장 전문

1964. 7. 14.

### 피고인 인적사항

1. 본적 서울특별시 동대문구 이문동 367 주소 서울특별시 성북구 성북동 111의 13 성명 최창봉 당 40년
2. 본적 전남 담양군 창평면 삼천리 400의 1 주소 서울특별시 종로구 필운동 163 성명 고재언 당 39년
3. 본적 경기도 광주군 돌마면 수내리 산 1 주소 서울특별시 서대문구 갈현동 136의 15 성명 이종구 당 44년
4. 본적 경남 마산시 회원동 203 주소 서울특별시 동대문구 보문동 4가 86 성명 김영효 당 33년
5. 본적 서울특별시 용산구 청파동 1가 1의 24 주소 서울특별시 성동구 성수동 1가 3의 41 성명 조동화 당 43년
6. 본적 서울특별시 종로구 낙원동 195의 3 주소 서울특별시 종로구 혜화동 4의 55 성명 이윤하 당 33년

### 공소사실

피고인 최창봉은 1956년 3월 고려대학교 영문과를 졸업한 이래 HLKZ 텔레비전 방송국 편성부장, 공보부 방송관리국 문화실장, 문화방송국 방송부장으로 전전 역임타가 1963년 1월 동아방송국 방송부장에,

피고인 고재언은 1948년 조선대학을 중퇴, 『동아일보』 기자를 거쳐 문화부 차장으로 승진, 1963년 3월 동아방송국 뉴스실장에,

피고인 이종구는 1948년 서울문리대 영문과를 졸업, 동 대학 강사, 동 대학 부교수로 근무타가 1962년 4월 『동아일보』 외신부장에,

피고인 김영효는 1959년 고대 철학과를 중퇴, 부산문화방송국 편성과원,

# 東亞放送사건公訴狀 (全文)

1964. 7. 14.

서울문화방송국 편성과원으로 전전, 1963년 6월 동아방송국 제작과원으로 입사,「앵무새」 프로 등 오락담당에,

피고인 조동화는 1952년 서울약대를 졸업, 건국대학 생물학과 주임교수,『가정생활』 주간으로 전전타가 1963년 2월 동아방송국 제작과장에,

피고인 이윤하는 1964년 3월 중앙대학 법정대학을 졸업, 국제방송국 편성과 대공계장으로 근무타가 1963년 2월 『동아일보』 편성과장에 각 현지(現至)[2] 하는 자 등인 바,

피고인 등은 방송언론인으로 방송되는 전파가 국경 없이 국내는 물론 적국에서도 청취할 수 있으니만큼 그 문맥 자체가 불온 또는 선동적인가 아닌가를 일일이 검토함은 물론 정부 기밀에 대한 시정 사안이 있을 시는 좀 더 품위 있는 술어로써 건의 내지 국민을 계몽하여 사회복지에 이바지할 위치에 있는 자임에도 불구하고, 1964년 4월 제1차적으로 정부의 대일굴욕외교 반대 학생데모가, 1964년 5월 제2차적으로 매판자본 타도 박정권 하야라는 학생데모가 일어나고 동 학생데모는 현 정부가 부정부패와 무능 독선이 극에 달하였고, 경제 질서는 그 정책 빈곤으로 파탄에 이르러 천정부지의 물가고로 민생고가 극심하여 민족분열의 위기에 놓였고, 대일외교회담은 매국적 굴욕적 회담으로서 일본제국주의의 식민지화하는 일보 전에 있다고 망상 단정하고 현 사태는 정부 전복의 요인이 됨에 충분하다고 속단, 국헌을 문란할 목적으로 세칭 3·24 한일회담 성토대회, 4·19 영현 추도식, 4·20, 4·21 난동시위로 민심을 교란하고 반정부적 감정과 무질서 상태가 미만한 때인지라 피고인 등도 이심전심 이에 동조하여 현 정부시책 및 정부기관을 비방하여 반정부 의식 및 전시(前示) 불법 데모를 확대케 할 의도 하에 국헌을 문란할 목적으로,

제1피고인 최창봉, 동 이종구, 동 김영효, 동 조동화, 동 이윤하 등은 이심전심 공모하여 매일 오후 9시 45분부터 5분간, 익일 오후 4시 20분부터 5분간 소위「앵무새」 프로에 동 김영효로, 원고 작성에 동 이종구를 각각 담당케 하여

2 오늘에 이른.

1. 1964년 4월 2일, 도대체 현 정부가 얼마나 무기력하고 때 묻은 짓을 했기에 백주에 만천하 국민의 눈이 뚜렷하게 떠 있는 자리에서 운운(증 제12호)

2. 동월 5일자 프로 시간에

살인을 예사로 아는 깡패와 도둑이 연중무휴 장날처럼 우글거리고 여당이라면 검찰총장을 멋대로 불러 앉히고 운운(증 13호)

3. 동월 10일, 여당의 비용이 어디서 갹출되겠느냐, 국내적으로 이처럼 부패한 판국에 운운(증 제14호)

4. 동월 13일에 나라의 질서를 어지럽히고 국민의 언론과 호흡을 같이 하면서 정권만 잡고 있으면 운운(증 제16호)

5. 동월 16일에 부정사건 뒤에는 반드시 어떤 고관, 정당의 유력한 간부급 사람들이 줄이 닿아 있으니 운운(증 제17호)

6. 동월 16일에 교수의 생활비와 연구비도 응분히 주지 못하고 툭하면 심리적인 압력이나 주고(증 제18호)

7. 동월 17일 나날이 접종하는 부정부패 사건의 발생과 경제적 빈곤과 운운(증 제19호)

8. 동월 19일 현대의 눈먼 오이디푸스는 아직도 구차한 영예에 매달려 운운(증 제20호)

9. 동월 20일에 나라의 책임자는 산중의 한가함을 운운(증 제21호)

10. 동월 21일 아니 어째서 나라가 이렇게 되고 말았나 운운(증 제22호)

11. 동월 22일에 선거가 끝나면 집권자들은 하나의 연극 배우 역인데 어지럽고 기막힌 일을 우리는 많이 참아왔어요 운운(증 제23호)

12. 동월 30일에 교수들이 궐기대회와 그에 뒤따르는 대대적인 시위로 마침내 역사에 빛나는 혁명의 운운(증 제25호)

13. 6월 2일 민족의 새싹들이 이처럼 며칠을 두고 끼니를 굶으며 몸부림치나 운운(증 제26호) 내용을

제2피고인 최창봉, 동 고재언은 외근기자가 취재한 뉴스 원고를 하등 수정 없이

1964년 5월 20일 뉴스 시간에

가, 경찰관들은 미술대학에 들어가 학생 7,8명을 연행 운운(증 제28호)

나, 삽시간에 몰려온 다른 대학생들과 일반인들로 문리대학 교문은 통로가 열렸다 운운(증 제29호)

다, 문리대 교정에서는 책가방을 든 중고등학생 300여 명도 합세, 경찰관을 싣고 온 군용트럭과 경찰차에 돌을 던졌습니다 운운(증 제30호)

2. 동월 22일 뉴스에

4·19정신은 3년 전 5월의 새벽에 구 일본군 중위가 이끌었던 한때의 군화에 의하여 모독당했다[3] 운운(증 제1호)

3. 동월 25일 뉴스에

서울대학교 문리대와 법과대학생 50여 명은 배가 고파 못살겠다라는 플래카드 운운(증 제31호)

4. 동년 6월 1일 라디오 석간시간에 ROTC운동회는 만국기가 화려하게 휘날리는 가운데 제법 잔치기분까지 풍겼습니다. 힘을 자랑하는 줄다리기 등 놀음은 가마니 위에 힘없이 쓰러져 있는 학생들과 너무나 대조를 이루었습니다 운운(증 제32호)

5. 동월 2일 뉴스시간에 박정권은 물러나라는 등 과격한 구호를 외쳐 반정부적 색채를 노골적으로 띤 점이 종전의 데모와 다른 점이다. 경찰은 곤봉과 최루탄을 스크럼을 짠 데모학생들에게 쏘아 이들 데모대를 강제로 해산 운운(증 제2호)

6. 동월 3일 뉴스에

가, 데모학생들의 대열에는 어린 학생들과 많은 시민들도 끼어 있었습니다 운운(증 제3호)

나, 일부 젊은이들이 2대의 경찰차와 군 트럭 10대를 점거해서 광화문 네

3 5·16 군사쿠데타가 만주국 중위 출신 박정희가 이끄는 군대에 의해 일어났음을 비유하는 내용.

거리를 몰고 다녔습니다 운운(증 제4호)

다, 공수단 위장복 차림의 군인 2개 소대를 비롯하여 소속 불명의 군대 3백여 명은 중앙청 앞을 지키고 운운(증 제5호)

라, 닷새 동안에 걸친 단식투쟁을 하는 서울대학교 문리대 학생들과 법과대학생들은 허기와 피로에 지친 몸을 이끌고 청와대를 향해서 행진 운운(증 제6호)

마, 데모대의 물결은 국회 앞과 세종로 일대를 누벼 넘실거렸습니다 운운(증 제7호)

바, 성균관대학생들은 한때 동대문경찰서에 돌을 퍼부었습니다 운운(증 제8호)

사, 썩고 무능한 박정권 타도라는 플래카드를 앞세우고 데모에 들어간 이들 고대생 운운(증 제9호)

아, 충남대학생들은 무력한 황소[4] 농민은 통곡한다 운운(증 제10호)

자, 청주고등학생들은 긴급 출동한 경찰기동대의 제1진을 뚫고 투석전으로 경찰의 백차 1대가 반파되었으며 수가 모자라는 경찰은 데모대를 저지하지 못하는 형편 운운(증 제11호)

등등 사사건건 정부시책을 야유 내지 과장 또는 조장 비방하는 내용의 방송을 하여 전시 불법학생데모를 선동선전한 것이다.

4 그 무렵 박정희가 이끄는 민주공화당의 상징이 황소였다.

## 동아방송 「앵무새」 무죄 확정

1969. 7. 16.

내란선동 등 혐의로 기소된 동아방송의 「앵무새」 사건은 검찰의 상고 포기로 원심인 무죄가 16일 확정됐다. 동아방송 방송부 국장 최창봉 씨 등 6명의 피고인들은 64년 6·3 사태 때 동 방송 프로인 「앵무새」가 북괴를 이롭게 하는 내용이란 이유로 기소되어 1심과 2심에서 각각 무죄를 선고받았었다.

## 東亞방송「앵무새」無罪확정

내란선동 혐의로 기소된 동아방송의「앵무새」사건은 검찰의 상고포기로 원심인 무죄가 16일 확정됐다。 동아방송 방송부국장 崔彰鳳씨등 6명의 피고인들은 64년 6·3사태때 동방송프로인「앵무새」가 북괴를 이롭게하는 내용이란 이유로 기소되어 1심과 2심에서 각각 무죄를 선고받았었다。

1969. 7. 16.

026

# 황용주 사건

### 문제의 인물
### '통일론'으로 구속된 황용주[1] 씨

1964. 11. 12.

## 대구사범 거쳐 일본 유학
## 교수·논설위원 등도 지내
## '120동지회' 부회장

국회에서 말썽을 일으킨 '강력한 통일 정부에의 의지'를 『세대(世代)』 잡지에 집필한 필자 황용주 씨는 지난 5월 동 잡지 편집위원으로 피임됐다.

1 경남 밀양 출신인 황용주는 박정희와 대구사범학교 동기동창인 바 학교 재학 시절부터 사회주의와 독립운동에 관심을 기울였다. 광복군에 입대하기도 한 그는 광복 후 같은 밀양 출신의 독립운동가 김원봉의 비서를 지내기도 하였다. 1956년부터 부산 소재 『국제신문』 논설위원으로 언론계 생활을 시작한 그는 반독재 언론인이었을 뿐 아니라 교원노조운동의 고문으로 활동하는 등 진보적 색채를 띠고 있었다. 박정희가 쿠데타로 집권한 후 그는 『부산일보』 주필, 『부산일보』 사장, 문화방송 사장 등을 지냈으나 1964년 11월 월간 『세대』에 남북 간 군사 대치 해소, 남북한 UN 동시가입, 통일 정부 수립 등을 주장하는 글을 기고한 것이 문제가 돼 반공법 위반으로 구속·수감되었다. 박정희가 사망하기 전까지 박정희와 교분을 나눈 것으로 알려져 있다. 2001년 8월 사망했다.

# 문제의 人物

## 「統一論」으로 拘束된 黃龍珠씨

### 大邱師範거쳐 日本留學
### 教授·論說委員등도지내
### 「120동지회」副會長

◇黃氏는 11일밤8시반경 반공법위반혐의로구속 서울교도소에 수감되었다

국회에서 말썽을 일으킨「강력한 통일정부에의 외지」를 世代잡지에 집필한 필자黃龍珠씨는 지난5월 동잡지 편집위원으로 피임됐다.

黃씨는 그로부터 4개월후인 9월1일 한국문화방송주식회사 사장에취임, 이어 문제된 논문을 世代지의 요청에 따라 집필했다. 군사정부때 黃씨는 釜山日報사장을 역임, 경남密陽출신이다.

▲黃씨의 학력=黃씨는 대구사범학교를졸업후 일본「와세다」대학 불문과에 입학했다. 차대통령과는 대구사범의 동기동창 관계이다. 黃씨는「와세다」대학재학중 일본학병에 끌려갔다.

▲경력=①黃씨는 만주에서 해방을 맞고 학병동지와함께 귀국, 고향인 密陽에 낙향, 世鍾중학교 교장으로 육영사업에투신했다.

②1950년에 부산대학 교수로 들어가 불문학강의를 맡았다.

黃씨는 불란서 자유문학예찬자라는 주변의 얘기.

③강의를맡으며 국제신보 논설위원으로 위촉.

④56년경 부산일보주필겸 편집국장에취임했다.

자유당독재가 끝날 달밀즈음 黃씨는「울밑에선 봉선화야」「전우의시체를 넘고넘어」등의 파격적인 제목의 사설을 게재 했다.

⑤민주당정부때 경남교원노조 고문에추천됐다.

⑥5·16후 부산일보사장에 취임했다. (62년) 1년후 사임—.

⑦지난5월 世代지편집위원에 위촉되고 9월에 문화방송 사장직에 올랐다.

▲그의주변=黃씨는 군사혁명직후 교원노조에관련된 사설때문에 구속—15일만에 무혐의로 풀려나왔다. 黃씨는 일본학병동지들의 모임인 「120동지회」부회장이며 회장에는 현국회부의장 張경순씨. 학병동지로는 閔충식 청와대비서관, 부산일보사장 趙세경씨등이있다. 黃씨는 차대통령과는 가장 친분이두터운 사람으로 알려지고있다.

▲그의가정과성격=그를 잘아는 이들은 성격이 괄괄하여 간혹 친구들에게 오해를사는 일이있다고말한다. 그같은 성격이 간혹 글에도 비쳐왔다는주변의얘기. 부인李(42)씨와17세의 외딸이있을뿐.

황 씨는 11일 밤 8시 반경 반공법 위반 혐의로 구속, 서울교도소에 수감되었다.

1964. 11. 12.

황 씨는 그로부터 4개월 후인 9월 1일 한국문화방송주식회사 사장에 취임, 이어 문제 된 논문을 『세대』지의 요청에 따라 집필했다. 군사정부 때 황 씨는 부산일보 사장을 역임, 경남 밀양 출신이다.

**▲황 씨의 학력**: 황 씨는 대구사범학교를 졸업 후 일본 와세다대학 불문과에 입학했다. 박 대통령과는 대구사범 동기 동창 관계이다. 황 씨는 와세다대학 재학 중 일본 학병에 끌려갔다.

**▲경력**: ① 황 씨는 만주에서 해방을 맞고 학병 동지와 함께 귀국. 고향인 밀양에 낙향, 세종중학교 교장으로 육영사업에 투신했다.

② 1950년에 부산대학 교수로 들어가 불문학 강의를 맡았다. 황 씨는 불란서 자유문학 예찬자라는 주변의 얘기.

③ 강의를 맡으며 『국제신보』 논설위원으로 위촉.

④ 56년경 『부산일보』 주필 겸 편집국장에 취임했다.

자유당 독재가 끝을 달릴 즈음 황 씨는 「울 밑에 선 봉선화야」, 「전우의 시체를 넘고 넘어」 등의 파격적인 제목의 사설을 게재했다.

⑤ 민주당 정부 때 경남교원노조 고문에 추천됐다.

⑥ 5·16 후 『부산일보』 사장에 취임했다. (62년) 1년 후 사임.

⑦ 지난 5월 『세대』지 편집위원에 위촉되고 9월에 문화방송 사장직에 올랐다.

**▲그의 주변**: 황 씨는 군사혁명 직후 교원노조에 관련된 사설 때문에 구속, 15일 만에 무혐의로 풀려나왔다. 황 씨는 일본 학병 동지들의 모임인 '120동지회' 부회장이며 회장에는 현 국회부의장 장경순 씨. 학병 동지로는 민충식 청와대 비서관, 부산일보 사장 최세경 씨 등이 있다. 황 씨는 박 대통령과는 가장 친분이 두터운 사람으로 알려지고 있다.

**▲그의 가정과 성격**: 그를 잘 아는 이들은 성격이 괄괄하여 간혹 친구들에게 오해를 사는 일이 있다고 말한다. 그 같은 성격이 간혹 글에도 비쳐 왔다는 주변의 얘기. 부인 이(42) 씨와 17세의 외딸이 있을 뿐.

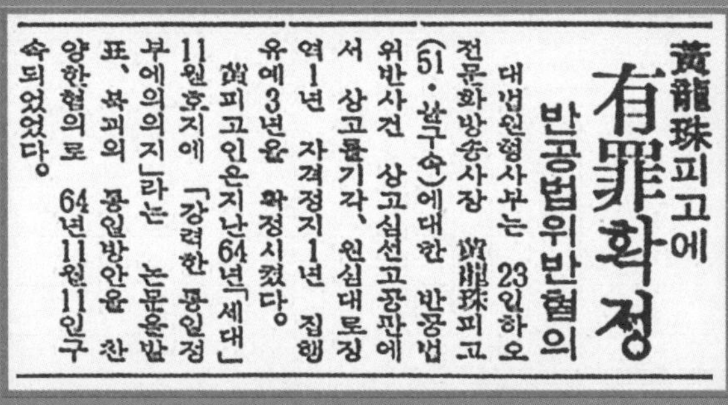

黃龍珠피고에
# 有罪확정
반공법위반혐의

대법원형사부는 23일하오 전문화방송사장 黃龍珠피고(51·불구속)에대한 반공법위반사건 상고심선고공판에서 상고를기각, 원심대로징역1년 자격정지1년 집행유예3년을 확정시켰다.

黃피고인은지난64년「세대」11월호지에 「강력한 통일정부에의의지」라는 논문을발표, 북괴의 통일방안을 찬양한혐의로 64년11월11일구속되었었다.

1969. 10. 23.

## 황용주 피고에 유죄 확정

1969. 10. 23.

### 반공법 위반 혐의

대법원 형사부는 23일 하오 전 문화방송 사장 황용주 피고(51·불구속)에 대한 반공법 위반 사건 상고심 선고공판에서 상고를 기각, 원심대로 징역 1년 자격정지 1년 집행유예 3년을 확정시켰다.

황 피고인은 지난 64년 『세대』 11월호 지에 「강력한 통일 정부에의 의지」라는 논문을 발표, 북괴의 통일 방안을 찬양한 혐의로 64년 11월 11일 구속되었었다.

027

# 방송극 「송아지」 사건

## 방송극 「송아지」[1] 말썽

1965. 3. 5.

### 반공법 적용, KBS 지정작가 김정욱 씨 구속

5일 상오 중앙정보부는 대전일보사 편집부장이며 서울중앙방송국 지정작가인 김정욱(35·본명 김춘식) 씨를 반공법 4조 1항(반국가단체 찬양·고무) 위반 혐의로 구속했다.

김 씨는 작년 11월 20일 하오 8시 반부터 30분간 대전방송국을 통해 「송아지」라는 방송극을 써서 방송했는데 이 방송극은 유산계급의 잔학성을 과장 묘사하여 유산계급에 대한 증오심을 북돋우어 모순된 사회구조의 타파를 위한 무산계급 혁명을 선동한 작품으로서 공산주의의 기본적인 이론을 자연스럽게 정계에 선전하고 그것을 실천토록 암시, 자극시켜 북괴의 활동을 고무 찬양한 혐의이다.

중앙정보부는 김 씨를 구속하기에 앞서 방송극 「송아지」를 김원규·김팔봉·정비석 씨 등에게 감정케 했다 한다.

1 대전방송국 방송극 제목. 그 무렵 송아지 값이 농촌에서 금값에 맞먹을 6~7만 원 나갔다. 그런데 이때 도시에서는 이 돈이 하루 술값으로 쓰이고 있었다. 이 사실을 도시 처녀와 농촌 소녀의 인식을 비교하는 방법을 통해 세태를 풍자한 것이다.

# 放送劇 "송아지" 말썽

## KBS指定作家 金貞旭씨구속

反共法 적용

5일상오 중앙정보부는大田일보사 편집부장이며 서울중앙방송국 지정작가인 金貞旭(35=본명金春植)씨를 반공법 4조1항(반국가단체 찬양고무) 위반혐의로구속했다。

金씨는 작년11월20일하오 8시반부터 30분간 大田방송국을통해『송아지』라는방송극을써서 방송했는데 이 방송극은 유산계급의잔학성을 과장묘사하여 유산계급에대한 증오심을 북돋우어 모순된 사회구조의 타파를 위한 무산계급혁명을 선동한 작품으로서 공산주의의 기본적인 이론을 자연스럽게 정계에선전하고 그것을 실천토록암시、자극시켜 북괴의 활동을 고무찬양한혐의이다。

중앙정보부는 金씨를 구속하기에앞서 방송극『송아진』을金元圭·金八峰·鄭飛石씨등에게 감정케 했다한다。

1965. 3. 5.

028

# 김성환 화백 만화 사건

## '재벌 밀수' 관계 만화 내사

1966. 10. 12.

### 동아 김성환[1] 씨, 반공법 위반 혐의로

서울지검 공안부(부장·이종원 검사)는 『동아일보』의 만화가 김성환 씨를 반공법 위반 혐의로 12일 상오 내사 중이다.

검찰에 의하면 김 씨가 지난 9월 22일 자 『동아일보』 7면에 실린 「고바우 영감 3938호」는 재벌과 국민 간에 이간을 붙여 계급의식을 고취하는 등 북괴를 이롭게 했다는 것이다.

김 씨는 이 만화에서 고바우 영감이 신문을 보면서 재벌공화국에 대해 "이제야 선전포고를 했군." 하고 말하자 그 옆에 섰던 지게꾼이 "혹시 지원병은 모집 안 하느냐."고 묻는 것을 그려 재벌 밀수에 대한 국민의 격분을 묘사했다는 것이다.

1 시사만화가. 대표 작품으로는 「고바우영감」, 「멍텅구리」, 「맹랑선생」 등이 있다.

『동아일보』. 1966. 9. 22.

# "財閥밀수"관계漫畵 內査

## 東亞金星煥씨、反共法위반협의로

서울지검공안부(부장=李鍾元검사)는 동아일보의 만화가 金星煥씨를 반공법위반협의로12일상오내사중이다.

검찰에의하면 金씨가 지난9월22일자 동아일보7면에실린「고바우영감3938호」는 재벌과 국민간에 이간을붙여 계급의식을 고취하는등 북괴를 이롭게했다는것이다.

金씨는 이만화에서 고바우영감이 신문을보면서 재벌공화국에대해『이제야선전포고를했군』하고말하자그옆에섰던 지게꾼이『혹시지원병은 모집안하느냐』고 묻는것을그려재벌밀수에대한국민의격분을묘사했다는것이다

1966. 10. 12.

029

# 영화 「7인의 여포로」 사건

## 이 감독에 영장 신청

1964. 12. 19.

### '반공법'에 걸린 「7인의 여포로」

18일 하오 서울지검 공안부는 합동영화사에서 제작한 영화 「7인의 여포로」의 제작자 이종순 씨와 감독 이만희 씨를 반공법 4조(반국가단체에 대한 찬양·고무) 위반 혐의로 입건하고 그중 이 감독에 대한 구속영장을 법원에 신청했다.

문제 된 이 영화의 내용 중에는 국군을 무기력한 군대로 묘사하는 한편 괴뢰군을 찬양하고 미군들에게 학대받는 양공주[1]들의 생활상을 비참하게 과장 묘사했다는 것이다. 서울형사지법 원종백 부장판사는 19일 하오 2시 공보부에 출장하여 문제 된 동 영화의 내용을 검토한 후 영장 발부 여부를 결정하기로 했다.

1 미군위안부의 저속한 표현. 주한 미군을 상대로 성매매를 한 여성.

# 李監督에 令狀申請

## 「反共法」에 걸린 "7人의 女捕虜"

18일하오 서울지검공안부는 합동영화사에서 제작한 영화『7인의여포로』의 제작자 李宗淳씨와 감독李晩熙씨를 반공법4조 (반국가단체에대한 찬영고무) 위반혐의로 입건하고 그중李감독에대한 구속영장을 법원에 신청했다.

문제된 이영화의 내용중에는 국군을 무기력한군대로 묘사하는한편 괴뢰군을 찬양하고 미군들에게 학대받는 양공주들의 생활상을 비참하게과장묘사했다는것이다. 서울형사지법元鍾百부장판사는 19일하오2시 공보부에 출장하여 문제된동영화의내용을 검토한후 영장발부여부를결정하기로했다.

1964. 12. 19.

## 영화 「7인의 여포로」 감독 이만희 씨 구속기소

1965. 2. 5.

### 반공법 위반 혐의
### "괴뢰병을 용감하게 취급" 등

5일 상오 서울지검 공안부는 영화 「7인의 여포로」의 감독 이만희(35) 씨를 반공법 제4조 1항 위반 혐의로 구속기소했다. 우리나라 처음으로 영화 제작에 말썽이 되어 반공법으로 구속기소된 이 씨는 작년 12월 19일 중앙정보부에서 입건, 구속영장까지 신청했으나 기각되었던 것인데, 또다시 4일 밤 구속한 후 이날 상오 구속기소한 것이다.

공소장에 의하면 이 감독[2]은

▲북괴를 국가 또는 교전단체로 취급하였고

▲괴뢰군을 선량한 동포이며 용감한 군인으로 취급하였으며

▲용감한 국군을 지조와 기력이 결여된 용병같이 표현함으로써 반국가단체의 활동을 고무, 동정하는 영화를 만들어 반국가단체를 이롭게 했다는 것이다.

공소장이 지적하고 있는 이 감독의 반공법 위반 사실은 다음과 같다.

① **북괴의 국제적 지위 앙양**: 괴뢰군을 국군 간호장교보다 상위 계급자로 설정시키고 거수경례를 붙이게 하는 등 대한민국이 북괴를 국가나 교전단체로 인정한 듯이 표현하였다.

② **반미감정 고취**: 미군은 호색적이고 잔악하며 야만적이어서 미국과 제휴하여 일한 자는 죽음을 당한다는 암시를 하여 미국에 대한 증오감을 유발시켰다.

③ **군사력의 취약화 책동**: 국군은 삶을 위하여 명예와 의무를 버리고 지조

2 1965년 3월 15일 이만희 감독은 보석허가를 받고 석방되었으며, 1965년 12월 8일, 법원은 그에게 선고유예판결을 내린다.

영화 '7人의女捕虜' 監督

# 李晩熙씨 拘束起訴

5일상오 서울지검공안부는 영화『7인의여포로』의감독李晩熙(사신=35)씨를 반공법제4조1항위반혐의로 구속기소했다。우리나라처음으로 영화제작에 말썽이되어 반공법으로 구속기소된 李씨는 작년12월19일 중앙정보부에서 입건, 구속영장까지 신청했으나 기각되었던것인데 또다시 4일밤 구속한후 이날 상오 구속기소한것이다。

## 反共法위반혐의

### "傀儡兵을 勇敢하게취급"등

구속된 李晩熙감독

공소장에의하면 이감독은 ▲북괴를 국가또는 교전단체로 취급하였고 ▲괴뢰군을 선량한 동포이며 용감한군인으로 취급하였으며 ▲용감한 국군을 지조와 기력이 결여된 [illegible] 표현함으로써 반국가단체의활동을 고무, 동정하는 영화를만들어, 반국가단체를 이롭게했다는것이다。

공소장이 지적하고 있는 이감독의 반공법위반사실은 다음과같다。

①북괴의 국제적지위앙양=괴뢰군을 국군간호장교보다상위계급자로 설정시키고 거수경례를 붙이게하는등대한민국이북괴를국가나교전단체로인정한듯이표현하였다。

②반미감정고취=미군은호색적이고 잔인하며 야만적이어서 미국과 제휴하여일한자는 [illegible] 당한다는암시를하여 미국에대한 증오감을 유발시켰다。

③군사력의 취약화책동=국군은 [illegible] 명예와 의무를 버리고 지조없이입대한것으로 표현하여 조국의수호를위해 숨진 영령을 모욕하고 국군에대한 불신감을 갖게했다。

④북괴찬양=괴뢰군이 한국여군들과 합세하여 횡포한 중공군을 섬멸시키는장면을 등장시킴으로써 괴뢰군이 중공군에 예속되지 아니하고 민족적 자주성이 강해서 공산주의보다 민족애를 앞세우는 용맹스러운 군인같이 조작표현했다。

구속된 이만희 감독

1965. 2. 5.

없이 입대한 것으로 표현하여 조국의 수호를 위해 숨진 영령을 모독하고 국군에 대한 불신감을 갖게 했다.

④ **북괴 찬양**: 괴뢰군이 한국 여군들과 합세하여 횡포한 중공군을 섬멸시키는 장면을 등장시킴으로써 괴뢰군이 중공군에 예속되지 아니하고 민족적 자주성이 강해서 공산주의보다 민족애를 앞세우는 용맹스러운 군인같이 조작 표현했다.

030

# 영화감독 유현목 사건

## 영화감독 유현목 씨 입건

1965. 7. 13.

### 반공법 위반 혐의, 구속 여부 검토

13일 상오 검찰은 영화 「순교자」의 감독 유현목 씨를 반공법 위반 혐의로 입건, 구속 여부를 검토 중이다. 서울지검 공안부 최대현 검사는 이날 상오 10시부터 유 씨를 소환 신문 중인데, 유 씨는 지난 3월 23일 세계문화자유회 한국본부 제21회 문화 세미나에서 발표한 「은막의 자유」가 반공법에 저촉, 말썽 된 것으로 알려졌다.

유 씨는 반공법으로 구속기소된 영화 「7인의 여포로」의 경우를 들어 주제를 발표한 이 「은막의 자유」에서 "대한민국의 국시는 반공일 수 없다. 한국의 작가는 국가적 현실 때문에 주체로서의 권리가 타의에 의해 침해당하고 있다." "아무리 한국적 현실이 미묘하다고 해도 몇 가지의 조문이나 법관복 몇 벌의 위력만으로는 작가의 내면생활을 다스릴 수 없는 것이다." "다정다감한 작가에게 오늘의 정부는 국시에 위배된다는 명목으로 걸핏하면 무서운 눈초리를 보이거나

# 映畫監督 俞賢穆씨 立件

## 反共法위반혐의、拘束여부 검토

13일상오 검찰은 영화『순교자』의감독 俞賢穆씨를반공법위반혐의로입건、구속여부를 검토중이다. 서울지검공안부 崔大賢검사는 이날상오10시부터 俞씨를소환신문중인데 俞씨는 지난3월23일 세계문화자유회한국본부 제21회문화「세미나르」에서 발표한『은막의자유』가 반공법에저촉、말썽된것으로 알려졌다.

俞씨는 반공법으로 구속기소된 영화『7인의 여포로』의 경우를들어 주제를발표한 이『은막의자유』에서『대한민국의 국시는 반공일수없다. 한국의작가는국가적 현실때문에 주체로서의 권리가 타의에의해 침해당하고 있다』『아무리한국적현실이 미묘하다고해도 몇가지의 조문이나 법관복(法官服) 몇벌의 위력만으로는 작가의 내면생활을 다스릴수 없는것이다』『다정다감한 작가에게 오늘의 정부는 국시에 위배된다는 명목으로 걸핏하면 무서운 눈초리를 보이거나 고랑쇠를 채우곤 한다』라는내용으로 되어있다.

1965. 7. 13.

고랑쇠를 채우곤 한다."라는 내용으로 되어 있다.

## 영화 「춘몽」 유죄

1967. 3. 15.

### 음화죄 적용, 한계 그어

서울형사지법 단독9과 김정현 판사는 15일 상오 영화감독 유현목 씨(41)에 대한 음화제조 및 반공법 위반 사건 판결공판에서 반공법은 무죄, 음화제조죄만을 유죄로 인정, 유 씨에게 벌금 3만 원(구형=징역 1년6월 자격정지 1년6월)을 선고함으로써 영화예술상의 음화 한계를 처음으로 그었다.

**유현목 감독에 벌금 3만 원 선고**

**반공법 무죄**

**"여체 노출은 성 도의감 파괴"**

재판부는 이 판결을 통해 "근래 서양문화의 침투로 성의 개방 풍조가 과거에 비해 높아져 우리 사회에 성적 풍속 감정이 크게 변한 것은 명백한 사실이나 여자의 유방, 여자신체의 전부 또는 일부를 함부로 노출시키는 풍속이나 감정은 우리 사회의 전통적인 풍속이나 감정에서 찾아볼 수 없다."고 전제하고 "이러한 노출은 아직까지 우리 사회에 일반화되지 않았고, 정상적 대중에게는 혐오감이나 수치감을 갖게 하므로 사회의 선량한 성적 도의 감정을 파괴하는 성의 표현"이라고 판시하면서 따라서 "이 행위는 사회의 일반이익을 위해 통제되어야 한다."고 밝혔다.

재판부는 유 씨의 반공법 위반혐의에 대해서는 괴뢰군을 인간성이 있는 인

# 영화「春夢」有罪

## 음화죄적용, 限界그어

○…서울형사지법 단독9과 (金●●판사)는 15일상오 영화감독 兪賢穆씨 (41)에…○
○…대한 음화제조및 반공법위반사건 판결공판에서 반공법은무죄·음화제조죄만을…○
○…유죄로인정, 兪씨에게 벌금3만원 (구형=징역1년6월 자격정지1년6월)을선…○
○…고함으로써 영화예술상의 음화한계를 처음으로그었다。…○

## 兪賢穆 감독에 罰金3萬원 宣告

### 反共法무죄 "女體노출은 性도의 감파괴"

영화「春夢」의 감독兪씨

영화「춘몽」의 감독 유씨

1967. 3. 15.

『경향신문』에 실린 「춘몽」 광고. 1965. 7. 3.

간으로 표현했다고 해서 이것이 반공법 4조의 적을 찬양고무한 구체적인 사실이 될 수 없고 인간성 있는 괴뢰군을 표현한 것은 갈등의식을 드라마에서 표현한 것에 불과하므로 반공법에 저촉되지 않는다는 유 씨의 발언 자체가 추상적인 사실일 뿐이므로 반공법 4조에 저촉되지 않는다고 판시했다.

유 피고인은 지난 65년 5월 초순 영화 「춘몽」을 제작하면서 여배우 박영정 양(25)이 촬영기사 등 남자 20여 명이 있는 세트장에서 알몸으로 20피트 6초 동안 달아나는 장면을 만들어냄으로써 음화를 제조했다고 말썽이 났으며, 65년 3월 세계문화자유회의 세미나에서 「은막의 자유」라는 제하의 연설을 할 때 이만희 감독이 만든 영화 「7인의 여포로」의 내용이 반공법에 저촉되지 않는다고 발언함으로써 반공법을 위반한 혐의로 기소되었다.

영화 「7인의 여포로」를 감독한 이만희 감독은 이 사건에 앞서 반공법 위반으로 선고유예의 판결을 받았었는데, 이 판결에 대해 서울지검 강용구 검사는 즉각 불복 항소했고, 유 피고인은 항소 여부를 생각해 보겠다고 말했다.

그런데 영화 「춘몽」은 일본영화 「백일몽」을 본떠서 만든 것으로 세기상사에서 제작, 65년 7월 3일부터 1주일간 시내 명보극장에서 상영되었다.

영화 줄거리는 치과병원에 치료받으러 간 여 환자가 마취주사를 맞고 분망한 애욕 행각의 꿈을 꾸는 이야기다.

031

# 4·3 다큐 「레드헌트」 사건

## 4·3 다큐 「레드헌트」, "이적표현물 아니다"

1999. 9. 8.

서울지법 서부지원 형사3 단독 오석준 판사는 7일 제주 4·3 항쟁을 다룬 다큐멘터리 영화 「레드헌트」를 상영, 국가보안법 위반 등의 혐의로 기소된 인권운동사랑방 대표 서준식 씨(51)에 대한 선고공판에서 국보법 위반 혐의에 대해서는 무죄를 선고했다.

재판부는 이날 판결에서 "「레드헌트」 영화와 시나리오를 검증한 결과 국가의 존립이나 자유민주질서를 뒤흔드는 이적표현물로 보기 어렵다는 결론이 나왔다."며 무죄선고 이유를 밝혔다.

하지만 재판부는 "서 씨가 당국에서 불허한 인권영화제를 진행하기 위해 밤에 몰래 대학 구내로 침입하고 보안관찰 기간 중 불법 집회에 참석, 폭력 행위 등 처벌에 관한 법률 및 보안관찰법을 위반한 사실은 인정된다."며 징역 6개월에 집행유예 1년의 유죄를 선고했다.

서 씨는 97년 11월 홍익대 인권영화제에서 「레드헌트」를 상영해 구속기소된 뒤 다음 해 2월 보석으로 풀려났다.

## 4·3다큐 '레드헌트' "이적표현물 아니다"

서울지법 서부지원 형사 3단독 오석준(吳碩竣)판사는 7일 제주 4·3항쟁을 다룬 다큐멘터리 영화 「레드헌트」를 상영, 국가보안법 위반 등의 혐의로 기소된 인권운동사랑방 대표 서준식씨(51)에 대한 선고공판에서 국보법위반 혐의에 대해서는 무죄를 선고했다。

재판부는 이날 판결에서 『「레드헌트」 영화와 시나리오를 검증한 결과 국가의 존립이나 자유민주질서를 뒤흔드는 이적표현물로 보기 어렵다는 결론이 나왔다』며 무죄 선고 이유를 밝혔다。

하지만 재판부는 『서씨가 당국에서 불허한 인권영화제를 진행하기 위해 밤에 몰래 대학 구내로 침입하고 보안관찰기간 중 불법집회에 참석, 폭력행위 등 처벌에 관한 법률 및 보안관찰법을 위반한 사실은 인정된다』며 징역 6개월에 집행유예 1년의 유죄를 선고했다。

서씨는 97년 11월 홍익대 인권영화제에서 「레드헌트」를 상영해 구속기소된 뒤 다음해 2월 보석으로 풀려났다。 김준기기자

jkkim@kyunghyang.com

1999. 9. 8.

032

# 가수 남인수 사건

## 남인수 씨, 모종 혐의로 문초

『조선중앙일보』, 1949. 1. 5.

과거 제정시대 OK 레코트 전속 유행 가수로 이름을 휘날리고 해방 후는 주로 무대 생활을 하던 유행가수 남인수 씨는 모종 사건 혐의로 4일 오전 11시경 시경찰국 사찰과에 검거, 문초 중이라 한다.

## 불온 레코드 「여수야화」 판금

1949. 9. 3.

서울시 경찰국에서는 아세아 레코드 회사 제품 「여수야화」[1] 레코드는 가사에 있

1 이 노래는 1948년 '여순 사건'을 빗대고 있다. 여순 사건은 전라남도 여수, 순천 지방에 주둔하던 부대에 제주 4·3사건 진압 명령이 떨어지자 이에 반발하여 일어난 군인들의 반란 사건으로 무수한 인적·물적 피해가 발생한 것은 물론, 국가보안법의 제정을 촉발하는 등 커다란 반향을 불러일으켰다. 「여수야화」는 김초향 작사, 이봉룡 작곡의 가요로, 1948년 10월 19일 발생한 여순 사건을 다룬 가사로 인해 우리나라 가요 역사상 최초로 판매금지되었다.

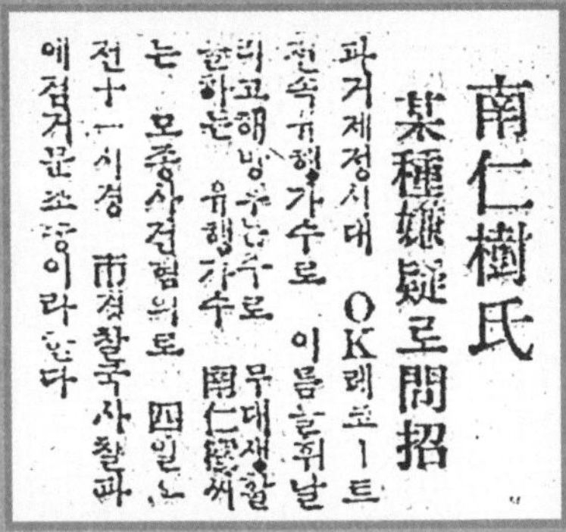
南仁樹氏

某種嫌疑로問招

과거제정시대 OK레코ㅡ트 전속유행가수로 이름을휘날리고해방후는주로 무대생활을하든 유행가수 南仁樹씨는 모종사건혐의로 四일오전十一시경 市경찰국사찰과에검거문초중이라한다

『조선중앙일보』, 1949. 1. 5.

어 불순할 뿐만 아니라 나아가서는 민심에 악영향을 초래할 우려가 있어서 1일 동 레코드를 판매 금지시키기로 되었다고 한다.

---

가사는 다음과 같다.

1. 무너진 여수항에 우는 물새야
우리집 선돌아범 어데로 갔나요
창없는 빈집속에 달빛이 새어들면
철없는 새끼들은 웃고만 있네
2. 가슴을 파고드는 저녁바람아
북청간 딸 소식을 전해주려무나
에미는 이 모양이 되었다마는
우리 딸 살림살인 흐벅지드냐
3. 왜놈이 물러갈 땐 조용하드니
오늘에 식구끼리 싸움은 왜 하나요
의견이 안맞으면 따지고 살지
우리집 태운 사람 얼골 좀 보자

## 不穩「레코-드」
## 「麗水夜話」販禁

서울시 경찰국 에서는 아세아(亞細亞)레코-드회사제품여수야화(麗水夜話)레코-드는 가사에있어 불순 할뿐만아니라 나아가서는 민심에 악영향을 초래할 우려가 있어서 一일 동「레코-드」를 판매금지 시키기로 되었다고 한다

1949. 9. 3.

033

# 민미협 사건

## 민미협 대표 등 3명 영장

1989. 8. 3.

### 전대협·일(日) 조직 연계 확증
### 임 양 밀입북 관련 13명 연행 조사

임수경 양 밀입북 사건을 수사 중인 국가안전기획부는 3일 전국여학생대표자협의회 평축준비위원장 신현경 양(21·한양대 총여학생회장·국문 4)과 같은 학교 총여학생회 학생부장 신경희 양(21·국문 4) 등 2명을 국가보안법 위반(편의 제공) 혐의로 구속영장을 신청했다.

안기부는 또 평양축전을 축하하는 내용의 「민족해방운동사」라는 대형 걸개 그림의 슬라이드를 북한 측에 보낸 민족미술전국연합회 공동대표 홍성담 씨(34)를 국가보안법(찬양·동조) 위반 혐의로 구속영장을 신청했다.

안기부는 홍 씨가 북한에 보낸 슬라이드가 길이 1백 미터의 대형 그림을 촬영한 것임을 밝혀내고 이 그림 제작에 참여한 홍 씨 이외의 민중미술 작가들을 수배하는 한편, 이 그림이 북한 평양축전에 소개되게 된 경위를 집중 수사 중이다.

안기부는 임 양의 선발과 자금 지원에 핵심적 역할을 해 온 것으로 알려진 전대협 평축준비위 정책기획실장 박종렬 군(23·연세대 경제 4)의 검거에 수사력을

# 民美協대표등 3명 令狀

# 全大協·日조직연계 확증

## 林양密入北관련 13명連行조사

林秀卿양밀입북사건을 수사중인 국가안전기획부는 3일 전국여학생대표자협의회 평축준비위원장 申[illegible]양(21·한양대 총여학생회장·국문4)과 강원대학교 총여학생회 학생부장 신경희양(21·국문4)등 2명을 국가보안법위반(편의제공)혐의로 구속영장을 신청했다.

안기부는 또 평양축전을 축하하는 내용의「민족해방운동사」란는 대형걸개그림의 슬라이드를 북한측에 보낸 민족미술전국연합회공동대표洪성담씨(34)를 국가보안법(찬양·동조)위반혐의로 구속영장을 신청했다.

안기부는 洪씨가 북한에 보낸 슬라이드가 길이 1백m의 대형그림을 촬영한것임을 밝혀내고 이그림제작에참여한 洪씨이외의 민족미술작가들을 수배하는한편 이그림이 북한평양축전에 소개되게된 경위를 집중수사중이다.

안기부는 林양의 선발과자금지원에 핵심적 역할을해온 것으로 알려진 전대협 평축준비위 정책기획실장 朴[illegible]烈군(23·연세대 경제4)의검거에 수사력을 모으는 한편 朴군의 배후인물에 대해서도수사중이다.

안기부는 林양사건과관련, 지금까지 재야 학생단체간부 13명을 연행, 이중 6명을구속하고 나머지는 계속조사중이라고 밝혔다.

안기부는 지금까지 연행자 및 구속자들을 조사한 결과 林양의 밀입북은 사전에 북한공작원에의해 전대협과 일본 조총련및 한통련이 연계돼 조직적으로 이뤄진 사실이 드러나고 있다고 밝혔다.

안기부는 또 자금부분의수사도 진행을 보여 수배된 전대협의장 任鍾晳군의 개인구좌에 상당한 액수가 입금돼 있음을 밝혀내고 이 돈의 출처를 쫓고 있는 것으로 알려졌다.

1989. 8. 3.

모으는 한편, 박 군의 배후인물에 대해서도 수사 중이다.

안기부는 임 양 사건과 관련, 지금까지 재야 학생단체 간부 13명을 연행, 이 중 6명을 구속하고 나머지는 계속 조사 중이라고 밝혔다.

안기부는 지금까지 연행자 및 구속자들을 조사한 결과 임 양의 밀입북은 사전에 북한 공작에 의해 전대협과 일본 조총련 및 한통련이 연결돼 조직적으로 이뤄진 사실이 드러나고 있다고 밝혔다.

안기부는 또 자금 부분의 수사도 진척을 보여, 수배된 전대협 의장 임종석 군의 개인 구좌에 상당한 액수가 입금돼 있음을 밝혀내고, 이 돈의 출처를 쫓고 있는 것으로 알려졌다.

## 홍성담 씨 7년 선고

1990. 6. 1.

서울고법 형사3부(재판장 송재헌 부장판사)는 1일 「민족해방운동사」란 대형 걸개그림을 슬라이드로 제작, 평양축전에 보낸 혐의 등으로 구속기소돼 1심에서 징역 7년 자격정지 7년을 선고받고 항소한 민족민중미술운동연합 공동의장 홍성담 피고인(35)에 대한 국가보안법 위반 사건 항소심 선고공판에서 홍 피고인에게 원심대로 징역 7년 자격정지 7년을 선고했다.

## 洪性淡씨 7년선고

서울고법 형사3부(재판장 宋識憲부장판사)는 1일 「민족해방운동사」란 대형걸개그림을 슬라이드로 제작, 평양축전에 보낸 혐의등으로 구속기소돼 1심에서 징역7년 자격정지 7년을 선고받고항소한 민족민중미술 운동연합 공동의장 洪性淡피고인(35)에 대한 국가보안법 위반사건 항소심 선고공판에서 洪피고인에게 원심대로 징역7년자격정지 7년을 선고했다。

1990. 6. 1.

# 그림 「모내기」 사건

## 남 외세·북 풍요 묘사 「모내기」 그림 유죄

1998. 3. 19.

### 대법 '이적표현물' 확정

국가보안법 위반 여부로 논란을 빚었던 민중미술협의회 소속 화가 신학철 씨(54)의 87년 작 「모내기」 그림은 이적표현물에 해당한다는 대법원의 판결이 나왔다. 대법원 형사3부(주심 지창권 대법관)는 18일 남북한을 비교·묘사한 「모내기」 그림을 그린 혐의로 기소된 신 씨의 국가보안법 위반 사건 상고심에서 무죄를 선고한 원심을 깨고 사건을 서울지법 합의부로 돌려보냈다.

재판부는 판결문에서 "「모내기」 그림은 북한의 모습을 통일 저해 요소가 없는 평화롭고 풍요로운 곳으로, 남한을 통일 저해 세력인 미·일 제국주의와 독재 권력, 매판 자본이 가득한 곳으로 묘사하고 있다."며 "이는 결과적으로 북한을 찬양하고 민중민주주의 혁명을 일으켜 연방제 통일을 실현하려는 북한의 주장과 궤를 같이하는 이적표현물"이라고 밝혔다. 신 씨는 87년 모내기하는 농부가 외세를 상징하는 코카콜라, 양담배 등을 바닷속으로 쓸어 넣는 남쪽의 장면과 풍년을 경축하며 행복한 모습을 짓고 있는 북쪽 사람들을 그린 혐의로 기소됐으나 1, 2심에서 무죄를 선고받았다.

## 南외세·北풍요 묘사 '모내기'그림 有罪

### 大法 "이적표현물" 확정

◇…국가보안법 위반 여부로 논란을 빚었던 민중미술협의회 소속 화가 신학철씨(54)의 87년작 「모내기」 그림은 이적표현물에 해당한다는 대법원의 판결이 나왔다。

대법원 형사3부(주심 池昌權 대법관)는 18일 남북한을 비교·묘사한 「모내기」 그림을 그린 혐의로 기소된 신씨의 국가보안법 위반사건 상고심에서 무죄를 선고한 원심을 깨고 사건을 서울지법합의부로 돌려보냈다。

재판부는 판결문에서 『모내기 그림은 북한의 모습을 통일저해 요소가 없는 평화롭고 풍요로운 곳으로, 남한을 통일저해 세력인 미·일 제국주의와 독재권력, 매판자본이 가득한 곳으로 묘사하고 있다』며 『이는 결과적으로 북한을 찬양하고 민중민주주의 혁명을 일으켜 연방제 통일을 실현하려는 북한의 주장과 궤를 같이하는 이적 표현물』이라고 밝혔다。 신씨는 87년 모내기하는 농부가 외세를 상징하는 코카콜라 양담배 등을 바닷속으로 쓸어넣는 남쪽의 장면과 풍년을 경축하며 행복한 모습을 짓고 있는 북쪽 사람들을 그린 혐의로 기소됐으나 1, 2심에서 무죄를 선고받았다。 박재현기자

1998. 3. 19.

# 무협지 『무림파천황』 사건

## 무협지에 공산 이론, 전 연대생 3년 선고

1982. 2. 13.

서울형사지법 최병학 판사는 13일 박영창 군(22·연세대 신학과 4년)에 대한 국가보안법·반공법·계엄법 위반 사건에 대한 선고공판에서 박 군에게 징역 3년을 선고했다.

박 군은 지난해 8월 『무림파천황(武林破天荒)』이란 무협 소설을 집필하면서 공산주의 이론을 삽입, 2천 권을 제작·반포한 혐의로 구속기소되어 징역 7년을 구형받았었다.

박 군은 또 80년 3월 연세대 신학회 회원 2명과 함께 반정부 대자보를 작성, 두 차례에 걸쳐 연세대 교내에 게시했다는 것이다.

## 武俠誌에 共產이론
## 前延大生 3年宣告

서울형사지법 崔秉僞판사는 13일 朴永昌군(22·연세대신학과4년)에대한 국가보안법·반공법·계엄법위반사건에대한 선고공판에서 朴군에게 징역3년을 선고했다.

朴군은 지난해8월 「무림파천황」이란 무협소설을집필하면서 공산주의이론을삽입, 2천권을제작, 반포한혐의로 구속기소되어 징역7년을 구형받았었다.

朴군은 또 80년3월 연세대 신학회회원 2명과함께 반정부대자보를작성, 두차례에 걸쳐 연세대교내에 게시했다는 것이다.

1982. 2. 13.

5共때의 禁書

# 12년만에 햇빛을 보게 되었습니다.

## 무림파천황

武林破天荒(전3권) ● 박영창 장편무협소설

●재미있는 이야기로 거의 잊혀진 「무림파천황」에까지 가해진 폭력은 5공의 탄생이 얼마나 무협지처럼 황당했으며 표현의 자유의 측면에서 얼마나 무게(?)했나를 반증해 주는 또 하나의 사건이었다. —중앙일보 93·7·16

●지난 5공시절 국내 무협소설 초유의 필화사건이 있었다. 책은 금서로 지정되고 작가는 투옥됐던 문제의 소설은 박영창씨의 「무림파천황」. 이후 이 무협지는 정부의 판금조치 덕분에 대학가에서 은밀히 읽혀지는 「지하서적」으로 인기를 끌기도 했다. —동아일보 93·7·20

●무소불위의 권력을 휘두르는 사파에 대한 묘사가 군사정권을 빗대지 않았느냐는 의심을 받은 것. 결국 무림의 대결구도를 변증법의 논리로 풀이한 부분이 문제가 됐다. 물론 당국의 일방적인 소설해석이다. —조선일보 93·7·20

●이제는 책을 구하는 것이 문제였다. 당국에 의해 압수당해 버린 까닭에 자취를 찾기가 어려웠던 것이다. 이렇듯 어렵사리 책을 되건져 올림으로해서 「무림파천황」이 과연 이적표현물인지 독자들이 직접 가늠해볼 수 있게 되었다. —일간스포츠 93·7·19

*첫장을 펼치는 순간부터 빠져듭니다.

상 중 하 각권 5,000원

도서출판 천마 전화·568-4974 팩시밀리·568-4976

『무림파천황』 광고. 1993. 8. 27.

# 5共시절 압수당한 무협지 「武林破天荒」 12년만에 해금

천마에서 12년만에 재출간될 예정.

이 책은 당시 운동권에서 활동했던 朴永昌씨(37·무협지번역가)가 아르바이트 삼아 만든 것으로 「가공할 무공을 지닌 柳龍이란는 無의청년이 무림의 사파를 궤멸한다는 평범한 내용.

그러나 「2페이지(원고지 10장) 분량의 유물론에 관한 언급과 무소불위의 힘을 휘두르는 것이 정치권력을 빗댄 것」이라는 이유로 시중서점에서 완전히 압수되고 작가자신은 국가보안법 위반 혐의로 2년간의 옥고를 치렀던 문제의 무협지.

1993. 7. 8.

## 5공 시절 압수당한 무협지 『무림파천황』 12년 만에 해금

1993. 7. 8.

천마에서 12년 만에 재출간될 예정.

이 책은 당시 운동권에서 활동했던 박영창 씨(37·무협지 번역가)가 아르바이트 삼아 만든 것으로 "가공할 무공을 지닌 유룡이라는 흑의청년이 무림의 사파를 궤멸한다."는 평범한 내용.

그러나 "2페이지(원고지 10장) 분량의 유물론에 관한 언급과 무소불위의 힘을 휘두르는 것이 정치권력을 빗댄 것"이라는 이유로 시중 서점에서 완전히 압수되고 작가 자신은 국가보안법 위반 혐의로 2년간의 옥고를 치렀던 문제의 무협지.

036

# 작가 남정현 사건

## 작가 남정현 씨 구속

1965. 7. 10.

### 반공법 위반 혐의로

중앙정보부는 7일 작가 남정현(32) 씨를 반공법 위반 혐의로 구속했다.

정보부에 의하면 남 씨는 지난 3월 『현대문학』지에 「분지」[1]라는 단편소설을 발표했는데, 이 소설은 6·25 남침을 "돌연한 충돌"이라고 말하고 "한국은 이방민이 흘린 똥과 오줌만 먹고 산다." "군 복무는 천벌과 같은 재앙"이라고 표현하여 북괴를 찬양하고 북괴 선전에 동조 영합하여, 이 소설 전문이 지난 5월 8일자 북괴 노동당 기관지 『조선통일』에 실렸다 한다. 남 씨는 지난 61년 8월 발표한 「너는 무어냐」는 소설로 '동인문학상'을 탄 바 있다.

---

1 분뇨, 즉 똥오줌이라는 뜻.

## 作家南廷賢씨구속
## 反共法위반혐의로

중앙정보부는 7일 작가 南廷賢(32)씨를 반공법위반혐의로 구속했다。

정보부에 의하면 南씨는 지난 3월『現代文學』지에『糞池』라는 단편소설을 발표했는데 이 소설은 6·25 남침을「당연한 승리」이라고 말하고『한국은 이방민이 흘린 똥과 오줌만이 먹고산다』『군 복무는 천벌과 같은 재앙』이라고 표현하여 북괴를 찬양하고 북괴선전에 동조영합하여 이소설전문이 지난 5월 8일자 북괴 노동당기관지「조선통일」에 실렸다한다。 南씨는 지난 61년 8월 발표한『너는 무어냐』는 소설로「東仁문학상」을 받은 바 있다。

1965. 7. 10.

## 소설 「분지」에 유죄

1967. 6. 28.

### 작가 남정현 씨에 선고유예
### 반공법 적용 "그러나 정상 참작"
### 반국가단체 이롭게 해 줄 요소 있다고 판시

서울형사지법 단독11과(재판장 박두환 판사)는 28일 상오 단편소설 「분지」의 작가 남정현 씨(34)에게 반공법 4조 1항을 적용, 유죄(징역 6월 자격정지 6월)를 인정했으나 정상을 참작, 형의 선고를 유예(2년간)했다.

이날 재판부는 반공법 4조 1항의 해석에 있어 반국가단체의 활동에 적극 호응, 가세할 목적이 없다 하더라도 소설 등 작품을 쓴 사람이 이 작품을 읽는 사람으로 하여금 반국가단체의 활동에 호응하는 감동을 일으킬 요소가 있다고 인식하고 집필하였으면 동법 4조 1항에 저촉된다고 판시했다.

이날 재판부는 작품 「분지」를 유죄로 판정했으나 피고인이 이 작품 집필에 있어 북괴의 활동에 호응, 가세할 적극적인 의사 또는 목적이 있었다고 인정되지 아니하며 장래가 촉망되는 젊은 작가이며 이 사건 이후 작품 활동을 중단, 근신하는 등 개전의 정이 현저하다고 형의 선고를 유예했다.

남 피고인은 『현대문학』 65년 3월호에 쓴 소설 「분지」가 말썽이 되어 구속된 후 구속 적부심사에서 석방되었으며 검찰에서 법정 최고형인 징역 7년 자격정지 7년을 구형받았었다.

남 피고인은 이 판결에 불복, 항소할 뜻을 밝혔다.

# 小說「糞地」에 有罪

## 作家 南廷賢씨에 宣告유예

### 反共法적용 "그러나 情狀참작"

### 反國家단체 이롭게해줄 要素있다고 判示

서울형사지법 단독11부(재판장 [illegible]판사)는 28일 상오 단편소설 「糞地」의 작가 南廷賢씨(35)에게 반공법4조1항을 적용, 유죄(징역6월 자격정지6월)를 인정했으나 정상을 참작, 형의 선고를 유예(2년간)했다.

선고유예를 선고받는 소설「糞地」작가 南씨

이날 재판부는 반공법4조1항의 해석에 있어 반국가단체의 활동에 적극호응 가세한 뚜렷이 없다하더라도 소설등 작품을 읽는사람이 이작품을 읽는사람으로 하여금 반국가단체의 활동에 호응하는 감동을 일으킬 요소가 있다고 인식하고 집필하였으면 동법4조1항에 저촉된다고 판시했다.

이날 재판부는 작품「糞地」를 유죄로 판정했으나 피고인이 이작품집필에 있어 북괴의 활동에 호응, 가세할 적극적인 의사또는 목적이 있었다고 인정되지 아니하며 장래가 촉망되는 젊은작가이며 이사건이후 작품활동을 중단, 근신하는등 개전의 정이 현저하다고 형의선고를 유예했다.

南피고인은 현대문학 65년3월호에 소설「糞地」가 말썽이되어 구속된후 구속적부심사에서 석방되었으며 검찰에서 법정최고형인 징역7년 자격정지7년을 구형받았었다.

南피고인은 이판결에 불복 항소할뜻을 밝혔다.

선고유예를 선고받는 소설「분지」 작가 남 씨

1967. 6. 28.

037

# 『사상계』 「오적」 사건

## 『사상계』 「오적」 필자 등 셋 구속

1970. 6. 2.

월간지 『사상계』 5월호 「오적(五賊)」의 필자 김지하 씨(33·본명 김영일) 등 3명이 2일 상오 반공법 4조 1항 위반 혐의로 수사기관에 구속됐다.

서울형사지법 유태흥 부장판사에 의해 구속영장이 발부된 이들 3명 중 김 씨는 정부를 비방하는 시를 『사상계』 5월호에 게재하여 북괴를 이롭게 했으며 나머지 2명은 이 시를 신민당 기관지인 『민주전선』(6월 1일 자)에 전재한 혐의를 받고 있다.

수사기관은 사상계 사장 부완혁 씨도 반공법 위반 혐의로 구속영장을 신청했으나 보류됐다.

# 思想界「五賊」 筆者등 셋拘束

월간지 사상계5월호 오적(五賊)의 필자 金지하씨(33·본명 金영일)등 3명이 2일상오 반공법4조1항위반협의로 수사기관에구속됐다。

서울형사지법 兪泰興부장판사에의해 구속영장이발부된 이들3명중金씨는 정부를비방하는시를 사상계5월호에 게재하여 북괴를 이롭게했으며 나머지 2명은 이시를 신민당기관지인 민주전선(6월1일자)에 전재한 협의를 받고있다。

수사기관은 사상계사장夫琓爀씨도 반공법위반협의로 구속영장을 신청했으나 보류됐다。

1970. 6. 2.

# 『민중교육』지 사건

## 『민중교육』지 관련 3명에 실형 구형

1986. 1. 29.

서울지검 공안부 최연희[1] 검사는 29일 무크지 『민중교육』지 사건과 관련, 구속기소된 전 양정고 교사 김진경 피고인(32) 등 3명에 대한 결심 공판에서 각각 국가보안법 위반죄를 적용, 김 피고인에게 징역 3년 자격정지 3년을, 실천문학사 주간 송기원 피고인(39)에게는 징역 2년 6월 자격정지 2년 6월을, 전 성동고 교사 윤재철 피고인(33)에게는 징역 2년 자격정지 2년을 구형했다.

---

1 제15대(신한국당), 제16대(한나라당), 제17대(한나라당) 제18대(무소속) 국회의원을 지냈다.

## 「민중교육」誌관련 3명에 實刑구형

서울지검 공안부 崔鉛熙검사는 29일 무크지「민중교육」지 사건과 관련, 구속 기소된 전 양정고 교사 金津經피고인(32)등 3명에 대한 결심공판에서 각각 국가보안법위반죄를 적용, 金피고인에게 징역 3년 자격정지 3년을, 실천문학사 주간 宋基元피고인(39)에게는 징역 2년6월 자격정지 2년6월을, 전 성동고 교사 尹載喆피고인(33)에게는 징역2년 자격정지 2년을 구형했다。

1986. 1. 29.

# 『노동해방문학』지 사건

## 『노동해방문학』지 발행인·필자 수배

1990. 1. 12.

### 안기부, 편집국장 연행

국가안전기획부는 11일 월간 『노동해방문학』 발행인 김사인 씨(34·도서출판 노동문학사 대표)에 대해 국가보안법 위반(이적표현물 제작 등) 혐의로 법원의 사전 구속영장을 발부받아 검거에 나섰다.

안기부는 또 이 잡지 편집국장 임규찬 씨(33)를 연행 조사하는 한편 이 잡지에 계속 글을 기고해 온 노동자 시인 박노해 씨(31·본명 박기평)와 「정세역전을 위한 노동자계급의 전술결의」를 기고한 이정로 씨 등 필자 6명의 검거에 수사력을 모으고 있다.

안기부는 이날 하오 8시부터 5시간여 동안 서울 용산구 이촌동 한강맨션아파트 김 씨 집과 서대문구 창천동 『노동해방문학』 편집실 등 6곳에 대한 압수수색을 벌여 『노동해방문학』 89년 4월~12월호, 『우리들의 사랑 우리들의 분노』 등 책자 98종 4만 6천여 권, 원고, 노동 관련 단체 주소록 일체를 압수했다.

사전영장에 따르면 김 씨는 지난해 1월부터 자신이 설립한 도서출판 노동문학사의 대표 및 월간지 『노동해방문학』 발행인을 겸하면서 이 잡지 10월호에

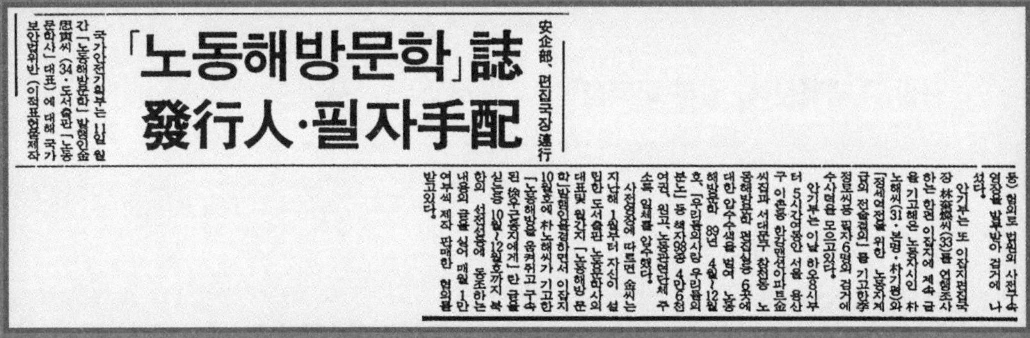

安企部, 편집국장連行

「노동해방문학」誌 發行人·필자手配

국가안전기획부는 11일 월간 「노동해방문학」 발행인 金思寅씨(34·도서출판 「노동문학사」 대표)에 대해 국가보안법위반(이적표현물제작 등) 혐의로 법원의 사전구속영장을 발부받아 검거에 나섰다.

안기부는 또 이잡지 편집국장 林奎燦씨(33)를 연행조사하는 한편 이잡지에 계속 글을 기고해온 노동자시인 朴노해씨(31·본명·朴기평)와 「정세연구를 위한 노동자계급의 전술강의」를 기고한 李정로씨등 필자6명의 검거에 수사력을 모으고있다.

안기부는 이날 하오8시부터 5시간여동안 서울 용산구 이촌동 한강맨션아파트에 있는 노동해방문학 편집실등 6곳에 대한 압수수색을 벌여 노동해방문학 89년 4월~12월호, 「우리들의 사랑 우리들의 분노」등 책자8종 4만6천여권, 원고, 노동관련단체 주소록 일체를 압수했다.

사전영장에 따르면 金씨는 지난해 1월부터 자신이 설립한 도서출판 노동문학사의 대표및 월간지 「노동해방문학」발행인을 겸하면서 이잡지 10월호에 朴노해씨가 기고한 「노동해방을 움켜쥐고 구속된 徐우근동지에게」란 글을 싣는등 10월~12월호까지 북한의 선전선동에 동조하는 내용의 글을 실어 매월 1만여부씩 제작 판매한 혐의를 받고있다.

1990. 1. 12.

박노해 씨가 기고한 「노동해방을 움켜쥐고 구속된 서우근 동지에게」란 글을 싣는 등 10월~12월호까지 북한의 선전 선동에 동조하는 내용의 글을 실어 매월 1만여 부씩 제작 판매한 혐의를 받고 있다.

040

# 소설 『태백산맥』 사건

## 경찰, "『태백산맥』 일부 이적성"

1994. 9. 1.

### 작가 조정래 씨 내주 불구속 송치
### 한길사 김언호 대표도…창작 자유 논란 일듯

경찰청은 31일 소설 『태백산맥』의 일부 내용이 대한민국의 정통성을 부정하고 김일성 체제를 옹호하는 등 명백히 이적성을 띠고 있다는 결론을 내리고 작가 조정래 씨(51)와 발행인 김언호 씨(49·한길사 대표) 등 2명을 국가보안법 위반 혐의로 불구속 입건, 내주 초 검찰에 송치키로 했다.

경찰은 소설 『태백산맥』이 ▲ 이승만 정권을 친미 괴뢰 정부로 묘사, 대한민국의 정통성을 부정하고 ▲여순 사건 등을 정당화했으며 ▲6·25 전쟁을 인민해방과 조국해방전쟁으로 묘사한 점 등이 이적성을 띤 것으로 인정된다고 밝혔다.

소설 『태백산맥』에 대한 경찰의 사법 처리 방침은 체제 수호라는 법 테두리 내에서 출판·창작의 자유와 표현의 한계를 놓고 큰 논란이 일 것으로 예상된다.

경찰은 지난 6월 발행인 김 씨를 2차례 소환, 조사를 마쳤으나 작가 조 씨는

# 경찰 "「태백산맥」 일부 利敵性"

## 작가 趙廷來씨 내주 불구속송치

### 한길사 金彦鎬대표도…창작자유 논란일듯

경찰은 31일 소설 「태백산맥」의 일부내용이 대한민국의 정통성을 부정하고 金日成체제를 찬양하는 등 명백히 이적성을 띠고 있다는 결론을 내리고 작가 趙廷來씨(51)와 발행인 金彦鎬씨(49·한길사 대표)등 2명을 국가보안법위반혐의로 불구속입건, 내주초 검찰에 송치키로 했다.

경찰은 소설 「태백산맥」이 ▲李承晩정권을 親美괴뢰정부로 묘사, 대한민국의 정통성을 부정하고 ▲여순사건등을 정당화했으며 ▲6·25전쟁을 인민해방과 조국해방전쟁으로 묘사한 점등이 이적성을 띤 것으로 인정됐다고 밝혔다.

소설 「태백산맥」에 대한 경찰의 사법처리방침은 체제수호라는 법테두리내에서 출판·창작의 자유와 표현의 한계를 놓고 큰 논란이 일 것으로 예상된다.

경찰은 지난 6월 발행인 金씨를 2차례 소환, 조사를 마쳤으나 작가 趙씨는 한차례 조사를 받은 뒤 재소환요구에 계속 불응해 불구속상태에서 검찰에 서류송치키로 했다고 밝혔다.

경찰은 지금까지 문학평론가·역사학자등 전문가 10여명으로부터 「태백산맥」의 이적성혐의를 뒷받침할 참고인의견을 받아놓은 것으로 알려졌다.

趙씨는 31일 자신의 사법처리방침에 대해 「허구의 사실을 엮어 쓴 소설을 놓고 공산주의를 고무찬양하려는 역사기술이라고 보는 것은 상식이하의 해석」이라며 「앞으로 경찰의 태도를 지켜본뒤 대응책을 강구하겠다」고 말했다.

<朴來勇기자>

1994. 9. 1.

한 차례 조사를 받은 뒤 재소환 요구에 계속 불응해 불구속 상태에서 검찰에 서류 송치키로 했다고 밝혔다.

경찰은 지금까지 문학평론가·역사학자 등 전문가 10여 명으로부터 『태백산맥』의 이적성 혐의를 뒷받침할 참고인 의견을 받아 놓은 것으로 알려졌다.

조 씨는 31일 자신의 사법 처리 방침에 대해 "허구의 사실을 엮어 쓴 소설을 놓고 공산주의를 고무 찬양하려는 역사기술이라고 보는 것은 상식 이하의 해석"이라며 "앞으로 검찰의 태도를 지켜본 뒤 대응책을 강구하겠다."고 말했다.

## 소설 『태백산맥』, '이적성' 다시 도마 위에

1996. 8. 10.

### 서울지검 2년 만에…기소 여부 결정
### 법조-문학계 논쟁 재연 조짐

소설 『태백산맥』의 이적성 여부가 2년 만에 또다시 검찰의 도마에 올랐다.

서울지검 공안1부는 지난 2년 동안 결론을 내리지 못하고 묵혀 두었던 이 사건을 9일 최상관 검사에게 새로 배당, 기소 여부를 결정토록 했다.

최 검사는 "그동안의 수사 기록 및 소설 『태백산맥』의 내용에 대한 분석 작업을 벌이겠다."며 "그 결과에 따라 국가보안법 위반 등 혐의로 불구속 송치된 작가 조정래 씨(53)와 출판사인 한길사 대표 김언호 씨(51) 등에 대한 사법 처리 여부를 최종 결정할 방침"이라고 밝혔다.

이에 대해 검찰 내부에서는 "작가가 목적의식을 갖고 소설을 집필했는지 여부가 사법 처리의 중요한 잣대로 작용할 것"이라고 지적하며 "이 같은 의도가 확인되면 유죄는 불가피하다."는 의견을 나타내고 있다.

그러나 "작가 조 씨를 기소할 경우 오히려 문학계의 반발을 초래하는 등 평지풍파를 일으킬 우려가 있으며 문학을 법의 잣대로 재단하는 것은 위험하다."는 정상론도 만만치 않다.

이에 따라 『태백산맥』을 둘러싼 법조계와 문학계의 논쟁이 재연될 조짐을 보이고 있다.

소설「태백산맥」

# 「이적성」 다시 도마위에

## 서울지검 2년만에… 기소여부 결정

### 법조―문학계 논쟁 재연 조짐

소설 「태백산맥」의 이적성 여부가 2년 만에 또다시 검찰의 도마에 올랐다.

서울지검 공안1부는 지난 2년동안 결론을 내리지 못하고 묵혀두었던 이 사건을 9일 崔栢官검사에게 새로 배당, 기소여부를 결정토록 했다.

崔검사는 『그동안의 수사기록 및 소설 태백산맥의 내용에 대한 분석작업을 벌이겠다』며 『그 결과에 따라 국가보안법 위반 등 혐의로 불구속 송치된 작가 趙廷來씨(53)와 출판사인 한길사 대표 金언호씨(51) 등에 대한 사법처리 여부를 최종결정할 방침』이라고 밝혔다.

이에 대해 검찰 내부에서는 『작가가 목적의식을 갖고 소설을 집필했는지 여부가 사법처리의 중요한 잣대로 작용할 것』이라고 지적하며 『이같은 의도가 확인되면 유죄는 불가피하다』는 의견을 나타내고 있다.

그러나 『작가 趙씨를 기소할 경우 오히려 문학계의 반발을 초래하는 등 평지풍파를 일으킬 우려가 있으며 문학을 법의 잣대로 재단하는 것은 위험하다』는 정상론도 만만치 않다.

이에 따라 태백산맥을 둘러싼 법조계와 문학계의 논쟁이 재연될 조짐을 보이고 있다.

태백산맥의 이적성 논란은 94년 4월 李承晩 前대통령의 양아들인 李仁秀씨(명지대교수)와 「구국민주연맹」 등 8개 단체가 작가와 출판사 대표를 국가보안법 및 사자에 대한 명예훼손혐의로 고발하면서 시작됐다.

검찰은 같은해 9월 경찰로부터 사건을 송치받았다. 당시 검찰은 태백산맥에 대해 ▲李承晩정권을 친미괴뢰정부로 묘사하고 대한민국의 정통성을 부정했는지 ▲여순사건을 민족해방을 위한 민중들의 자발적인 봉기로 정당화했는지 ▲6·25전쟁을 인민해방과 조국해방전쟁으로 미화했는지 등에 대해 조사를 벌였으나 사법처리 여부는 결정하지 못하고 있는 상태다. <朴宰玄기자>

1996. 8. 10.

『태백산맥』의 이적성 논란은 94년 4월 이승만 전 대통령의 양아들인 이인수 씨(명지대 교수)와 구국민주연맹 등 8개 단체가 작가와 출판사 대표를 국가보안법 및 사자에 대한 명예훼손 혐의로 고발하면서 시작됐다.

검찰은 같은 해 9월 경찰로부터 사건을 송치받았다. 당시 검찰은 『태백산맥』에 대해 ▲이승만 정권을 친미 괴뢰 정부로 묘사하고 대한민국의 정통성을 부정했는지 ▲여순 사건을 민족해방을 위한 민중들의 자발적인 봉기로 정당화했는지 ▲6·25 전쟁을 인민해방과 조국해방전쟁으로 미화했는지 등에 대해 조사를 벌였으나 사법처리 여부는 결정하지 못하고 있는 상태다.

# 연대 오화섭 교수 사건

## 간첩 편의 제공 혐의 연대 오화섭[1] 교수 구속

1960. 10. 28.

연세대학교 교수이며 저명한 영문학자인 오화섭 씨를 국가보안법 위반 혐의로 구속한 서울지검 정보부는 28일 상오 그 혐의를 추궁하는 동시, 관련자가 있는지를 조사 중이다. 알려진 바에 의하면 오 교수는 이북에서 간첩 사명을 띠고 내려온 그의 친지 김 모에게 편의를 제공함으로써 방조한 혐의가 드러났다고 한다.

1 연세대 교수, 영문학자로 희곡 번역을 통해 한국의 연극 발전에 이바지했다. 대표적 번역 작품으로 『세일즈맨의 죽음』, 『욕망이라는 이름의 전차』, 『수평선 넘어』, 『오셀로·템페스트』 등이 있다.

# 間諜便宜提供혐의

## 延大吳華燮교수拘束

속보‖인세대학교교수이며 저명한 영문학자인 오(吳華燮)씨를 국가보안법위반혐의로구속한 서울지검 정보부는 二十八일상오 그혐의를 추궁하는동시 관련자가 있는지를 조사중이다

알려진바에의하면 오(吳)교수는 이북에서 간첩사명을띠고 내려온 그의친지 김(金某)에게 편의를 제공함으로써 방조한혐의가 드러났다고한다

1960. 10. 28.

## 吳華燮씨拘束起訴
### 間諜鄭과 함께幇助罪로

서울지검 정보부는 二十三일하오 연세대교수 오(吳華燮)씨와 간첩 정(鄭演澈)을국가보안법위반죄로구속기소했다 검찰총장실에서 열린 간부회의에서「오」교수를구속기소키로 결정한후 지검 김(金東鎬)차장검사는『「오」교수는 六·二五때 자진의용군에 입대했고 간첩「정」이 전처의 처남이므로형(刑)이 면제되는 친족에 해당되지않기때문에 구속기소하는것이다』라고말했다

공소장에의하면「오」교수는 지난十월十일 공작금미화五백불을갖고내려온간첩「정」을그의집에서 만나고 수사기관에 고발하지않은 혐의가 있다한다

1960. 11. 24.

## 延世大學 吳教授에宣告猶豫
### 間諜鄭演澈에는 15年을宣告

〈법정에선정연철과 오화섭피고〉

법정에 선
정연철과
오화섭 피고

서울지법형사一부(재판장 裵俊邦 부장판사)는 十八일상오 연세대영문학교수 오(吳華燮=四六) 피고인에게선고유예를, 그의처남인간첩정(鄭演澈=三九)에게징역 十五년을 각각판결선고했다「오」교수는검찰에서 국가보안법위반(不告知罪)으로징역二년을, 간첩「정」은사형을 구형받았었다

이날판결공판에서「장」재판장은 간첩「정」과「오」교수가 작년十월十四일만난것은 사실이나「오」교수가 간첩「정」에게 포섭되지않을뿐더러 오히려 공산주의사상을 배격했었다는정상을 참작하여전기와같이선고한다고밝혔다

1961. 1. 18.

## 오화섭 씨 구속기소, 간첩 정(鄭)과 함께 방조죄로

1960. 11. 24.

서울지검 정보부는 23일 하오 연세대 교수 오(吳華燮) 씨와 간첩 정(鄭演澈)을 국가보안법 위반죄로 구속기소했다.

검찰총장실에서 열린 간부회의에서 오 교수를 구속기소키로 결정한 후 지검 김(金東鎬) 차장검사는 "오 교수는 6·25 때 자진 의용군에 입대했고 간첩 '정'이 전처의 처남이므로 형(刑)이 면제되는 친족에 해당되지 않기 때문에 구속기소하는 것이다."라고 말했다.

공소장에 의하면 오 교수는 지난 10월 10일 공작금 미화 5백 달러를 갖고 내려온 간첩 '정'을 그의 집에서 만나고 수사기관에 고발하지 않은 혐의가 있다 한다.

## 연세대학 오 교수에 선고유예

1961. 1. 18.

### 간첩 정연철에는 15년을 선고

서울지법 형사1부(재관장 장준택 부장판사)는 18일 상오 연세대 영문학 교수 오(오화섭·46) 피고인에게 선고유예를, 그의 처남인 간첩 정(정연철·39)에게 징역 15년을 각각 판결 선고했다. 오 교수는 검찰에서 국가보안법 위반(불고지죄)으로 징역 2년을, 간첩 정은 사형을 구형받았었다.

이날 판결 공판에서 장 재판장은 간첩 정과 오 교수가 작년 10월 14일 만난 것은 사실이나 오 교수가 간첩 정에게 포섭되지 않았을뿐더러 오히려 공산주의 사상을 배격했었다는 정상을 참작하여 전기와 같이 선고한다고 밝혔다.

042

# 크리스천 아카데미 사건

## 불법 용공 서클 일당 검거

1979. 4. 17.

### 7명 구속, 불온서적 탐독, 북괴 노선 지지
### 교인 아니면서 크리스천 아카데미 침투

중앙정보부는 16일 농촌, 산업, 여성 등 각 분야에서 불온 활동을 해 온 경동교회 부설 크리스천 아카데미 사회교육원(원장 강원룡 목사) 농촌사회 간사 이우재(43)[1] 등 7명을 반공법 제4조 1항(북괴 찬양) 위반 혐의로 구속, 서울지검에 송치하고 사회대중당 조직위원장 유병묵(69)[2]을 불구속 송치했다고 발표했다.

발표에 따르면 이 사건에 관련, 구속된 주범 이(李)는 교인이 아니면서 크리스천 아카데미에 침투하여 역시 농촌사회분야 간사인 다른 5명과 공모, 현 정부의 정치·경제 등 사회제도를 부정해 왔다는 것이다.

과거 통혁당 사건에도 관련됐던 이 등은 현 제도를 변혁함으로써 소위 '사회주의 국가 건설'을 실현한다는 목적 아래 지하에 불법 용공 서클을 비밀리에

1 제15대(신한국당). 제16대(한나라당) 국회의원을 지냈다.
2 1940~1988. 함경남도 홍원군 출신의 독립운동가이자 사회운동가.

# 불법容共서클 一黨검거

## 7명拘束 不穩書籍 탐독、北傀路線 지지

### 敎人 아니면서 크리스천아카데미 침투

중앙정보부는 16일 농촌 산업 여성농민 등에서 농촌활동을 해온 京畿교회부설 크리스천 아카데미 사회교육원(원장 姜元龍목사) 농촌사회간사 李佑宰(43)등 7명을 반공법 제4조 1항(북괴찬양) 위반혐의로 구속, 서울지검에 송치하고 사회대중당 조직위원장 劉秉默(69)을 불구속 송치했다고 발표했다.

발표에 따르면 이 사건에 관련, 구속된 李佑宰는 교인이 아니면서 크리스천아카데미에 취부하여 역시 농촌사회분야 간사인 다른 5명과 공모, 현정부의 정치·경제등 사회제도를 부정해왔다는 것이다.

과거 무협단사건에도 관련됐던 李佑宰는 현제도를 번혀함으로써 소위 「사회주의 국가건설」을 실현한다는 목적 아래 지하에 불법용공서클을 비밀리에 결성, 북괴 편인방송 및 중공방송의 방송을 청취하고 이를 학습해왔다. 또한 이들은 북괴에서 발행한 마르크스·레닌 유물사관 및 정치·경제학과 과학적 사회주의 건설을 위한 혁명전술등의 내용이 담긴 「현대사상연구」등 50여점의 각종불온책자를 탐독하는등 공산주의사상을 학습함과 함께 북괴노선에 적극 동조, 활동함으로써 반국가단체인 북괴의 체제와 노선을 지지해왔다.

또 구속된 李佑宰는 76년6월부터 금년3월까지 마르크스의 「경제학 비판」, 북괴반간책자 또는 공산당선언문등 각종 불온책자를 교재로 하여 학습하는 한편 북괴의 북한방송을 청취 사회주의 혁명사상으로 무장하고 농민 노동자 청년 학생 여성등을 대상으로 이른바 민중계층에 조직기반을 비밀조직화 대해 나갔다. 이들은 이른바 민중계층을 활성화시켜 반정부 활동을 선동, 궁극적으로는 현사회를 번혀하여 그들이 목적한 사회주의 국가 건설을 획책한나머지 李佑宰등이 사하고있는 크리스천 아카데미 밖으로 비밀6인서클을 끌어내어 핵심전모자를 결성했다는 것이다.

이들은 ▲단선연계방법으로 조직세포규합 ▲조직자포섭및 조직확대를위한 자금조달 ▲서클조직의 비밀유지를 위한 행동강령등을제정, 견의하고 농촌·도시노동자와 여성사회등에침투, 조직확대를 기도하다가 지난3월9일과 15일 2차에걸쳐 중앙정보부에의해 검거됐다.

그러나 이들은 이사건수사결과 크리스천 아카데미와는 직접적인 관련이 없음이 밝혀졌다. 피의자는 다음과 같다.

▲李佑宰(43·서울서대문구연희동연희시범아파트3동 33호·서클대표)
▲韓明淑(35·여·크리스천 아카데미 여성사회간사·서울 서대문구 창천동99의17)
▲張尙煥(28·크리스천 아카데미 농촌사회간사·서울성동구 화양동9의91)
▲黃漢植(31·크리스천 아카데미 농촌 사회간사·서울 강남구잠실4동 시영 아파트 113동 207호)
▲辛仁羚(36·여·크리스천 아카데미 산업사회간사·서울 성북구안암동 대광아파트 7의76)
▲金世均(32·크리스천아카데미 산업사회간사·서울강남구반포동주공아파트218동 504호)
▲鄭昌烈(42·한양대사학과 조교수·서울동대문구망우동454의37)
▲劉秉默(69·전사회대중당 조직위원장·강원도명주군구정면 □□리59·불구속)

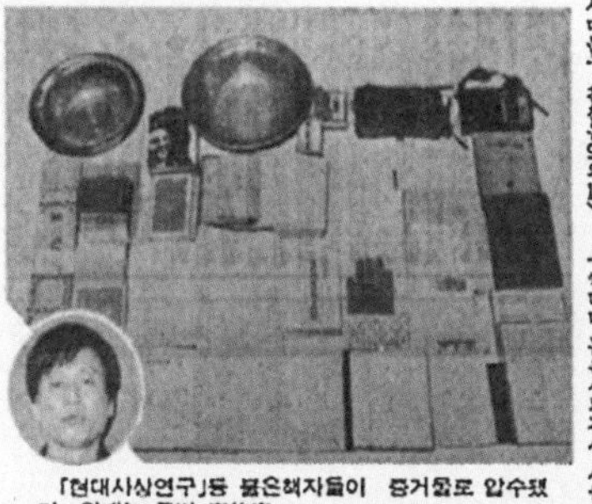

「현대사상연구」등 불온책자들이 증거물로 압수됐다. 원내는 주범 李佑宰.

「현대사상연구」 등 불온책자들이 증거물로 압수됐다. 원내는 주범 이우재

1979. 4. 17.

결성, 북괴 평양방송 및 통혁당 목소리 방송을 듣고 이를 학습해 왔다. 또한 이들은 북괴에서 발행한 마르크스·레닌 유물사관 및 정치·경제학과 과학적 사회주의 건설을 위한 혁명 전술 등의 내용이 담긴 『현대사상연구』 등 50여 점의 각종 불온 책자를 탐독하는 등 공산주의 사상을 학습함과 함께 북괴 노선에 적극 동조, 활동함으로써 반국가 단체인 북괴의 체제와 노선을 지지해 왔다.

또 구속된 이 등은 76년 6월부터 금년 3월까지 마르크스의 『경제학』 등을 비롯, 북괴 발산 책자 또는 『공산당 선언문』 등 각종 불온 책자를 교재로 하여 학습하는 한편, 북괴의 통혁당 목소리 방송을 통해 사회주의 혁명사상으로 무장하고 농민, 노동자, 청년, 학생, 여성 등을 대상으로 이른바 민중계층에 조직 기반을 둔 '비밀조직'을 확대해 나갔다. 이들은 이른바 민중계층을 활성화시켜 반정부 활동을 선동, 궁극적으로는 현 사회를 변혁하여 그들이 목적한 사회주의 국가 건설을 획책한 나머지 이 등이 종사하고 있는 크리스천 아카데미 밖으로 비밀 6인 서클을 끌어내어 핵심참모부를 결성했다는 것이다.

이들은 ▲단선 연계 방법으로 동조 세력 규합 ▲동조자 포섭 및 조직 확대를 위한 자금 조달 ▲서클 조직의 비밀 유지를 위한 행동강령 등을 제정, 결의하고 농촌·도시 노동자와 여성사회 등에 침투, 조직 확대를 기도하다가 지난 3월 9일과 15일 2차례에 걸쳐 중앙정보부에 의해 검거됐다.

그러나 이들은 이 사건 수사 결과 크리스천 아카데미와는 직접적인 관련이 없음이 밝혀졌다. 피의자는 다음과 같다.

▲ 이우재(43·서울 서대문구 연희동 연희시범아파트 3동 33호·서클 대표) ▲ 한명숙(35·여·크리스천 아카데미 여성사회 간사·서울 서대문구 창천동 99의 17)[3] ▲ 장상환(28·크리스천 아카데미 농촌사회 간사·서울 성동구 화양동 9의 91) ▲ 황한식(31·크리스천 아카데미 농촌사회 간사·서울 강남구 잠실4동 시영아파트 113동 207호) ▲ 신인령(36·여·크리스천 아카데미 산업사회 간사·서울 성북구 안암동 대광아파트 7의 76) ▲ 김세균(32·크리스천 아카데미 산업사회 간사·서울 강남구 반포동 주공아파트 218동 504호) ▲ 정창렬(42·한



3 제16대(새천년민주당), 제17대(열린우리당) 국회의원, 제37대 국무총리를 지냈다.

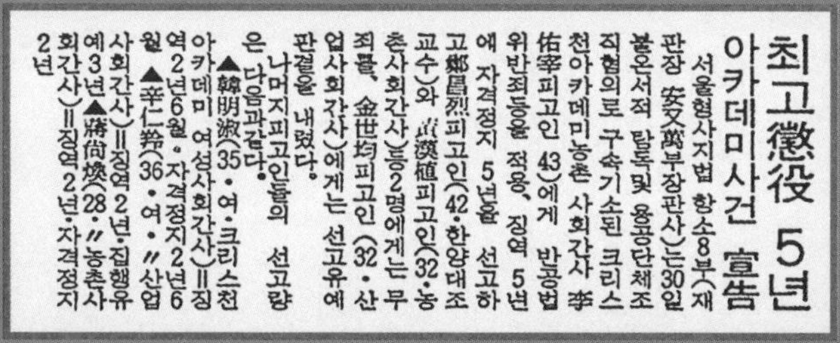
최고懲役 5년 아카데미사건 宣告

서울형사지법 항소8부(재판장 安又萬부장판사)는30일 불온서적 탐독및 용공단체조직협의로 구속기소된 크리스천아카데미농촌 사회간사 李佑宰피고인 43)에게 반공법위반죄등을 적용, 징역 5년에 자격정지 5년을 선고하고鄭昌烈피고인(42·한양대조교수)와 黃漢植피고인(32·농촌사회간사)등2명에게는 무죄를, 金世均피고인 (32·산업사회간사)에게는 선고유예 판결을 내렸다.

나머지피고인들의 선고량은 다음과같다.

▲韓明淑(35·여·크리스천아카데미 여성사회간사)=징역2년6월·자격정지2년6월▲辛仁羚(36·여·〃산업사회간사)=징역2년집행유예3년▲張尙煥(28·〃농촌사회간사)=징역2년·자격정지2년

1980. 1. 30.

양대 사학과 조교수·서울 동대문구 망우동 454의 37) ▲ 유병묵(69·전 사회대중당 조직위원장·강원도 명주군 연곡면 퇴곡리 59·불구속)

## 최고 징역 5년, 아카데미 사건 선고

1980. 1. 30.

서울형사지법 항소 8부(재판장 안우만 부장판사)는 30일 불온서적 탐독 및 용공 단체 조직 협의로 구속기소된 크리스천 아카데미 농촌사회 간사 이우재 피고인(43)에게 반공법 위반죄 등을 적용, 징역 5년에 자격정지 5년을 선고하고 정창렬 피고인(42·한양대 조교수)과 황한식 피고인(32·농촌사회 간사) 등 2명에게는 무죄를, 김세균 피고인(32·산업사회 간사)에게는 선고유예 판결을 내렸다.

나머지 피고인들의 선고량은 다음과 같다.

▲한명숙(35·여·크리스천 아카데미 여성사회 간사) 징역 2년 6월 자격정지 2년 6월 ▲신인령(36·여· 〃산업사회 간사) 징역 2년 집행유예 3년 ▲장상환(28· 〃농촌사회 간사) 징역 2년 자격정지 2년

# 대학 강사 유인물 제작 사건

## 대학 강사 5명 구속

1987. 1. 19.

### 의식화 유인물 제작

서울지검 공안부 김재기 검사는 19일 마르크스·레닌주의에 입각한 민중문화 및 예술과학운동을 벌이면서 민중미학연구회와 민중문화조직(CMO) 등을 결성, 반국가적인 유인물을 발행해 노동 현장과의 연계를 꾀해 온 조정환(31·수원 호서대 국문과 강사), 정남영(29·성남 경원대 강사), 이병훈(24·고려대 노문과 졸) 씨 등 5명을 국가보안법 위반(이적표현물 제작·반포) 혐의로 구속했다.

# 大學강사 5명구속

## 意識化유인물 製作

서울지검공안부 金在琪검사는 19일 마르크스 레닌주의에 입각한 민중문화및 예술과학운동을 벌이면서 민중미학연구회와 민중문화조직(CMO) 등을 결성, 반국가적인 유인물을 발행해 노동현장과의 연계를 꾀해온 曺貞煥(31·수원호서대 국문과강사) 정남영(29·성남경원대강사) 李丙勳(24·고려대 노문과졸) 씨등 5명을 국가보안법위반(이적표현물제작반포) 혐의로 구속했다。

1987. 1. 19.

044

# 건국대 시간강사 방기중 사건

## 학생에 금서 소개, 리포트 제출 요구

1987. 11. 20.

서울 북부경찰서는 20일 강의 시간 중 학생들에게 미해금 도서를 소개한 뒤 이 책에 관해 리포트를 제출케 한 건국대 사학과 시간강사 방기중 씨(31·연세대 사학과 박사 과정)를 국가보안법 위반 혐의로 입건, 조사 중이다.

경찰에 따르면 방 씨는 지난 9월 중순 자신이 강의를 맡고 있는 「한국문화사」 수업 시간 중 미해금 도서인 『찢겨진 산하』(저자 정경모, 거름출판사 발행)를 학생들에게 소개하고 리포트를 제출케 했다는 것이다.

『찢겨진 산하』는 김구, 여운형, 장준하 씨 등이 죽은 뒤에 만나 해방에서 유신에 이르는 한국현대사에 관해 대담 형식을 빌려 가상적으로 쓰인 책인데 '6·25 북침설'에 관해 언급한 내용 등이 포함돼 있어 당국으로부터 미해금 도서로 분류된 책이다.

# 學生에 禁書소개 리포트 제출요구

서울북부경찰서는 20일 강의시간중 학생들에게 미해금도서를 소개한뒤 이책에관해 리포트를 제출케한 건국대사학과 시간강사 方基中씨(31·연세대 사학과 박사과정)를 국가보안법위반협의로입건, 조사중이다.

경찰에 따르면 方씨는 지난 9월중순 자신이 강의를 맡고있는「한국문화사」수업시간중 미해금도서인「찢겨진 山河」(저자 정경모·거름출판사발행)를 학생들에게 소개하고 리포트를 제출케했다는것이다.

「찢겨진 山河」는 金九 呂運亨 張俊河씨등이 죽은뒤에 만나 해방에서 유신에 이르는 한국현대사에 관해 대답형식을 빌어 가상적으로 쓰인책인데「6·25북침설」에 관해 언급한 내용등이 포함돼있어 당국으로부터 미해금 도서로 분류된 책이다.

1987. 11. 20.

045

# 북한 찬양 낙서 사건

## 북한 찬양 낙서, 여중 교사 구속

1989. 5. 27.

경북 영주경찰서는 27일 영주 동산여중 북한 찬양 낙서 사건과 관련, 이 학교 3학년 6반 담임교사 이수찬 씨(33)를 국가보안법 위반 혐의로 구속했다.

경찰에 따르면 이 교사는 지난 4월 15~19일 사이 이 학교 3학년 6반 국어 시간에 "미군이 일찍 들어오지 않았다면 통일은 되었다." "월남전에 한국군이 참전했으나 가난한 사람들이 죽었다." "미군을 몰아내야 한다."는 등의 말을 했다는 것.

전국 처음으로 교직원노조분회 준비위원회를 결성했다.

## 北韓찬양 낙서 女中교사 구속

【榮州】 경북榮州경찰서는27일 영주동산여중 북한찬양낙서 사건과관련, 이학교 3학년6반 담임교사 李壽燦씨(33)를 국가보안법위반혐의로 구속했다.

경찰에 따르면 李교사는 지난4월15~19일사이 이학교 3학년6반 국어시간에 「미군이 일찍 들어오지않았다면 통일은 되었다」「월남전에 한국군이 참전했으나 가난한 사람들이 죽었다」「미군을 몰아내야한다」는 등의 말을 했다는것。

1989. 5. 27.

046

# 전교조 사건

## 윤영규 피고인 징역 1년 선고

1989. 11. 11.

### 전교조 관련 첫 실형

전교조 위원장 윤영규 피고인(53·전남체고 교사)에게 징역 1년의 실형이 선고됐다. 전교조 결성과 관련, 국가공무원법 위반 등의 혐의로 구속기소된 교사들 중 실형이 선고된 것은 이번이 처음이다.

서울형사지법 1단독 강용현 판사는 11일 이 사건 선고공판에서 윤 피고인에게 이같이 선고하고 사무처장 이수호 피고인(40·신일고 교사)에게는 징역 10월 집행유예 2년을 선고, 석방했다.

재판부는 판결문에서 "피고인들이 자라나는 세대를 교육하는 교사의 신분으로서 법을 준수하고 모범을 보여야 함에도 실정법 위반에 대해 떳떳이 생각하고 있는 점은 학생들에게 법 경시 풍조의 만연을 일으킬 우려가 있어 엄정한 책임을 물을 수밖에 없다."고 실형 선고 이유를 밝혔다

## 尹永奎 피고인 징역1년 선고

### 全敎組관련 첫實刑

전교조전위원장尹永奎피고인(53·전남체고교사)에게 징역1년의 실형이 선고됐다.

전교조결성과 관련,국가공무원법위반등의 혐의로 구속기소된 교사들중 실형이 선고된것은 이번이 처음이다.

서울형사지법1단독 姜溶鉉판사는 11일 이사건선고공판에서 尹피고인에게 이같이 선고하고 사무처장 李秀浩피고인(40·신일고교사)에게는 징역10월 집행유예2년을 선고,석방했다.

재판부는 판결문에서「피고인들이 자라나는 세대를 교육하는 교사의 신분으로서 법을 준수하고 모범을 보여야함에도 실정법위반에 대해 떳떳이 생각하고있는점은 학생들에게 법경시풍조의 만연을 일으킬 우려가 있어 엄정한 책임을 물을수밖에 없다」고 실형선고이유를 밝혔다.

1989. 11. 11.

047

# 서울사회과학연구소 사건

## 연구원 등 보안법 구속, 학문·사상 탄압 비난

1991. 6. 30.

### 사회과학연 성명

서울사회과학연구소(소장 김진균·서울대 사회학과 교수)는 29일 기자회견을 갖고 "경찰과 기무사가 신현준[1] 씨(28·서울대 경제학과 박사 과정) 등 연구원 2명과 연구소 출신 현역 군인 등 모두 6명을 국가보안법 위반 혐의로 구속한 것은 학문과 사상의 자유에 대한 중대한 탄압"이라고 주장했다.

연구소는 "학문적 연구에 국가보안법을 적용, 처벌하려는 것은 진보적인 학술 연구에 대한 말살 기도"라고 비난한 뒤, "현 정권의 이러한 정치적 음모에 맞서 민주화교수협의회 등 민주 세력과 함께 단호히 대처할 것"이라고 밝혔다.

신 씨 등은 지난해 3월 출판된 『사회주의 이론·역사·철학』[2](민맥출판사 간)에 사회주의 혁명을 선동하는 논문을 발표했다는 이유로 지난 28일 국가보안법 위반 혐의로 치안본부와 기무사에 구속됐었다.

1 성공회대학교 교수, 대중음악평론가. 대표적 저서로 『한국 팝의 고고학 1960』, 『한국 팝의 고고학 1970』(한길아트, 2005), 『레논 평전』(리더스하우스, 2010) 등이 있다.

2 이 책의 정확한 제목은 『사회주의의 이론·역사·현실』이다.

## 연구원등 보안법구속 "학문사상탄압" 비난

### 사회과학硏 성명

서울사회과학 연구소(소장 金晋均 서울대 사회학과 교수)는 29일 기자회견을 갖고『경찰과 기무사가 申鉉準씨(28·서울대 경제학과 박사과정)등 연구원2명과 연구소출신 현역군인 등 모두 6명을 국가보안법위반혐의로 구속한 것은 학문과 사상의 자유에 대한 중대한 탄압』이라고 주장했다.

연구소는『학문적 연구에 국가보안법을 적용, 처벌하려는 것은 진보적인 학술연구에 대한 말살기도』라고 비난한뒤『현정권의 이러한 정치적 음모에 맞서 민주화교수협의회등 민주세력과 함께 단호히 대처할 것』이라고 밝혔다.

申씨등은 지난해3월 출판된「사회주의이론·역사·철학」(민맥출판사刊)에 사회주의 혁명을 선동하는 논문을 발표했다는 이유로 지난28일 국가보안법위반혐의로 치안본부와 기무사에 구속됐었다.

1991. 6. 30.

## 사회과학硏 申현준씨
## 保安法적용 3년구형

서울지검 공안부 金秀敏

검사는 13일 서울사회과학연구소 연구원 구속사건과 관련해 구속기소된 이 단체 운영위원장 申현준피고인(29·서울대 대학원 경제학과 박사과정)에게 국가보안법위반죄 (이적표현물 제작·반포)를 적용、징역3년、자격정지3년을 구형했다。

申피고인은 지난해 3월 출간된「한국에서의 자본주의 발전」「사회주의이론·역사·현실」등 단행본에 남한체제를 신식민지 국가독점자본주의 단계로 규정하고 「민중중심의 혁명이 이루어져야한다」는등의 사회주의 혁명을 부추기는 내용의 논문을 발표한 혐의로 지난6월 구속됐다。

1991. 11. 14.

## 사회과학연 신현준 씨, 보안법 적용 3년 구형

1991. 11. 14.

서울지검 공안부 김수민 검사는 13일 서울사회과학연구소 연구원 구속 사건과 관련해 구속기소된 이 단체 운영위원장 신현준 피고인(29·서울대 대학원 경제학과 박사 과정)에게 국가보안법 위반죄(이적표현물 제작·반포)를 적용, 징역 3년 자격정지 3년을 구형했다.

신 피고인은 지난해 3월 출간된 『한국에서의 자본주의 발전』, 『사회주의 이론·역사·현실』 등 단행본에 남한 체제를 신식민지 국가 독점 자본주의 단계로 규정하고 "민중 중심의 혁명이 이루어져야 한다."는 등의 사회주의 혁명을 부추기는 내용의 논문을 발표한 혐의로 지난 6월 구속됐다.

048

# 한국외대 이장희 교수 사건

## 이장희[1] 교수 사전 구속영장

1997. 11. 26.

### 초등생 통일 교육 부교재 이적표현 혐의

서울지검 공안1부(김재기 부장검사)는 25일 초등학생용 통일 교육 부교재 『나는 야 통일 1세대』의 저자 한국외국어대 이장희(47) 교수와 이 책을 출판한 천재출판사 편집장 김지화 씨(26·여)에 대해 국가보안법 위반(이적표현물 제작·반포) 혐의로 사전 구속영장을 청구했다.

법원은 이에 대해 26일 오후 피의자 심문을 하기 위해 구인장을 발부했다. 검찰은 "이 책에 게재된 초등학생의 글이 편집 과정에서 가감됐으며 전반적인 내용이 자유민주주의 체제와 부합되지 않는 등 이적성이 인정된다."고 밝혔다. 그러나 이 교수의 변호인인 안상운 변호사는 "책에 나오는 「김일성 노래」와 국경일 변경 주장은 북의 실상을 알리기 위한 것"이라고 반박했다.

1 국제상설중재재판소(PCA) 재판관, 동아시아역사네트워크 상임공동대표.

초등생 통일교육 부교재 이적표현 혐의

# 이장희교수 사전구속영장

서울지검 공안1부(金在琪부장검사)는 25일 초등학생용 통일교육 부교재 「나는야 통일 1세대」의 저자 한국외국어대 이장희(李長熙·47)교수와 이 책을 출판한 천재출판사 편집장 김지화씨(26·여)에 대해 국가보안법 위반(이적 표현물 제작·반포)혐의로 사전구속영장을 청구했다.

법원은 이에 대해 26일 오후 피의자 심문을 하기 위해 구인장을 발부했다. 검찰은 『이 책에 게재된 초등학생의 글이 편집과정에서 가감됐으며 전반적인 내용이 자유민주주의 체제와 부합되지 않는 등 이적성이 인정된다』고 밝혔다. 그러나 이교수의 변호인인 안상운(安相云)변호사는 『책에 나오는 「김일성 노래」와 국경일 변경 주장은 북의 실상을 알리기 위한 것』이라고 반박했다. 정길근기자

1997. 11. 26.

# "책 전체 내용 북 찬양 아니다"

1997. 11. 27.

## 서울지법, 이장희 교수 영장 기각

서울지법 홍중표 영장전담판사는 26일 초등학생용의 통일 교육 부교재『나는야 통일 1세대』의 저자 한국외국어대 이장희(47) 교수와 이 책을 출판한 천재출판사 편집장 김지화(26·여) 씨 등 2명에 대해 검찰이 국가보안법 위반(이적표현물 제작 및 배포) 혐의로 청구한 사전 구속영장을 기각했다.

홍 판사는 결정문에서 "책 내용 중 오해의 소지가 있는 일부 대목이 우발적으로 포함된 점은 인정되나 북한을 비판하는 내용이 상당히 많아 전체 맥락과 논조를 볼 때 북한의 주장에 동조하거나 찬양·고무하는 책으로 보기 어렵다."며 "검찰이 제출한 증거만으로는 이 책의 이적성을 인정하기 어렵다."고 밝혔다. 홍 판사는 이어 "증거 조사가 완료돼 증거 인멸 우려가 없고 주거가 일정해 도주 우려가 없는 점을 감안해 영장을 기각한다."고 덧붙였다.

검찰은 이에 대해 "이 교수에 대해 영장을 재청구할 계획은 없으며 기소 여부에 대해서는 계속 검토하겠다."고 밝혔다.

# "책 전체내용 北찬양 아니다"

## 서울지법, 이장희교수 영장기각

서울지법 홍중표(洪仲杓) 영장전담판사는 26일 초등학생용의 통일교육 부교재 「나는야 통일 1세대」의 저자 한국외국어대 이장희(李長熙·47)교수와 이 책을 출판한 천재출판사 편집장 김지화(金芝和·26·여)씨 등 2명에 대해 검찰이 국가보안법 위반(이적 표현물 제작 및 배포) 혐의로 청구한 사전구속영장을 기각했다.

홍판사는 결정문에서 『책 내용중 오해의 소지가 있는 일부 대목이 우발적으로 포함된 점은 인정되나 북한을 비판하는 내용이 상당히 많아 전체 맥락과 논조를 볼 때 북한의 주장에 동조하거나 찬양·고무하는 책으로 보기 어렵다』며 『검찰이 제출한 증거만으로는 이 책의 이적성을 인정하기 어렵다』고 밝혔다. 홍판사는 이어 『증거조사가 완료돼 증거인멸 우려가 없고 주거가 일정해 도주 우려가 없는 점을 감안해 영장을 기각한다』고 덧붙였다.

검찰은 이에 대해 『이교수에 대해 영장을 재청구할 계획은 없으며 기소여부에 대해서는 계속 검토하겠다』고 밝혔다.

문영두기자

1997. 11. 27.

049

# 광주대 박지동 교수 사건

## 광주대 박지동 교수 영장

1997. 11. 27.

### 북 찬양 인쇄물 제작 혐의

광주지검 공안부는 26일 북한을 찬양하는 내용이 담긴 이적표현물을 발간하고 이를 대학 교재로 사용한 광주대 박지동(58·언론대학원장) 교수에 대해 국가보안법 위반 혐의로 사전 구속영장을 청구했다.

## 광주대 박지동교수 영장
## 北찬양 인쇄물제작 혐의

광주지검 공안부는 26일 북한을 찬양하는 내용이 담긴 이적표현물을 발간하고 이를 대학교재로 사용한 광주대 박지동(朴智東·58·언론대학원장)교수에 대해 국가보안법 위반혐의로 사전구속영장을 청구했다。

광주 / 정건조기자

1997. 11. 27.

050

# 경상대 이적 교재 사건

## 경상대 교수 등 10명 금명 소환

1994. 8. 4.

**이적 대학 교재 관련, 집필·채택 과정 수사**
**교육부 폐강 지시도 묵살**
**강의 내용·기고문 등 분석**
**25개 대학신문·인천 전교조도 이적 수사**

대검 공안부(최환 검사장)는 3일 경남 진주의 경상대 교수 9명이 교양 교재로 공동 집필한 『한국 사회의 이해』라는 책을 이적표현물로 규정하고 집필 교수 등 10명을 금명간 소환, 국가보안법 위반 혐의로 조사할 방침이라고 밝혔다.

검찰의 한 고위 관계자는 이날 "학원가의 주체사상 오염 실태가 심각한 지경에 이르렀다."면서 "주사파 학생들뿐 아니라 학생들을 좌경사상으로 이끌고 있는 일부 교수들에 대해서도 수사가 불가피하다."고 말했다. 이에 따라 검찰은 이날 중 책자를 집필한 장상환 교수 등 집필 교수 전원과 출판사 대표 임경숙 씨(여) 등 10명에 대해 소환장을 발부, 5일부터 차례로 불러 출판 경위 등을 수사키로 했다. 검찰은 특히 올해 초 개정 출판된 이 책이 경상대 1, 2학년을 대상으로 한 「한국사의 새로운 인식」이라는 강좌의 정식 교재로 채택된 점을 중시, 교재

# 慶尙大교수등 10명 今明 소환

## 利敵 대학교재 관련 집필·채택과정 수사

## 교육부 폐강지시도 묵살

### 강의내용·기고문등 분석

### 25개 대학신문·仁川전교조도 利敵수사

대검 공안부(崔桓 검사장)는 3일 경남 진주의 경상대 교수 9명이 교양교재로 공동집필한 「한국사회의 이해」란 책을 이적표현물로 규정하고 집필교수등 10명을 금명간 소환, 국가보안법위반혐의로 조사할 방침이라고 밝혔다.

검찰의 한 고위관계자는 이날 「한민족의 주체사상 오염실태가 상당한 지경에 이르렀다」면서 「주사파학생들뿐 아니라 학생운동을 좌경사상으로 이끌고 있는 일부 교수들에 대해서도 수사가 불가피하다」고 말했다. 이에 따라 검찰은 이날중 책자를 집필한 張尙煥교수 등 집필교수 전원과 출판사 대표 임경숙씨(여)등 10명에대해 소환장을 발부, 5일부터 차례로 불러 출판경위 등을 수사키로 했다. 검찰은 특히 88년초 개정출판된 이 책이 경상대 1、2학년들 대상으로 한 「한국사회의 새로운 인식」이라는 강좌의 정식교재로 채택된 점을 중시, 교재제작및 채택경위 등을 집중조사키로 했다.

이 강좌에는 1학기에 모두 2개반 4백70명이 수강한 것으로 알려졌다.

검찰은 과거 교육부가 이 강좌의 폐지를 대학측에 지시, 학교측이 폐강하려 하자 학생들이 총장실을 점거하며 농성을 벌인 적이 있으며 지난 6월에도 교육부가 재지시를 했으나 교수들의 반발로 폐강하지 못했다고 밝혔다.

이와 관련해 검찰은 폐강을 반대한 교수들의 강의내용과 외부기고문 등에 이적성이 발견되고 있으며 이 부분에 대해 내사를 집중하고 있다고 전했다.

검찰은 또 경상대에 문제가 된 교재외에 주체사상을 옹호하는 등 이적성이 짙은 타대학의 교양서적이나 교수들의 대학신문 기고문 등에 대해서도 수사를 확대키로 했다. 검찰은 [illegible] 등이 발췌된 부산대 등 전국 25개대 학보가 민중부활이념을 전파하고 친북전향을 전개하는 글을 게재하고 있다고 말했다. 검찰은 또 인천의 전교조회원들로 구성된 「인천남부교사모임」이 학회의 남한사회를 [illegible]하고 현실적[illegible]을 지지하는 내용의 「아이들과 함께하는 노래수업(중1、2학년용 2권)」제하의 중학교교사용 학습지침서를 유포시키고있어 이에대한 수사를·진행중이라고 밝혔다.

검찰은 「한국사회의 이해」는 지난 89년 경상대 사회과학대학 張尙煥·崔泰龍·白佐欽·李世敬·李昌鎬·宋基榮·金俊亨·金義東·鄭진상 교수 등 9명이 공동집필했으며 11편의 수록논문중 이적성이 있는 논문은 8편이며 2편이 주체사상을 옹호하고 있고 나머지 6편은 정통사회주의 이념에 기초해 저술됐다고 밝혔다.

한편 鄭榮鎬경상대총장은 3일 본사와의 전화통화에서 「문제의 교재는 5년전 출판된것으로 문민정부출범과 관련한 부분을 제외하고는 검찰에서 문제삼고있는 내용모두 새로운 것은 아니다」며 「하지만 실정법위반사실이 있다는 사법부의 판단이서면 해당 강좌의 폐강등 적절한 조치를 취하겠다」고 밝혔다.

<裵石泉기자>

1994. 8. 4.

제작 및 채택 경위 등을 집중 조사키로 했다. 이 강좌에는 1학기에 모두 2개 반 470명이 수강한 것으로 알려졌다.

검찰은 과거 교육부가 이 강좌의 폐지를 대학 측에 지시, 학교 측이 폐강하려 하자 학생들이 총장실을 점거하며 농성을 벌인 적이 있으며 지난 6월에도 교육부가 재지시를 했으나 교수들의 반발로 폐강하지 못했다고 밝혔다.

이와 관련해 검찰은 폐강을 반대한 교수들의 강의 내용과 외부 기고문 등에 이석성이 발견되고 있으며 이 부분에 대해 내사를 집중하고 있다고 전했다.

검찰은 또 경상대의 문제가 된 교재 외에 주체사상을 옹호하는 등 이적성이 짙은 타 대학의 교양서적이나 교수들의 대학신문 기고문 등에 대해서도 수사를 확대키로 했다. 검찰은 올 신학기 들어 발행된 부산대 등 전국 25개 대 학보가 민중투쟁 이념을 전파하고 친북 선전활동을 전개하는 글을 게재하고 있다고 말했다. 검찰은 또 인천의 전교조 회원들로 구성된 '인천도덕교사모임'이 북한의 남침 사실을 호도하고 연방제 통일 방안을 지지하는 내용의 '아이들과 함께하는 도덕 수업'(중1, 2학년용 2권) 제하의 중학교 교사용 학습 지침서를 유포시키고 있어 이에 대한 수사를 진행 중이라고 밝혔다.

검찰은『한국 사회의 이해』는 지난 89년 경상대 사회과학대학 장상환·최태룡·백좌흠·이혜숙·이창호·송기호·김준형·김의동·정진상 교수 등 9명이 공동 집필했으며 11편의 수록 논문 중 이적성이 있는 논문은 8편으로, 2편이 주체사상을 옹호하고 있고 나머지 6편은 정통 사회주의 이념에 기초해 저술됐다고 밝혔다.

한편 빈영호 경상대 총장은 3일 본사와의 전화통화에서 "문제의 교재는 5년 전 출판된 것으로 문민정부 출범과 관련한 부분을 제외하고는 검찰에서 문제 삼고 있는 내용 모두 새로운 것은 아니다."며 "하지만 실정법 위반 사실이 있다는 사법부의 판단이 서면, 해당 강좌의 폐강 등 적절한 조치를 취하겠다."고 밝혔다.

# 慶尙大교수 영장 기각

## "일부 급진내용… 소화 못할 수준 아니다"

### 昌原지법 결정…검찰 재청구포기

【昌原】경상대 교양과목 교재 「한국사회의 이해」의 공저자인 張尙煥(44·경제학과)、鄭진상(38·사회학과)교수등 2명에 대해 창원지검이 국가보안법 위반혐의로청구한 구속영장이 31일 법원에 의해 기각됐다。

창원지법 [illegible]판사는 10시간에 걸친 법률검토작업 끝에 31일 오전 9시30분쯤 기각결정을 통해 「교재내용에 급진좌경적인 내용이 포함돼있고 일부 눈에 거슬리는 것도 사실」이라고 전제한 뒤 「그러나 그 내용이 시중 서점에서 유통되는 진보적 사회과학 저작이나 강연들에서도 어렵지 않게 볼 수 있는 것들로 우리사회의 사상적 건강상태가 소화하지 못할 정도의 수준은 아니다」고 기각이유를 밝혔다。

또 ▲교수들이 강의시간 외에 주사파등 운동권 학생들과 별도로 접촉, 교류한 사실이 있다는 자료를 찾아볼 수 없고 ▲강좌가 폐강되었으며 ▲학문의 자유 또한 법이 보호해야 할 중요한 국민의 기본권인 점에 비춰 이 문제는 대학의 자율적 조정기능에 맡기는 것이 바람직하다」고 덧붙였다。 이에 따라 30일 오후 1시30분 검찰의 구인에 응해 연행됐던 두 교수는 31일 오전 10시쯤 귀가조치됐다。

한편 검찰은 이날에대해 영장을 재청구하지 않겠다고 밝혔다。〈成在[illegible]기자〉

1994. 9. 1.

## 경상대 교수 영장 기각

1994. 9. 1.

### "일부 급진 내용…소화 못 할 수준 아니다"
### 창원지법 결정…검찰 재청구 포기

경상대 교양 과목 교재『한국 사회의 이해』의 공저자인 장상환(44·경제학과), 정진상(38·사회학과) 교수 등 2명에 대해 창원지검이 국가보안법 위반 혐의로 청구한 구속영장이 31일 법원에 의해 기각됐다.

창원지법 최인석 판사는 10시간에 걸친 법률 검토 작업 끝에 31일 오전 9시 30분쯤 기각결정문을 통해 "교재 내용에 급진 좌경적인 내용이 포함돼 있고 일부 눈에 거슬리는 것도 사실"이라고 전제한 뒤, "그러나 그 내용이 시중 서점에서 유통되는 진보적 사회과학 저작이나 간행물에서도 어렵지 않게 볼 수 있는 것들로 우리 사회의 사상적 건강상태가 소화하지 못할 정도의 수준은 아니다."고 기각 이유를 밝혔다.

또 ▲교수들이 강의 시간 외에 주사파 등 운동권 학생들을 별도로 접촉, 교류한 사실이 있다는 자료를 찾아볼 수 없고 ▲강좌가 폐강되었으며 ▲학문의 자유 또한 법이 보호해야 할 중요한 국민의 기본권인 점에 비춰, 이 문제는 대학의 자율적 조절기능에 맡기는 것이 바람직하다고 덧붙였다. 이에 따라 30일 오후 1시 30분 검찰의 구인에 응해 연행됐던 두 교수는 31일 오전 10시쯤 귀가 조치됐다.

한편 검찰은 이들에 대해 영장을 재청구하지 않겠다고 밝혔다.

051

# 한승헌 변호사 구속 사건

## 한승헌[1] 변호사 구속

1975. 3. 24.

### 반공법 위반으로

중앙정보부는 22일 하오 변호사 한승헌 씨(사진·민주회복국민회의 운영위원·한국기자협회 고문변호사)를 반공법 4조 1항 위반 혐의로 구속, 서울구치소에 수감했다. 구속영장에 따르면 한 씨는 74년 12월 25일 발간한 그의 수필집 『위장 시대의 증언』에서 「어떤 조사(부제 '어느 사형수의 죽음 앞에')」라는 수필을 통해 사형을 당한 간첩의 죽음을 애석해하여 반국가단체 구성원의 활동을 찬양 고무한 혐의이다.

이 수필 「어떤 조사」는 72년 9월호 월간 잡지 『여성동아』에 게재되었던 것을 전재한 것이다.

한 씨는 지난 21일 하오 8시 40분쯤 KAL 호텔에서 열린 만찬회에 참석했다가 연행됐었다.

1 인권 변호사의 대부. 민족문학작가회의 회원. 감사원장을 지냈다. 저서로는 『한 변호사의 고백과 증언』(한겨레출판, 2012), 『재판으로 본 한국현대사』(창비, 2016), 『그분을 생각한다』(문학동네, 2019) 등이 있다.

# 韓勝憲변호사 拘束

## 反共法위반으로

중앙정보부는 22일하오변호사 韓勝憲씨(사진·민주회복국민회의운영위원, 한국기자협회고문변호사)를 반공법4조1항위반혐의로구속, 서울구치소에 수감했다。구속영장에 따르면 韓씨는 74년12월25일발간한그의수필집「위장시대의증언」에서「어떤조사〈부제=어느사형수의죽음앞에〉」라는 수필을통해 사형을 당한 간첩의 죽음을 애석해하여 반국가단체구성원의 활동을 찬양 고무한 혐의이다。

이 수필 어떤 조사는72년 9월호 월간 잡지「여성동아」에 게재되었던 것을전재한 것이다。

韓씨는 지난21일하오 8시40분쯤 KAL호텔에서 연민 만찬회에 참석했다가 연행됐었다。

1975. 3. 24.

## 韓勝憲씨 執猶3년
## 反共法항소심 선고

서울형사지법 항소9부(재판장 朴忠淳부장판사)는 18일 반공법위반혐의로 구속기소된 변호사 韓勝憲피고인(41)에 대한 항소심 선고공판에서 韓피고인에게 징역1년6월, 자격정지1년6월에 집행유예 3년을 선고했다。

1975. 12. 18.

## 한승헌 씨 집유 3년

1975. 12. 18.

### 반공법 항소심 선고

서울형사지법 항소9부(재판장 박충순 부장판사)는 18일 반공법 위반 혐의로 구속 기소된 변호사 한승헌 피고인(41)에 대한 항소심 선고공판에서 한 피고인에게 징역 1년 6월 자격정지 1년 6월에 집행유예 3년을 선고했다.

052

# 소설 『빨치산의 딸』 압수 사건

## 실천문학사 수색

1991. 7. 24.

### 『빨치산의 딸』 압수

서울 서부경찰서는 23일 하오 2시 서울 은평구 불광3동 484의 136 실천문학사(대표 이석표·39) 사무실에 대한 압수수색을 실시, 정지아 씨의 장편소설 『빨치산의 딸』 2천여 권을 압수했다.

경찰 관계자는 "한국전쟁 직후의 좌우 이념대립 상을 그린 이 소설이 이적표현물의 제작·판매를 금지하는 국가보안법에 위배되는 것으로 판단, 법원으로부터 압수수색 영장을 발부받아 이를 집행했다."고 밝혔다.

## 실천문학사 수색
## 「빨치산의 딸」 압수

서울서부경찰서는 23일 하오2시 서울 은평구 불광3동 484의136 실천문학사(대표 李錫杓·39) 사무실에 대한 압수수색을 실시, 정지아씨의 장편소설 「빨치산의 딸」 2천여권을 압수했다.

경찰 관계자는 「한국전쟁 직후의 좌우 이념대립상을 그린 이 소설이 이적표현물의 제작·판매를 금지하는 국가보안법에 위배되는 것으로 판단, 법원으로부터 압수수색영장을 발부받아 이를 집행했다」고 밝혔다.

1991. 7. 24.

053

# 장백서점 대표 체포 사건

## 대학가 이적물 판매, 30대 서점 대표 구속

1997. 10. 31.

경찰청은 30일 대학가에서 사회과학 서점을 운영하며 이적표현물을 판매한 서울 성북구 안암동 장백서점 대표 김 모 씨(32·서울 동대문구 제기1동)를 국가보안법 위반 혐의로 구속했다.

경찰에 따르면 김 씨는 대학가에서 사회과학서점을 운영하면서 이적단체 '국제사회주의노동자'가 펴낸 팸플릿과 학생운동 단체인 '대장정'의 기관지를 판매해 온 혐의를 받고 있다.

## 대학가 이적물 판매 30代 서점대표 구속

경찰청은 30일 대학가에서 사회과학 서점을 운영하며 이적표현물을 판매한 서울 성북구 안암동 「장백서점」 대표 김모씨(32·서울 동대문구 제기1동)를 국가보안법위반혐의로 구속했다。

경찰에 따르면 김씨는 대학가에서 사회과학서점을 운영하면서 이적단체 국제사회주의노동자가 펴낸 팸플릿과 학생운동 단체인 대장정의 기관지를 판매해온 혐의를 받고 있다。

김용석기자

1997. 10. 31.

054

# 금서 소지 대학생 구속 사건

## 금서 소지 대학생 구속

1987. 11. 24.

서울 종로경찰서는 23일 노태우 후보의 선거 홍보 벽보에 비난 스티거를 붙인 혐의로 즉심에 넘겼던 김승진 씨(25·성균관대 정외 3 휴학)를 재조사, 국가보안법 위반 혐의로 구속했다.

김 씨는 지난 20일 상오 11시쯤 서울 종로구 종로 4가 종묘공원에서 자신의 여자 친구 이 모 씨(24)와 같이 노 후보의 선거 벽보에 비난 스티커를 붙였다가 연행돼 "선거관리위원회 제작 벽보가 아니므로 선거법 적용 대상이 안 되니 즉심에 회부하라."는 검찰 지시에 따라 22일 상오 김 씨는 광고물무단부착 혐의로 즉심에 넘겨지고 이 씨는 훈방됐다.

경찰은 김 씨가 즉심에 회부된 뒤 민불련 전 홍보부장이었다는 사실이 드러나자 22일 하오 가택수색을 실시해 『노동의 역사』, 『분단 전후 현대사』 등 2권의 미해금 도서를 압수, 재조사한 뒤 국가보안법 위반 혐의로 구속했다.

## 禁書소지 大學生구속

서울南部경찰서는 23일 與野黨候補의 선거홍보매체에 비난스티커를 붙였다가 즉심에 넘겨진 金某씨(23·서강대 정외3 휴학)를 재조사, 국가보안법 위반혐의로 구속했다.

金씨는 지난 20일 상오11시쯤 서울 용산구 용산4가 용산문화원에서 자신의 여자친구 朴모씨(23)와 같이 與野의 선거매체에 비난스티커를 붙였다가 연행돼 「선거관리위원회 자체보도가 아니므로 선거법 적용대상이 안되니 즉심에 회부한다」는 검찰지시에 따라 23일 상오즉심에 「광고물무단부착혐의」로 즉심에 보내지고 金씨는 훈방됐다.

경찰은 金씨가 다니며 의부위원 민사련 조직부장이었다는 사실이 드러나자 22일 하오 가택수색을 실시해 「노동의 역사」「북한경제현대사」등 2권의 미제금서를 압수, 재조사하여 국가보안법위반혐의로 구속했다.

1987. 11. 24.

055

# 세무서원 이달선 사건

## 세무서원 이(李)를 구속

1958. 7. 26.

### 미군 철수하라 운운

경기도경 사찰과에서 24일 밤 용인세무서 근무 이(李達善·36) 주사를 국가보안법 위반 혐의로 구속하였다.

지난 16일 하오 7시 7분경 동인천발 서울행 428 열차 내에서 전기 이 씨는 약간의 음주를 하고 "한국 내에서 미군은 철퇴하라.", "중동 지구에서 일어난 민족운동에 개입한 미군은 손을 떼라."라고 고함을 치면서 주정을 부리다가 이 대통령[1]을 모독하는 언사를 연발한 것이다.



1 해방 후 대한민국의 제1대, 제2대, 제3대 대통령을 지낸 이승만을 가리킨다.

## 稅務署員李를 拘束

## 美軍撤收하라 云云

【仁川発急送】경기도경 사찰과에서 二十四일 밤 용인세무서 근무 이(李逆遜=三六)주사를『국가보안법』위반 혐의로 구속하였다

지난 十六일 하오 七시 七분경 동인천발 서울행 四二八열차내에서 전기 이씨는 약간의 음주를 하고『한국내에서、미군은 철퇴하라』『중동지구에서 일어난 민족운동에 개입한 미군은 손을 떼라』라고 고함을 치면서 주정을 부리다가 이 대통령을 모독하는 언사를 연발한 것이다

1958. 7. 26.

056

# 불온 노래 사건

## 술 먹고 불온가 부른 피고에 무죄를 선고

1968. 2. 2.

서울형사지법 홍성운 판사는 2일 상오 반공법 위반 혐의로 입건되었던 백의정 피고인(27·불구속)에게 무죄를 선고했다.

재판부는 "술을 마신 후 불온한 노래를 불렀다는 사실만으로는 북괴에 동조하거나 북괴를 이롭게 하려고 했다는 인식이 있었다고 인정할 수 없다."고 무죄 이유를 밝혔다. 백 피고인은 지난 66년 7월 14일 을지로 5가에 있는 그의 사무실에서 술을 마시고 불온한 노래를 부른 혐의로 징역 3년에 자격정지 5년을 구형받았었다.

## 술먹고不穩歌부른
## 被告에無罪를선고

서울형사지법 洪性運판사는 2일상오 반공법위반혐의로 입건되었던 白義正피고인(27·불구속)에게 무죄를 선고했다。

재판부는「술을마신후 불온한노래를불렀다는사실만으로는 북괴에 동조하거나 북괴를 이롭게 하려고 했다는 인식이 있었다고 인정할수없다」고 무죄이유를 밝혔다。白피고인은 지난66년 7월14일 을지로5가에 있는 그의 사무실에서 술을 마시고 불온한노래를부른혐의로 징역3년에 자격정지 5년을 구형받았었다。

1968. 2. 2.

## 韓·劉두교수를석방

## 反共法위반 구속중

서울지검공안부는 22일상오 반공법위반혐의로구속수사중이던 高大법대교수 韓東燮씨(44)와 같은혐의로불구속수사중이던 동상대교수 劉世煥씨등 2명을 기소유예 불기소처분했다。구속중인 韓교수는 이날하오 석방했다。

공안부는 두교수가 민주주의사상을가진교수로서 사의를 표명하는등 그정상을 참작、기소유예결정한 것이다。

韓교수등은 지난1월말술집에서 불온한 노래를한혐의로 입건됐었다。

1969. 2. 22.

## 한·유 두 교수를 석방

1969. 2. 22.

### 반공법 위반 구속 중

서울지검 공안부는 2일 상오 반공법 위반 혐의로 구속 수사 중이던 고대 법대 교수 한동섭 씨(44)와 같은 혐의로 불구속 수사 중이던 동 상대 교수 유세환 씨 등 2명을 기소유예 불기소 처분했다. 구속 중인 한 교수는 이날 하오 석방됐다.

공안부는 두 교수가 민주주의 사상을 가진 교수로서 사의를 표명하는 등 그 정상을 참작, 기소유예 결정한 것이다.

한 교수 등은 지난 1월 말 술집에서 불온한 노래를 한 혐의로 입건됐었다.

057

# 미원 '캔' 사건

## 선전부장 등 입건

1968. 9. 27.

### 미원 캔에 적성국 우표

서울시경 정보과는 27일 상오 미원 판매주식회사 선전부장 임형순 씨(44), 동 선전부 도안계장 고중순 씨(31) 등 2명을 반공법 4조 2항 위반 혐의로 입건했다.

이들은 추석 선물용 미원 4각 캔 외부 도안으로 40개의 만국 우표를 그려 넣었는데 이 중 적성국인 루마니아, 헝가리, 동독 등 11개의 적성국 우표가 끼여 있다.

경찰은 이 적성국 우표가 그려져 있는 미원 캔 1만 4천 개가 이미 서울에 팔려 나간 것을 밝혀내고 부산에서 2천 개, 서울에서 3천 개를 회수하고 나머지도 계속 회수 중이다.

이날 아침 경찰에 소환된 임·고 양 씨는 신세계백화점 연합 우표상 김 모 씨(51)로부터 이 우표들을 입수했다고 경찰에 진술, 경찰은 김 씨도 소환키로 하고 이들의 행위에 고의가 있을 경우 모두 구속키로 했다.

# 宣傳부장등 立件

## 味元캔에 敵性國우표

서울시경정보과는 27일 [illegible] 미원[illegible]사 선전부장 [illegible](41)등 [illegible] 입건했다.

이들은 [illegible] 49개 [illegible]

[illegible] 11개의 [illegible] 있다. 경찰은 [illegible] 味元[illegible] 4천개가 이미 서울에 팔려나간 것을 밝혀내고 釜山에서 2천개, 서울에서 3천개를 회수하고 나머지를 계속 회수중이다.

林·高양씨는 [illegible]

1968. 9. 27.

058

# 피카소 찬양 사건

## 피카소 찬양하면 반공법 위반

1969. 6. 9.

### 삼중화학 대표 입건

서울지검 공안부(최대현 부장검사·김종건 검사)는 9일 상오 불란서 화가 피카소를 찬양하거나 그의 이름을 광고 등에 이용하는 행위는 반공법 4조 1항(국외 공산 계열의 동조 찬양, 고무) 위반이라는 결론을 내리고 1차로 크레용 제조업자인 삼중화학 대표 박진원 씨(45)를 반공법 위반 혐의로 입건했다.

또한 동사 제품 '피카소 크레파스' 등의 광고를 금지시키고 판매 중인 상품의 '피카소' 이름을 지우도록 지시했다. 검찰에 의하면 삼중화학은 68년 10월부터 크레파스, 포스터컬러 등을 제조, '피카소'라는 상표를 붙여 팔아 왔다.

검찰에 의하면 피카소는 좌익 화가로서 1944년 국제공산당에 입당, 소련에서 레닌 평화상을 받았으며 한국동란 때는 「조선의 학살」, 「전쟁과 평화」 등 공산당을 선전하는 작품 활동을 해 왔다.

검찰은 이 밖에도 코미디언 곽규석 씨가 사회를 본 모 민간 TV 쇼 프로에서 피카소라는 별명의 이름을 등장시킨 제작자들을 조사하는 한편 곽 씨가 좋은 그림을 보고 피카소 그림같이 훌륭하다고 말한 이면도 캐고 있다.

# 피카소 찬양하면 反共法 위반

## 삼중화학대표입건

서울지검공안부(崔大鉉부장검사 金錫鍵검사)는 9일상오 佛란서화가「피카소」를 찬양하거나 그의이름을 광고등에 이용하는 행위는 반공법4조1항(국외공산계열의 동조찬양、고무)위반이라는 결론을 내리고 1차로크레온제조업자인 삼중화학대표朴鎭元씨(45)를 반공법위반혐의로입건했다。

또한 동사제품「피카소·크레파스」등의광고를 금지시키고 판매중인상품의「피카소」이름을 지우도록지시했다。

검찰에의하면 삼중화학은 68년10월부터 크레파스、포스타칼러등을제조、「피카소」라는 상표를붙여팔아왔다。

검찰에의하면「피카소」는좌익화가로서 1944년국제공산당에 입당、소련에서「레닌평화상」을 받았으며 한국동란때는「조선의하산」一전쟁과평화」등 공산당을 선전하는 작품활동을 해왔다。

검찰은 이밖에도 코메디언郭규석씨가 사회를본 모민간TV쇼프로에서「피카소」라는 별명의 이름을 등장시킨 제작자들을 조사하는 한편 郭씨가 좋은그림을보고「피카소」그림같이 훌륭하다고 말한이면도캐고있다。

1969. 6. 9.

059

# 고문에 의한 허위자백 사건

## 1심서 무기 등 받은 반공법 위반 피고 20명 모두 무죄 선고 — 서울고법

1970. 3. 27.

서울고법 형사부(전병덕 부장판사)는 27일 상오 친목계를 가장, 국가를 전복할 목적으로 지하 조직을 만들었다는 혐의로 1심에서 무기징역~징역 2년 집행유예 5년까지를 선고받았던 방준상 피고인(53·충남 논산군 연무읍 마산리 산3) 등 20여 명에 대한 국가보안법 반공법 위반 사건 항소심 선고공판에서 원심을 깨고 전원 무죄를 선고했다.

재판부는 "피고인들이 경찰과 검찰에서 자백한 진술은 임의성과 신빙성이 없으므로 이를 유죄의 증거로 채택한 것은 옳지 않다."고 원심 파기 이유를 밝혔다. 재판부는 또 "피고인들이 한결같이 경찰에서 고문에 못 이겨 허위자백했다고 진술한 점과 수사 경찰관들이 쪽지에 검찰과 법정에서 이렇게 진술하라고 메모해 주었다는 피고인들의 주장으로 미루어 자백 내용은 일반성이 없다."고 판시했다.

## 1審서 無期등받은 反共法위반피고

# 20명모두 無罪선고

### 서울高法

서울고법형사부 (金乘熙부장판사)는 27일상오 친북계를가장, 국가를 전복할목적으로 지하조직을 만들었다는 혐의로 1심에서 무기징역~징역2년집행유예5년까지를 선고받았던 方俊相피고인 (53·충남논산군연무읍 마산리산3)등 20여명에 대한 국가보안법 반공법위반사건 항소심선고공판에서 원심을 깨고전원 무죄를선고했다.

재판부는「피고인들이 경찰과 검찰에서 자백한 진술은 임의성과 신빙성이 없으므로 이를 유죄의 증거로 채택한것은 옳지않다」고 원심파기이유를 밝혔다. 재판부는 또「피고인들이 한결같이 경찰에서 고문에 못이겨 허위자백했다고 진술한점과 수사경찰관들이 쪽지에 검찰과 법정에서 이렇게 진술하라고 메모해주었다는 피고인들의 주장으로 미루어 자백내용은 임반성이없다」고 판시했다.

1970. 3. 27.

060

# 7·4 공동 성명과 김일성 찬양 사건

## 7·4 성명[1] 듣고 김일성 찬양

1972. 7. 6.

### 반공법으로 구속

서울 성북서는 6일 서울 성북전매서 판매계 직원 이병진 씨(44)를 반공법 4조 1항(고무·찬양) 위반 혐의로 구속했다. 7·4 중대 발표 후 이 발표와 관련, 반공법 위반으로 구속된 것은 이것이 처음이다. 이 씨는 지난 4일 상오 10시 반쯤 서울 성북구 미아동 58의 3 하동건 씨 담배 가게에 일 보러 왔다가 때마침 TV를 통해 7·4 중대 성명이 발표되는 것을 보고 "김일성의 인격이 낫다. 내가 김일성 만세를 부르면 잡아가겠느냐."는 등의 말을 하여 반국가단체의 구성원을 고무·찬양

1 1972년 7월 4일, 남북한 당국이 국토 분단 이후 처음으로 남북한 두 나라 사이의 관계, 그리고 통일과 관련하여 합의·발표한 공동성명. 주요 내용은 첫째, 외세에 의존하거나 외세의 간섭을 받지 않고 자주적으로 해결해야 한다. 둘째, 서로 상대방을 반대하는 무력행사에 의거하지 않고 평화적 방법으로 실현하여야 한다. 셋째, 사상과 이념 및 제도의 차이를 초월하여 우선 하나의 민족으로서 민족적 대단결을 도모하여야 한다고 밝혀 자주, 평화, 민족 대단결의 3대 원칙을 천명하였다. 그러나 남한은 성명을 발표한 지 3개월 만에 10월 유신을 발표하여 독재 체제를 공고히 했으며, 북한 역시 주체사상의 헌법 규범화와 국가주석제 도입 및 권한을 강화한 사회주의 헌법을 그해 12월 채택하면서 양측 모두 자신들의 권력기반 강화에 이용했다는 비판을 받기도 하였다.

# 7·4聲明듣고 金日成찬양

# 反共法으로 拘束

서울성북서는 6일 서울성북전매서 판매계직원 李炳振씨(44)를 반공법4조1항(고무·찬양)위반혐의로구속했다. 7·4중대발표후이 발표와관련, 반공법위반으로 구속된것은 이것이 처음이다. 李씨는 지난4일 상오10시반쯤 서울성북구 미아동58의3 河동전씨담배가게에 일보러왔다가 때마침TV를통해 7·4중대성명이발표되는것을보고「金日成의인격이 낫다. 내가 金日成만세를부르면 잡아가겠느냐」는 등의 말을하여 반국가단체의 구성원을 고무찬양한혐의다.

검찰은 5일밤 경찰에서 청구한 李씨의 구속영장이 일부미비된점을 지적, 다시 청구토록하여 이날 구속했다.

1972. 7. 6.

한 혐의다.

검찰은 5일 밤 경찰에서 청구한 이 씨의 구속영장이 일부 미비한 점을 지적, 다시 청구토록 하여 이날 구속했다.

## '북한 찬양'에 영장

1972. 7. 15.

서울 성북서는 15일 강용찬 씨(39·서울 동대문구 답십리동 476의 1)를 반공법 위반 혐의로 구속영장을 청구했다. 강 씨는 지난 13일 하오 4시 서울 성북구 미아 1동 75 박성환 씨(41)의 구멍가게에서 박 씨와 인근 주민 2명 등 4명과 함께 술을 마시며 북한을 찬양한 혐의다.

# "北韓찬양"에 令狀

서울성북서는 15일 龐容燮씨(39·서울동대문구 답십리동476의1)를 반공법위반혐의로 구속영장을청구했다。龐씨는지난13일하오4시 서울성북구미아1동75 朴성환씨(41)의 구멍가게에서 朴씨와 인근주민2명등 4명과함께 술을마시며 북한을 찬양한 혐의다。

1972. 7. 15.

# 국가모독 '보안법' 위반 사건

## 찬조 강연에서 국호 모독, '보안법' 위반으로 구속

1958. 4. 27.

### 손재형 씨의 운동원 정승한 씨

대검에서는 26일 입후보자의 찬조연설을 통해 대한민국의 국호를 모독한 정(정승한·진도 손재형 씨의 운동원) 씨를 국가보안법 위반 혐의로 구속기소하도록 광주지검에 지시하였다.

선거 관계자로서 국가보안법 위반으로 구속된 것은 전기 정 씨의 경우가 첫 '케이스'인데, 정 씨는 당지에서 무소속으로 입후보한 손 씨의 선거운동원으로 등록한 후 지난 21일 하오 2시경 진도면 성내리 농업은행 광장에서 찬조연설 도중 5백여 명의 청중들에게 우리나라의 국호인 '대한민국'을 '대환민국(大患慂國)'이라고 또한 '금수강산'을 '금수광산(禽獸廣山)'[1] 이라고 모독했다는 혐의를 받고 있다.

그런데 정 씨는 47년[2] 4월 포고령 위반으로 징역 1년에 집행유예 2년의 형

---

1 대환민국(大患慂國)은 근심, 걱정이 많은 나라라는 뜻. 금수광산(禽獸廣山)은 짐승이 날뛰는 산이라는 뜻.

2 원문에는 79년으로 되어 있는데, 47년이 맞는 것으로 생각됨. 제주 4·3 등을 통해 전국에 포고령이 내려졌기 때문이다.

贊助講演에서國號모독

「保安法」違反으로 拘束

孫在馨氏의運動員鄭承漢氏

대검에서는 二十六일 입후보자의 찬조연설을 통해 대한민국의 국호를 모독한 정(鄭承漢=珍島孫在馨氏의運動員)씨를『국가보안법위반』혐의로 구속기소하도록 광주지검에 지시하였다

선거관계자로서 국가보안법 위반으로구속된 것은 전기정씨의 경우가 첫『케이스』인데 정씨는 당지에서 무소속으로 입후보한 손씨의 선거운동원으로 등록한후 지난 二十一일 하오二시경 진도면성내리 농업은행광장에서 찬조연설도중 五백여명의 청중들에게 우리나라의국호인『대한민국』을『大恩慈國』이라고 또한『금수강산』을『禽獸江山』이라고모독했다는 혐의를받고있다

그런데 정씨는 七九년 四월『포고령위반』으로 징역一년에 집행유예二년의 형을 받은바있다고 한다

1958. 4. 27.

을 받은 바 있다고 한다.

062

# 파주 해사생 실종 사건

## 국민교 선생 등 여자 2명 구속

1958. 7. 9.

### 파주서 실종된 해사생 사건으로

진해경찰서에서는 마산검찰지청 이영호(李永鎬) 검사의 지휘로 6일부터 송옥자(宋玉子·20·무직·진해시 태평동 45), 정숙주(鄭淑珠·21·동래 유락국민교 교사) 등 두 여자를 국가보안법 위반 혐의로 극비리에 구속 문초 중이며 도경 사찰진에서도 동 사건의 방증 수집에 치밀한 수사가 진행되고 있다 한다.

그런데 지금까지 알려진 두 사람의 피의 내용을 보면,

▲송(宋)은 지난 7월 1일 경기도 파주에서 실종된 진해해군사관학교 4학년생도 이현희(李鉉熙·23)의 애인으로 이(李)가 북한 괴뢰 집단을 지지 찬양하고 노동당에 가입하여 암약하고 있는 점을 알면서(1), 지난 1월 중순경부터 5월 중순까지의 사이에 4차에 걸쳐 돈 5천 환을 주었고(2), 5월 30일 하오 7시 전기 이(李)로부터 『인민의 철학』 외 12종의 불온서적과 불온문건 1통을 맡아 자기 집 옷장 속에 은닉하였으며,

▲정(鄭)은 전기와 같은 점을 알면서 지난 4월 초 이(李)로부터 소위 투쟁에 협조해 달라는 서신을 받은 다음 동 4월 중순의 어느 날(일자 미상) 하오 3시경 자

## 國民校先生等 女子二名拘束

### 坡州서失踪된海士生事件으로

【馬山】진해경찰서에서는 마산검찰지청 이(李永鎬)검사의 지휘로 六일부터 송(宋汞子=二〇·燕嶼=鎭海市太平洞四五) 정(鄭淑姝=二一 東萊行樂國民校敎師)등 두여자를 국가보안법위반혐의로 극비리에 구속 문초중이며 도경사찰진에서도 동사건의 방증수집에 치밀한수사가 진행되고있다한다

그런데 지금까지 알려진 전기양인의 피의내용을보면

△송(宋)은 지난七월一일 경기도 파주(坡州)에서 실종된 진해해군사관학교 四학년 생도 이(李鉉熙=二三)의 애인으로 이(李)가 북한괴뢰집단을 지지 찬양하고 노동당에 가입하여 암약하고있는 정을 알면서(1)지난一월중순경부터 五월중순까지의 사이에 四차에걸쳐 돈五천환을 주었고(2)五월三十일 하오七시 전기 이(李)로부터「인민의 전학」외十二종의 불온서적과같은문건一통을맡아 자기집 옷장속에 은닉하였으며

▲정(鄭)은 전기와 같은정을 알면서 지난四월초 이(李)로부터 소위투쟁에 협조해 달라는 서신을받은다음 동四월중순의 어느날(日字未詳)하오三시경 자기근무처인 전기 유락국민교에서 이(李)와 김(金洪洙=東亞大學英文科二=七월一일 파주에서 이(李)와함께월북을기도하다가해군정보대에체포된자)에게등사기를제공하여「×××도배를타도하자」는 요지의 불온삐라 二백매를 등사케한다음 五월一일밤 부산시내 초장동(草場洞)과 영도일대에 동불온삐라를 뿌리게 도왔다는등의 혐의라고한다

1958. 7. 9.

기 근무처인 전기 유락국민교에서 이(李)와 김홍수(金洪洙·동아대학 영문과 2. 7월 1일 파주에서 이와 함께 월북을 기도하다가 해군 정보대에 체포된 자)에게 등사기를 제공하여 "×××도배를 타도하자."는 요지의 불온 삐라 2백 매를 등사케 한 다음, 5월 1일 밤 부산 시내 초장동과 영도 일대에 동 불온 삐라를 뿌리게 도왔다는 등의 혐의라고 한다.

063

# KAL기 폭파 관련 대자보 사건

## 성대에 붙은 대자보

1988. 2. 13.

### "KAL기 폭파[1]는 당국의 조작극"

12일 낮 서울 종로구 명륜동 성균관대 문과대 건물 앞 대자보 게시판에 "KAL기 폭파 사고는 한국 정부 당국의 조작극이다."라는 내용의 대자보가 나붙었다.

'충격! KAL 사건의 진상'이라는 제목으로 발표자 이름 없이 전지 10장 분량에 실린 이 대자보는 "KAL기 사건은 6월 민중항쟁과 7~8월의 대파업 투쟁 등으로 남한의 지배자가 미제와 그 앞잡이들의 존재 기반이 뒤흔들린 결과 국민들에게 충격을 주어 상황을 역전시키려고 고안해 낸 시나리오."라고 주장하고 있다.

경찰은 이 대자보 작성자가 북한의 주장을 그대로 옮겨 쓴 것으로 보고 수사 중이다.

1 대한항공(KAL) 858기가 1987년 11월 29일 북한공작원 김현희 등에 의해 미얀마 안다만 해역 상공에서 폭파된 사건. 범인 김현희가 1987년 12월 16일 제13대 대통령 선거 전날 서울에 입국함으로써 제13대 대통령선거에 최대 변수로 작용하였다.

# 成大에 불온大字報

## "KAL機폭파는 當局의 조작극"

12일낮 서울종로구 명륜동 성균관대 문과대 건물앞대자보게시판에「KAL기 폭파사고는 한국정부당국의 조작극이다」란는 내용의대자보가나붙었다.

「충격! KAL 사건의 진상」이라는 제목으로 발표자이름없이 전지10장분량에 실린 이대자보는「KAL기 사건은 6월민중항쟁과 7~8월의 대파업투쟁등으로 남한의 지배자가 미제와 그앞잡이들의 존재기반이 뒤흔들린결과 국민들에게 충격을 주어 상황을 역전시키려고 고안해낸 시나리오」라고 주장하고 있다.

경찰은 이 대자보작성자가 북한의 주장을 그대로 옮겨 쓴것으로 보고 수사중이다.

1988. 2. 13.

## 慶北大도 나붙어

【大邱=金慶發기자】12일낮12시쯤 경북대 중앙도서관앞벽에「KAL기사건 진상」이란제목의 벽보9점이 나붙어 경찰이 수사에나섰다.

모조지 전지에 매직펜으로 쓴 이 벽보에는「KAL기사건의 진상은 일부집단에의해 자행된 정치적 조작이었다」「국내 정치상황의 혼란속에서 독재정권의 하수인이 극비리에 작전을세워 무고한 노동자들의목숨을한순간에시대의 희생물로 날려보낸것이다」는등의 내용이 적혀있었다。

1988. 8. 13.

## 경북대도 나붙어

1988. 8. 13.

12일 낮 12시쯤 경북대 중앙도서관 앞 벽에 'KAL기 사건 진상'이란 제목의 벽보 9점이 나붙어 경찰이 수사에 나섰다.

모조지 전지에 매직펜으로 쓴 이 벽보에는 "KAL기 사건의 진상은 일부 집단에 의해 자행된 정치적 조작이었다." "국내 정치 상황의 혼란 속에서 독재정권의 하수인이 극비리에 작전을 세워 무고한 노동자들의 목숨을 한순간에 시대의 희생물로 날려 보낸 것이다."는 등의 내용이 적혀 있었다.

064

# 컴퓨터 통신 북한 찬양 사건

## 북한 찬양 컴퓨터 통신

1994. 2. 24.

### 4명 보안법 위반 구속

서울경찰청은 24일 컴퓨터 동호회 '희망터' 회장 이창렬 씨(28·경북대 전자공학과 4년 휴학) 등 4명을 국가보안법 위반 혐의로 구속했다. 경찰에 따르면 이 씨 등은 PC 공중 통신망 '천리안' 내 전자게시판을 개설, 지난달 7일 북한 체제와 김일성을 찬양하는 내용의 오봉옥 작 「붉은 산 검은 피」를 게재·유포하는 등 지난해부터 「1994년 김일성 신년사」, 「현 정세의 민족민주운동의 조직 과제」 등을 유포해 왔으며 노래패 '희망새'를 통해 「붉은 산 검은 피」 등의 전국 순회공연 등을 계획한 혐의다.

# 北韓찬양 컴퓨터통신
## 4명 보안법위반구속

서울경찰청은 24일 컴퓨터동호회 「희망터」회장 李[illegible]烈씨(28·경북대 전자공학과 4년휴학)등 4명을 국가보안법 위반혐의로 구속했다. 경찰에 따르면 李씨등은 PC공중통신망 「천리안」내 전자게시판을 개설, 지난달 7일 북한체제와 김일성을 찬양하는 내용의 오봉옥작 「붉은산 검은피」를 게재·유포하는 등 지난해부터 「1994년 김일성 신년사」「현정세의 민족민주운동의 조직과제」등을 유포해 왔으며 노래패 「희망새」를 통해 「붉은산 검은피」등의 전국순회공연등을 계획한 혐의다.

<金根喆기자>

1994. 2. 24.

065

# 양심선언 전경 구속 사건

## 양심선언 전경 구속

1989. 8. 1.

치안본부는 1일 전투경찰 해체를 주장하는 내용의 양심선언을 한 경기도 이천 경찰서 소속 양승균 상경(25)을 국가보안법 위반(이적표현물 제작) 및 전투경찰대 설치법 위반 혐의로 구속했다.

## 양심선언戰警 구속

치안본부는 1일 전투경찰 해체를 주장하는 내용의 양심선언을한 경기도이천경찰서소속 梁承均상경(25)을국가보안법위반 (이적표현물제작) 및 전투경찰대 설치법위반혐의로 구속했다.

1989. 8. 1.

066

# 판문점 경비대, 북한군 접촉 사건

## 판문점 경비대 중사, 북군 상습 접촉 구속

1998. 12. 9.

### 군 당국, 20여 차례 정보 제공 선물받아… 전역 장병 등 수사 확대 국회진상조사위, '김훈 중위 사망' 재수사 촉구

판문점 공동경비구역(JSA)에서 근무하는 한국군 경비대대 소속 병사들이 군사분계선(MDL)을 수시로 넘어 경비구역 내 북한 측 경비 군인들과 접촉하며 각종 부대 정보를 북측에 전달해 온 것으로 밝혀져 군 수사 당국이 수사에 나섰다.

이 같은 사실은 지난 2월 JSA를 통해 귀순한 전 북한군 상위 변용관 씨(28)의 증언과 JSA 내 올렛초소 벙커에서 사망한 김훈(육사 52기) 중위의 사인 규명을 위해 구성된 국회 '김훈 중위 사망 사건 진상파악소위(위원장 하경근 한나라당 의원)'의 조사 결과 8일 밝혀졌다.

군 수사 당국은 이에 따라 최근 판문점 경비대대 소속 전 부소대장 김영훈 중사(27)를 국가보안법 위반 혐의(잠입·탈출) 등으로 구속했다.

군 수사 당국에 따르면 김 중사는 지난해 10월쯤부터 타 부대로 전출되기

## 판문점 경비대 中士 北軍 상습접촉 구속

### 軍당국, 20여차례 정보제공 선물받아…전역장병등 수사확대

#### 국회진상조사委 '김훈중위 사망' 재수사 촉구

판문점 공동경비구역(JSA)에서 근무하는 한국군 경비대대소속 병사들이 군사분계선(MDL)을 수시로 넘어 경비구역내 북한측 경비군인들과 접촉하며 각종 부대정보를 북측에 전달해 온 것으로 밝혀져 군수사당국이 수사에 나섰다. /관련기사 5면

이같은 사실은 지난 2월 JSA를 통해 귀순한 전 북한군 상위 변용관씨(28)의 증언과 JSA내 올렛초소 벙커에서 사망한 김훈(金勳·육사52기)중위의 사인규명을 위해 구성된 국회 「김훈중위 사망사건 진상파악소위(위원장 河琊根 한나라당 의원)」의 조사결과 8일 밝혀졌다.

군수사당국은 이에따라 최근 판문점 경비대대소속 전 부소대장 김영훈 중사(27)를 국가보안법 위반혐의(잠입·탈출) 등으로 구속했다.

군수사당국에 따르면 김중사는 지난해 10월쯤부터 타부대로 전출되기 직전인 지난 2월까지 모두 20여차례에 걸쳐 북한군 심리전 담당장교 및 사병들과 접촉하며 경비대대소속 장교들의 인적사항 등 우리측 정보를 북측에 제공하고 그 대가로 담배와 인삼주 등 각종 물품을 건네받은 혐의를 받고 있다. 군 수사당국은 또 구속된 김중사 외에 이 부대에서 근무하다 최근 전역한 오모병장 등 전·현직 사병 5~6명도 북한군과 접촉했을 가능성이 높다고 보고 이들에 대해서도 수사를 확대하고 있다.

군수사당국은 특히 김중사가 자살한 김중위 밑에서 부소대장을 지낸 점을 중시, 김중사가 김중위의 사망과 관련됐을 가능성도 있다고 보고 이 부분에 대해서도 조사중이다.

국회 진상조사소위도 ▲현장에서 발견된 권총이 김중위의 권총이 아닌 점 ▲소대원 진술청취 결과 사망시간이 국방부 발표와는 달리 1시간 이상 앞당겨진 점 등 김중위의 사망원인이 자살이라는 수사발표와는 상반된 증거들이 드러남에 따라 부대원에 의한 타살가능성을 제기하며 이번 사건에 대한 군수사당국의 재수사를 촉구했다. 차세현기자

1998. 12. 9.

직전인 지난 2월까지 모두 20여 차례에 걸쳐 북한군 심리전 담당 장교 및 사병들과 접촉하며 경비대대 소속 장교들의 인적사항 등 우리 측 정보를 북측에 제공하고 그 대가로 담배와 인삼주 등 각종 물품을 건네받은 혐의를 받고 있다. 군 수사 당국은 또 구속된 김 중사 외에 이 부대에서 근무하다 최근 전역한 오 모 병장 등 전·현직 사병 5~6명도 북한군과 접촉했을 가능성이 높다고 보고 이들에 대해서도 수사를 확대하고 있다.

군 수사 당국은 특히 김 중사가 자살한 김 중위 밑에서 부소대장을 지낸 점을 중시, 김 중사가 김 중위의 사망과 관련됐을 가능성도 있다고 보고 이 부분에 대해서도 조사 중이다.

국회 진상조사소위도 ▲현장에서 발견된 권총이 김 중위의 권총이 아닌 점 ▲소대원 진술 청취 결과 사망 시간이 국방부 발표와 달리 1시간 이상 앞당겨진 점 등 김 중위의 사망 원인이 자살이라는 수사 발표와는 상반된 증거들이 드러남에 따라 부대원에 의한 타살 가능성을 제기하며 이번 사건에 대한 군 수사 당

국의 재수사를 촉구했다.

## 김영훈 중사 살해 혐의 못 밝혀

1999. 1. 20.

### 특조단, 보안법 등 위반 혐의만 기소
### 조사 과정 유서 쓰고 감전 자살 시도

'김훈 중위 사망 사건' 및 '북한군 접촉 사건'을 재수사 중인 국방부 특별합동조사단(단장 양인목 중장)이 19일 전 판문점 경비대대 부소대장 김영훈(28) 중사를 국가보안법(잠입·탈출, 금품수수, 회합·통신) 및 군 형법(명령 위반, 무단이탈) 위반 혐의로 보통군사법원에 기소했다.

김 중사는 97년 7월 5일부터 11월 14일까지 '북한군을 접촉해서는 안 된다'는 판문점 공동경비구역(JSA) 근무 수칙을 무시한 채 군사분계선(MDL) 상에서 적공조장 김경호 중좌 등 수 명의 북한군과 28차례에 걸쳐 접촉한 혐의다. 김 중사는 또 97년 11월 14일 김경호 중좌와 함께 자신이 준비해 간 돼지고기를 안주로 술을 마시는 등 2차례나 군사분계선을 넘은 혐의도 받고 있다.

이 과정에서 김 중사는 북한군으로부터 주체사상 소책자, 독일제 약품, 인삼주, 담배 등 모두 12종 29점의 물품을 받았으며 북한군에게 남한 동전 4개, 신문 1부, 미화 등을 전달한 것으로 밝혀졌다.

특조단은 국회진상조사소위(위원장 하경근 의원)가 제기한 북한군 포섭 가능성과 관련, "김 중사 본인 및 가족을 대상으로 계좌 추적을 하는 등 집중 수사를 벌였으나 혐의점은 드러나지 않았다."고 밝혔다. 특조단은 또 "김 중사 및 전·현직 소대원 56명에 대해서도 조사를 벌였으나 북한 지령에 의한 김훈 중위 살해 혐의는 없었다."고 설명했다.

# 김영훈중사 살해혐의 못밝혀

## 특조단, 보안법등 위반혐의만 기소
## 조사과정 유서쓰고 감전자살 기도

「김훈중위 사망사건」 및 「북한군 접촉사건」을 재수사중인 국방부 특별합동조사단(단장 梁寅穆중장)이 19일 전 판문점 경비대대 부소대장 김영훈(金榮勳·28)중사를 국가보안법(잠입·탈출, 금품수수, 회합·통신) 및 군형법(명령위반, 무단이탈) 위반혐의로 보통군사법원에 기소했다.

김중사는 97년 7월5일부터 11월14일까지 「북한군을 접촉해서는 안된다」는 판문점 공동경비구역(JSA) 근무수칙을 무시한채 군사분계선(MDL) 상에서 적공조장 김경호중좌 등 수명의 북한군과 28차례에 걸쳐 접촉한 혐의다. 김중사는 또 97년 11월14일 김경호중좌와 함께 자신이 준비해간 돼지고기를 안주로 술을 마시는 등 2차례나 군사분계선을 넘은 혐의도 받고 있다.

이 과정에서 김중사는 북한군으로부터 주체사상 소책자, 독일제 약품, 인삼주, 담배 등 모두 12종 29점의 물품을 받았으며 북한군에게 남한 동전 4개, 신문 1부, 미화 등을 전달한 것으로 밝혀졌다.

특조단은 국회 진상조사소위(위원장 河璟根의원)가 제기한 북한군 포섭가능성과 관련, 『김중사 본인 및 가족을 대상으로 계좌추적을 하는 등 집중 수사를 벌였으나 혐의점은 드러나지 않았다』고 밝혔다. 특조단은 또 『김중사 및 전·현직 소대원 56명에 대해서도 조사를 벌였으나 북한지령에 의한 김훈 중위 살해 혐의는 없었다』고 설명했다.

특조단은 또 김중사외에 판문점 경비대대출신 전·현역중 3~4명이 북한군과 접촉한 사실을 확인, 사법처리 여부를 곧 결정하기로 했다.

한편 김중사는 구속된지 7일만인 지난해 12월10일 북한군 접촉사실을 참회하는 내용의 유서를 A4크기의 조사용지에 작성한 뒤 조사실 옆 화장실의 전구를 뺀 뒤 감전을 통한 자살을 시도한 것으로 뒤늦게 밝혀졌다. 특조단 관계자도 『보강 수사로 김중사가 추가 기소될 가능성도 배제하지 않고 있지만 더이상 나올 것이 없다』고 말해 김중사가 김중위를 살해했을 가능성이 없음을 시사했다.

차세현기자

1999. 1. 20.

특조단은 또 김 중사 외에 판문점 경비대대 출신 전·현역 중 3~4명이 북한군과 접촉한 사실을 확인, 사법 처리 여부를 곧 결정하기로 했다.

한편 김 중사는 구속된 지 7일 만인 지난해 12월 10일 북한군 접촉 사실을 참회하는 내용의 유서를 A4 크기의 조사 용지에 작성한 뒤 조사실 옆 화장실의 전구를 뺀 뒤 감전을 통한 자살을 시도한 것으로 뒤늦게 밝혀졌다. 특조단 관계자도 "보강 수사로 김 중사가 추가 기소될 가능성도 배제하지 않고 있지만 더 이상 나올 것이 없다."고 말해 김 중사가 김 중위를 살해했을 가능성이 없음을 시사했다.

067

# 예비군 훈련 불평 사건

## 예비군 훈련 불평…실형 선고된 피고

1973. 12. 12.

### 대법원서 원심 파기

대법원 형사부는 11일 하오 예비군 훈련을 불평하다 반공법 위반 혐의로 구속기소돼 원심에서 징역 10월 자격정지 1년을 선고받고 상고한 박종득 피고인(25·수원시 세류동 328)에게 원심을 파기, 사건을 서울형사지법 합의부로 되돌렸다.

박 피고인은 지난 4월 4일 하오 2시쯤 수원시 남창동 8 오복분식센터에서 친구 서 모 씨와 식사 도중 예비군 1명, 경찰관 1명이 예비군 훈련 통지서를 전달하는 것을 보고 "예비군 훈련이 지긋지긋하다. 훈련을 안 받았으면 좋겠다."는 등 불평을 하다가 반공법 4조 1항 위반 혐의로 구속기소됐었다.

그런데 대법원은 이날 "박 피고인의 이 같은 말은 평소의 불평이 과격한 표현으로 나타났을 뿐"이라고 원심 파기 이유를 밝혔다.

## 豫備軍훈련 不平…實刑선고된被告

# 大法院서 原審파기

대법원형사부는 11일하오 예비군훈련을 불평하다 반공법위반혐의로 구속기소돼 원심에서 징역10월、자격정지1년을 선고받고 상고한 朴鎭得피고인(25・水原시세류동328)에게 원심을 파기、사건을 서울형사지법항의부로 되돌렸다。

朴피고인은 지난4월4일 하오2시쯤 水原시남창동8 오복분식센터에서 친구徐모씨와 식사도중 예비군1명 경찰관1명이 예비군훈련봉지서를 전달하는것을 보고 「예비군훈련이지긋지긋하다。훈련을 안받았으면 좋겠다」는등 불평을하다가 반공법4조1항위반혐의로구속기소됐었다。

그런데 대법원은 이날朴피고인의 이같은말은 평소의 불평이 과격한 표현으로 나타났을뿐」이라고 원심파기이유를 밝혔다。

1973. 12. 12.

068

# 일기장
# 불온 내용 사건

## 일기장에 불온 내용 썼어도 남에 안 보였으면 처벌 못 해

1976. 11. 24.

### 대법원 판시

대법원 형사부는 23일 "일기장에 불온한 내용을 썼다 해도 남에게 이를 보이지 않은 이상 반공법을 적용해 처벌할 수 없다."고 판시, 반공법 위반 혐의로 기소됐던 진충달 피고인(21·충북 단양군 영춘면 백자리 184)에 대한 상고심 선고공판에서 검찰의 상고를 기각, 무죄로 원심을 확정했다.

# 日記帳에 불온내용 썼어도
# 남에 안보였으면 處罰못해

## 大法院 判示

대법원형사부는 23일「일기장에 불온한 내용을 썼다 해도 남에게 이를 보이지 않은 이상 반공법을 적용해 처벌할 수 없다」고 판시, 반공법위반혐의로 기소됐던 陳忠達피고인(21·忠北 丹陽군 영춘면백자리184)에 대한 상고심선고공판에서 검찰의 상고를 기각, 무죄로 원심을 확정했다.

1976. 11. 24.

069

# 반공 사진 연소 사건

## 반공 사진 불태운 중대생 둘 영장

1987. 9. 25.

중앙대부속중·고교 정문 옆 반공 사진 전시물 탈취 소각 사건을 수사 중인 경찰은 25일 중대생 안희만 군(22·법학 3), 이동범 군(23·국문 3) 등 2명을 검거, 국가보안법 및 폭력 행위 등 처벌에 관한 법률 위반 혐의로 구속영장을 신청했다.

경찰에 따르면 안 군은 지난 3일 하오 2시 50분쯤 당시 교내에서 재단 비리 문제로 시위 중인 1백여 명의 학생을 선동, 한국반공연맹 동작구지부 주최로 중대부속중·고교 정문 옆 담장에 전시 중인 반공 사진 52장을 탈취해 교내 루이스 가든에 옮겨 불을 지른 혐의를 받고 있다.

# 反共사진 불태운 中大生 둘令狀

중앙대 부속중·고교정문옆 반공사진 전시물 탈취소각사건을 수사중인 경찰은 25일 중대생 安熙滿군(22·법학3) 李東範군(23·국문3)등 2명을 검거, 국가보안법및 폭력행위등처벌에관한법률위반혐의로구속영장을신청했다。

경찰에 따르면 安군은 지난3일 하오2시50분쯤 당시 교내에서 재단비리문제로 시위중인 1백여명의 학생을선동、한국반공연맹 동작구지부주최로 중대부속 중·고교정문옆담장에 전시중인 반공사진52장을 탈취해 교내루이스가든에 옮겨 불을 지른 혐의를 받고있다。

1987. 9. 25.

070

# 김일성 주체사상 찬양 사건

## 김일성 주체사상 찬양, 직장예비군 대장 구속

1990. 3. 8.

경기도 경찰국은 8일 김일성 주체사상을 고무·찬양해 온 럭키금성 제1연구단지 직장예비군 대대장 김근의 씨(47)를 국가보안법 위반 혐의로 구속했다.

경찰에 따르면 김 씨는 지난 87년 2월 28일 육군 중령으로 예편, 같은 해 7월 1일 럭키금성 제1연구단지 직장예비군 대대장 겸 비상기획실장으로 근무해 오면서 지난 88년 11월 직장예비군 대대 간부직 사원을 상대로 "북한 공산주의 체제는 인민의 존경을 받는 사람을 구심점으로 하여 평등 사회를 이룩하여 의식주 및 교육 문제가 해결된 나라"라는 등 김일성 주체의식을 찬양하는 등 지금까지 8회에 걸쳐 북한 주체사상을 찬양해 왔다는 것이다.

## 金日成주체사상 찬양
## 직장예비군대장 구속

【水原=柳成輔기자】 경기도경찰국은 8일 金日成주체사상을 고무·찬양해온 럭키금성 제1연구단지 직장예비군대대장 金近義씨(47)를 국가보안법위반혐의로구속했다。

경찰에 따르면 金씨는 지난 87년2월28일 육군중령으로 예편、 같은해7월1일 럭키금성 제1연구단지 직장예비군 대대장겸 비상기획실장으로 근무해 오면서 지난 88년11월 직장예비군 대대간부직사원을 상대로『북한공산주의체제는 인민의 존경을 받는 사람을 구심점으로하여 평등사회를 이룩하여 의식주 및 교육문제가 해결된나라』라는등 金일성주체의식을 찬양하는등 지금까지 8회에 걸쳐 북한주체사상을 찬양해 왔다는 것이다。

1990. 3. 8.

071

# 국회서 문화제 개최한 보안법 '위반 사범' 가족

## "더 이상 생각을 가두지 말라"

2007. 7. 24.

**보안법 '위반 사범' 가족들 국회서 문화제**
**"공개된 기사·전시된 책도 '불법' 낙인,**
**이제 그만 아빠와 아들딸 돌려주세요"**
**지난해 구속자 되레 늘어 '여전한 망령'**

사진작가 이시우 씨(40). 그는 지난 4월 국가보안법 위반 혐의로 구속됐다. 2004년 진해에서 미군 핵잠수함을 촬영해 자신의 홈페이지에 올린 것 등이 문제가 됐다.

그는 모든 활동을 통일뉴스 전문기자로서 공개적으로 해 왔다고 주장한다. 특히 상당 부분은 한·미연합사와 유엔사의 공식 취재 지원하에 이루어진 것들이라는 것이다. 오산 등지의 미군기지에 열화우라늄탄 300만 발이 있다는 특종 기사 역시 미국에서 기밀 해제된 문서를 미국 환경단체로부터 입수해 썼다고 그는 밝혔다. 그의 구속영장에 거론된 『민통선 평화기행』(창비)은 2005년 프랑크푸르트 국제 도서전시에 한국을 대표하는 책 100권에 선정돼 독일어와 영어로 번역까지 됐다. 그래서 그와 그의 가족들은 노무현 대통령까지 폐지하겠다고 했던

# “더 이상 생각을 가두지 말라”

## 보안법 ‘위반사범’ 가족들 국회서 문화제

### “공개된 기사·전시된 책도 ‘불법’ 낙인 이제 그만 아빠와 아들 딸 돌려주세요”

### 지난해 구속자 되레 늘어 ‘여전한 망령’

사진작가 이시우씨(40). 그는 지난 4월 국가보안법 위반 혐의로 구속됐다. 2004년 진해에서 미군 핵잠수함을 촬영해 자신의 홈페이지에 올린 것 등이 문제가 됐다. 그는 모든 활동을 통일뉴스 전문기자로서 공개적으로 해왔다고 주장한다. 특히 상당 부분은 한·미연합사와 유엔사의 공식 취재 지원 하에 이루어진 것들이라는 것이다. 오산 등지의 미군기지에 열화우라늄탄 300만발이 있다는 특종기사 역시 미국에서 기밀 해제된 문서를 미국 환경단체로부터 입수해 썼다고 그는 밝혔다. 그의 구속영장에 거론된 ‘민통선 평화기행’(창비)은 2005년 프랑크푸르트 국제 도서전시에 한국을 대표하는 책 100권에 선정돼 독일어와 영어로 번역까지 됐다. 그래서 그와 그의 가족들은 노무현 대통령까지 폐지하겠다고 했던 국가보안법을 어겼다는 이유로 그가 감옥에 갇혀야 하는 현실을 인정하지 않고 있다.

23일 국회 헌정기념관에서는 이씨를 비롯한 국가보안법 위반 사범 가족들이 모여 ‘더이상 가두지 마라’는 이름의 문화제를 열었다. 이시우씨의 중학 2년생 아들은 아빠에게 보내는 편지를 읽었다. “저는 편하게 잘 지내지만 고생하는 아빠가 안쓰러워요. 하지만 아빠는 잘 견뎌낼 거라 믿어요. 아빠가 없으니까 집이 너무 허전하고 심심해요. 예전처럼 엄마·아빠하고 같이 밥 먹고, 같이 웃으며 행복하게 지내고 싶어요. 아빠 사랑해요.”

이씨도 옥중 답신을 보내왔다. “모든 아름다운 과거는 돌아보면 아쉽고 안타까워서 쉽게 포기하지 못할 때가 많단다. 그러나 새로운 꿈이 현실로 다가오고 있다면 과거의 아름답던 기억도 뒤로 하고 걸어가는 것이 새로운 아름다움으로 나아가는 일이야. 낯선 세계를 두려워 말고, 결심하고, 행동할 줄 알아야 한다. 네가 결심하고 행동하는 만큼 꿈은 진화한단다….”

수배 8년차 김모씨(31·여)는 행사장에 나오지 못하고 영상 메시지로 어머니를 간접 대면했다. 김씨는 경기대 재학 중 한국대학생총연합회 대의원이 된 이래 도피 중이다. “제 인생 4분의 1을 수배 생활로 보내고 있네요. 많은 분들 도움으로 잘 지내니 걱정 마세요. 엄마가 아픈 다리 목발 짚어가면서 보안법 철폐 운동한다는 얘기 들었어요. 못난 딸을 믿어주셔서 고맙습니다. 아빠 환갑 얼마 안남았는데 하루 빨리 온 가족이 다같이 모여 밥 한끼 먹었으면 좋겠어요….”

김씨 어머니(53)는 “권력 있는 사람들 지금 죄다 북한 왔다갔다 하는데 ‘통일하자’고 외친 딸이 무슨 죄라는 건지 도무지 모르겠다”고 절규했다. 행사를 맡은 문치웅 간사는 “보안법이 개인을 괴롭히는 정도가 아니라 한 가정을 파괴한다는 점을 호소하려는 것”이라고 설명했다.

경찰에 따르면 올 상반기 동안 12명이 보안법 위반 혐의로 구속됐다. 보안법 구속자는 641명이던 1997년 이래 꾸준히 하향세를 보여 법 폐지 논쟁이 한창이던 2005년 18명으로 감소한 뒤 지난해 22명으로 다시 조금씩 느는 추세다. 보안법 위반 혐의로 수배중인 한총련 대학생들도 11명이나 된다.

진보연대 한선범 언론국장은 “‘행위’가 아니라 ‘생각’ 자체를 처벌하는 국가보안법은 민주화시대와는 양립할 수 없는 악법”이라고 말했다.

장관순기자

2007. 7. 24.

국가보안법을 어겼다는 이유로 그가 감옥에 갇혀야 하는 현실을 인정하지 않고 있다.

23일 국회 헌정기념관에서는 이 씨를 비롯한 국가보안법 위반 사범 가족들이 모여 '더 이상 가두지 말라'는 이름의 문화제를 열었다. 이시우 씨의 중학 2년생 아들은 아빠에게 보내는 편지를 읽었다. "저는 편하게 잘 지내지만 고생하는 아빠가 안쓰러워요. 하지만 아빠는 잘 견뎌 낼 거라 믿어요. 아빠가 없으니까 집이 너무 허전하고 심심해요. 예전처럼 엄마·아빠하고 같이 밥 먹고, 같이 웃으며 행복하게 지내고 싶어요. 아빠 사랑해요."

이 씨도 옥중 답신을 보내왔다. "모든 아름다운 과거는 돌아보면 아쉽고 안타까워서 쉽게 포기하지 못할 때가 많단다. 그러나 새로운 꿈이 현실로 다가오고 있다면 과거의 아름답던 기억도 뒤로하고 걸어가는 것이 새로운 아름다움으로 나아가는 일이야. 낯선 세계를 두려워 말고, 결심하고, 행동할 줄 알아야 한다. 네가 결심하고 행동하는 만큼 꿈은 진화한단다……."

수배 8년 차 김 모 씨(31·여)는 행사장에 나오지 못하고 영상 메시지로 어머니를 간접 대면했다.

김 씨는 경기대 재학 중 한국대학생총연합회 대의원이 된 이래 도피 중이다. "제 인생 4분의 1을 수배 생활로 보내고 있네요. 많은 분들 도움으로 잘 지내니 걱정 마세요. 엄마가 아픈 다리 목발 짚어 가면서 보안법 철폐 운동한다는 얘기 들었어요. 못난 딸을 믿어 주셔서 고맙습니다. 아빠 환갑 얼마 안 남았는데 하루빨리 온 가족이 다 같이 모여 밥 한 끼 먹었으면 좋겠어요……."

김 씨 어머니(53)는 "권력 있는 사람들 지금 죄다 북한 왔다 갔다 하는데 '통일하자'고 외친 딸이 무슨 죄라는 건지 도무지 모르겠다."고 절규했다.

행사를 맡은 문치웅 간사는 "보안법이 개인을 괴롭히는 정도가 아니라 한 가정을 파괴한다는 점을 호소하려는 것"이라고 설명했다.

경찰에 따르면 올 상반기 동안 12명이 보안법 위반 혐의로 구속됐다. 보안법 구속자는 641명이던 1997년 이래 줄곧 하향세를 보여 법 폐지 논쟁이 한창이던 2005년 18명으로 감소한 뒤 지난해 22명으로 다시 조금씩 느는 추세다. 보안법 위반 혐의로 수배 중인 한총련 대학생들도 11명이나 된다.

진보연대 한선범 언론국장은 "'행위'가 아니라 '생각' 자체를 처벌하는 국가보안법은 민주화 시대와는 양립할 수 없는 악법"이라고 말했다.

072

# '최보경 교사 지키기' 촛불문화제

## "우리 선생님 보안법 누명 벗겨 주세요"

2008. 9. 29.

### 경남 산청 간디학교 학생·교사들, '최보경 교사 지키기' 촛불문화제

경남 산청군 소재 대안학교인 '간디학교' 학생들이 27일 오후 6시 30분부터 2시간 동안 경남 진주시 중안동 '차 없는 거리'에서 국가보안법 위반 혐의로 불구속 기소된 이 학교 역사 교사 최보경 씨(34)의 혐의를 벗겨 달라며 촛불문화제를 열었다.

이날 문화제에는 고교 1~3학년 학생 40여 명과 교사 6명이 참가했다. 행사에서는 간디학교 춤 동아리 학생들의 공연과 힙합 동아리가 작사한 국가보안법 관련 랩 공연 등이 이어졌다. 100여 명의 관중들은 박수를 보내, 이들에게 힘을 실어 줬다.

공연 중간중간에는 최 교사에게 씌워진 혐의가 부당하다는 간디학교 학생과 교사들의 자유발언이 있었다.

이 학교 3학년 이유리 양은 "사상 표현의 자유는 헌법에 있는 권리이며 우리 선생님은 사상을 표현했으나 강요한 적이 없으니 국가보안법을 위반하지 않

# "우리 선생님 보안법 누명 벗겨주세요"

## 경남 산청 간디학교 학생·교사들 '최보경 교사 지키기' 촛불문화제

대안학교인 경남 산청군 간디학교 학생들이 27일 진주시 중안동에서 보안법 위반혐의로 기소된 역사 교사 최보경씨의 혐의를 벗겨달라는 시위를 벌이고 있다.

경남 산청군 소재 대안학교인 '간디학교' 학생들이 27일 오후 6시30분부터 2시간 동안 경남 진주시 중안동 '차없는 거리'에서 국가보안법 위반 혐의로 불구속 기소된 이 학교 역사 교사 최보경씨(34)의 혐의를 벗겨달라며 촛불문화제를 열었다.

이날 문화제에는 고교 1~3학년 학생 40여명과 교사 6명이 참가했다. 행사에서는 간디학교 춤동아리 학생들의 공연과 힙합 동아리가 작사한 국가보안법 관련 랩 공연 등이 이어졌다. 100여명의 관중들은 박수를 보내, 이들에게 힘을 실어줬다.

공연 중간 중간에는 최 교사에게 씌워진 혐의가 부당하다는 간디학교 학생과 교사들의 자유발언이 있었다.

이 학교 3학년 이유리양은 "사상 표현의 자유는 헌법에 있는 권리이며 우리 선생님은 사상을 표현했으나 강요한 적이 없으니 국가보안법을 위반하지 않았다고 본다"면서 "귀에 걸면 귀고리, 코에 걸면 코고리식인 국가보안법은 폐지되야 할 악법"이라고 말했다. 2학년 김유진양은 "최보경 선생님의 역사 수업은 우리에게 스스로 생각하고 판단하는 힘을 기르게 해 주었다"며 "우리가 좋아하는 선생님의 수업을 계속 듣고 싶다"고 말했다.

국어교사인 남호섭씨는 "최 교사는 간디와 같은 길을 걷고자 하는 사람이며 부당한 제재에 굴복하지 않을 것"이라고 말했다.

학생들은 최 교사를 지켜달라는 촛불문화제를 앞으로 매달 한 번씩 재판이 열리는 진주시에서 열 계획이다. 최 교사는 지난 2월 자신이 지도한 간디학교 동아리 '역사배움터'를 통해 북한의 주체사상을 정당화하고 대한민국을 미국의 식민지로 규정하는 등 국가보안법을 위반했다는 이유로 기소돼 재판을 받고 있다.

최 교사가 국가보안법 위반 혐의로 수사를 받자 간디학교 교사 20명과 학생 120명, 졸업생, 학부모는 '간디학교 대책위원회'를 구성했다. 이들은 최 교사가 첫 재판을 받은 뒤인 지난 3일부터 학생과 교사 2~3명씩 돌아가며 점심시간에 단식 릴레이를 하고 있다. 또 최 교사의 무혐의를 주장하며 흰옷을 입는 행사도 벌이고 있다.

진주 | 김한태기자
khl@kyunghyang.com

2008. 9. 29.

대안학교인 경남 산청군 간디학교 학생들이 27일 진주시 중안동에서 보안법 위반 혐의로 기소된 역사 교사 최보경 씨의 혐의를 벗겨 달라는 시위를 벌이고 있다.

았다고 본다."면서 "귀에 걸면 귀걸이, 코에 걸면 코걸이식인 국가보안법은 폐지돼야 할 악법"이라고 말했다. 2학년 김유진 양은 "최보경 선생님의 역사 수업은 우리에게 스스로 생각하고 판단하는 힘을 기르게 해 주었다."며 "우리가 좋아하는 선생님의 수업을 계속 듣고 싶다."고 말했다.

국어 교사인 남호섭 씨는 "최 교사는 간디와 같은 길을 걷고자 하는 사람이며 부당한 제재에 굴복하지 않을 것"이라고 말했다.

학생들은 최 교사를 지켜 달라는 촛불문화제를 앞으로 매달 한 번씩 재판이 열리는 진주시에서 열 계획이다. 최 교사는 지난 2월 자신이 지도한 간디학교 동아리 '역사배움터'를 통해 북한의 주체사상을 정당화하고 대한민국을 미국의 식민지로 규정하는 등 국가보안법을 위반했다는 이유로 기소돼 재판을 받고 있다.

최 교사가 국가보안법 위반 혐의로 수사를 받자 간디학교 교사 20명과 학생 120명, 졸업생, 학부모는 '간디학교 대책위원회'를 구성했다. 이들은 최 교사가 첫 재판을 받은 뒤인 지난 3일부터 학생과 교사 2~3명씩 돌아가며 점심시간에 단식 릴레이를 하고 있다. 또 최 교사의 무혐의를 주장하며 흰옷을 입는 행사도 벌이고 있다.